KB103083

한국고전여성열전,
해동염사

일러두기

1. 이 책은 차상찬의 『해동염사』 초판본(1937년)과 재판본(1949년)을 교합하여 독자들이 이해하기 쉽도록 현대어로 풀어 옮긴 것이다.
2. 현대어로 번역하는 과정에서 본래 저술의 내용을 충실히 전달하면서도 가급적 쉬운 우리말로 옮기고자 고심하였다.
3. 인용된 한문 작품의 오기, 누락 부분은 원용한 원전을 찾아 바로잡은 후 번역하였다.
4. 옮긴 글에 대한 독자들의 이해를 돕고자 필요한 곳에 주석을 달았다. 특히 고사(故事)나 전고(典故), 인용문의 경우 반드시 원전과 원작의 출처를 표기하였다.
5. 각 편에는 순차대로 일련번호를 붙여 찾아보기 쉽게 하였다.
6. 각 편에는 해당 인물의 특성을 드러내고 내용의 핵심을 전달하는 제목을 달았다.
7. 이 책에 나오는 기호는 다음과 같다.

   『 』: 책명

   「 」: 편명

   < > : 작품명

   [ ] : 음은 다르나 뜻이 통하는 한자

   ‘ ’ : 강조 인용

   “ ” : 대화

한국고전여성열전,
해동염사

우리 역사 속 이름난 여성들을 만나다

차상찬 지음
조지형·박가희 옮김

청아출판사

이 책은 차상찬(車相瓚, 1887~1946)의 『해동염사海東艷史』를 현대 독자들이 읽기 쉽도록 풀어 쓰고, 이를 '한국고전여성열전'이라는 새 이름으로 내놓은 것이다. 차상찬은 일제강점기 언론인이자 문필가로, 『개벽開闢』·『별건곤別乾坤』·『신여성』·『어린이』 등의 잡지 발행을 주도하였고 활발한 저술 활동을 벌여 『조선사천년비사朝鮮四千年秘史』·『조선백화집朝鮮百話集』·『한국야담사화전집韓國野談史話全集』 등 다수의 저서를 남긴 인물이다. 근대 잡지에 역사적 사건 및 인물에 관한 이야기 등을 여러 차례 기고하였고, 아울러 『신여성』·『부인』 등의 잡지 간행을 주도했다는 점에서 우리나라 역사에 관심을 두고 여성 중심의 역사물을 편찬하고자 했던 것으로 보인다. 이에 차상찬은 '여성 역사'라는 뜻의 '염사艷史'라는 표제 아래, 과거 우리나라의 정사, 야사, 문집, 설화, 야담 등의 자료를 망라하여 『해동염사』를 구성하였다.

『해동염사』는 모두 두 차례에 걸쳐 간행되었다. 1937년 초판본에는 86편, 1949년 재판본에는 68편의 이야기를 수록하였는데, 두 판본의 항목을 포괄하여 보자면 모두 88편의 이야기를 담고 있다. 차상찬은 책의 서문에서 우리나라 역사상 이름난 여성들이 적지 않은 데다 이들 중에는 남성을 압도할 만한 여성 역시 많았음에도 남성 중심의 과거사 속에서 여성들의 역사가 매몰되고 사라져 버린 데 유감을 표하며 『해동염사』 편찬의 의미를 피력하고 있다. 『해동염사』는 궁중의 여왕과 비빈부터 양반의 부인과 첩, 기녀, 민간 여성에 이르기까지 상하 전 계층의 여성들을 두루 다루고 있다. 더욱이 그 내용상 열녀, 정부貞婦, 효녀 등 전통적 가치를 잘 구현한 여성들의 이야기와 남성 중심의 현실에 얽매이지 않고 자신의 포부와 재능을 아낌없이 발휘한 여성들의 이야기를 함께 다루었다. 이를 통해 전통 시대를 넘어 새로운 시대로 변화해 가는 상황 속에서 여성에 대한 인식의 지평을 확장하고, 나아가 여성에 대한 새로운 기대치와 요구를 이끌어 내려는 의도를 충실히 담아내었다고 할 수 있다. 이런 측면에서 차상찬의 『해동염사』는 19세기 말 이래로 편찬된 여성 전기물, 예컨대 김상즙金商楫의 『본조여사本朝女史』(1898년), 장지연張志淵의 『여자독본女子讀本』(1908년)과 『일사유사逸士遺事』(1921년) 권5·6의 여성 전기, 김원근金瑗根의 『신여자보감新女子寶鑑』(1922년), 장도빈張道斌의 『조선명부전朝鮮名婦傳』(1925년) 등과 좋은 참조 및 비교 사례가 된다.

차상찬의 『해동염사』는 이처럼 역사·문학 방면에서 중요한 의미와 가치를 지닌 저작이나 그의 저술은 물론, 차상찬이라는 인물 자체도 일반인에게는 매우 낯선 실정이다. 무엇보다도 『해동염사』는 20세기 초중반의 문예적 특성을 반영하여 국한문이 혼용된 고풍스러운 만연체로 쓰인 데다가 책 전체에 90여 편의 한시, 한문 산문, 시가詩歌 작품들이 삽입되어 있어 일반 독자들이 이해하기가 쉽지 않다. 이에 본서에서는 저술의 내용과 특성을 손상하지 않는 범위 내에서, 이를 현대적 표현과 문법에 맞도록 어휘를 풀어 쓰고 문장을 가다듬었으며 알기 어려운 용어에는 주석 및 설명을 달아 독자의 이해를 돕고자 하였다. 특히 한문으로 삽입된 시문은 전면적으로 재번역하여 가독성을 높이고자 세심한 노력을 기울였다. 아울러 편찬자가 소항목의 개별 인물들에 관한 이야기를 서술하는 과정에서 군더더기처럼 덧붙인 부연 설명은 과감히 삭제하였음도 밝혀 둔다.

사범대학 국어교육과에 재직하면서 고전古典을 공부하고 연구를 이어 나가다 보니, 연구서와 번역서를 내놓을 때마다 중등 교육 현장과의 연계를 염두에 두지 않을 수 없다. 특히 교사뿐만 아니라 학생들에게 내용상으로 재미있고 교육적으로도 가치 있는 자료들을 찾아 알기 쉽게 풀어내는 것이 관건일 터인데, 이러한 부분이 생각만큼 쉽지는 않다. 중학생 이상이라면 충분히 읽고 이해할 수 있도록 정확하면서도 친절한 번역을 하리라는 목표를 세우고 작업을 시작할 무렵, 때마침 살레시오여자고등학교에 재직 중인 박가희 선생이 파견 교사로 대학원에 와 있어서 이처럼 어려운 작업을 함께할 수 있었다. 박가희 선생은 1년여의 기간 동안 작업의 '린치핀linchpin' 역할을 감당하면서 중·고등학생 수준에서도 읽기 쉬운 독서물로 완성하는 데 큰 힘을 보태 주었다. 아울러 학부생 승민·혜원·수빈이 원고의 마지막 윤문 검토 작업을 도와주어 책의 완성도를 한층 높일 수 있었다. 이 지면을 빌려 모두에게 재삼 고마운 마음을 표한다.

이 책은 좋은 국어 교사를 지망하는 이들이 함께 마음을 모아 이룬 결실인 만큼, 부디 학교 교육 현장에서 널리 활용되고 나아가 일반 독자에게도 인문학적 교양을 쌓는 데 조금이나마 보탬이 되기를 바란다.

끝으로 최근 국내 출판 시장의 어려운 상황 속에서도 흔쾌히 출간을 수락해 준 청아출판사와 이 책이 더욱 빛날 수 있도록 멋지게 매만져 준 편집부에도 감사의 말씀을 전하고 싶다.

2023년 가을로 들어서는 길목

교육융합관 성혜재成蹊齋에서 조지형 씀.

차례

제2편

이름난 부인들과 첩

제3편

열녀, 정부, 효녀

제4편

투기한 여성, 못생긴 여성

제5편

이름난 기녀

제6편

여성에 관한 전설, 민요, 괴담, 민담, 희담

『해동염사』 서문

우리나라에 역사가 있은 지 반만년 동안 대대로 이름난 인물이 매우 많은 가운데 여성으로서 이름난 인물 또한 적지 않았다. 그들 중에는 당당히 여왕도 있고 왕의 후비后妃도 있으며 그 외에도 정치가, 문장가, 명필가, 화가, 음악가, 효녀, 충녀, 의녀義女, 열녀 등 다양한 유형의 인물이 갖추어져 있다. 이러한 여성들의 재주와 지혜, 공덕, 업적은 능히 수염 달린 남성들을 압도할 만한 경우가 많았다. 하지만 남성 중심으로 조직된 예전 사회에서는 역사의 붓을 잡는 사람까지도 모두 남성들뿐이었기에 여성들의 역사는 거의 불문에 부쳐져 부지불식간에 대체로 매몰되거나 사라져 버리고 말았다. 간혹 기록이 남아 있다고 하더라도 온통 푸른 산에 붉은 꽃잎 하나 같은 격으로 남성 중심의 기록 가운데 한갓 단편적인 내용이나 부수적인 이야기 정도로 삽입되어 있을 뿐 아직까지도 이렇다 할 만한 여성 중심의 역사서는 완성된 것이 없으니 어찌 유감스럽지 않을 수 있겠는가!

나는 이러한 문제에 대해 항상 통감한 바가 있어서 평소 역사책을 읽을 때 여성에 관한 기록이 있으면 그것을 가려 뽑아 기회가 되는 대로 여러 신문과 잡지에 발표하였으며, 그 발표하였던 것을 여러 해 동안 모아서 이제 하나의 책을 또 엮어 출간하였으니 이른바 이 『해동염사』가 그것이다. 이 책의 내용 중에는 물론 엉성하고 빈약한 점이 많으며 문장이 또한 졸렬한 점을 스스로 부끄러워하는 바이다. 그러나 이 책을 읽는 독자들, 특히 여성계 독자들에게 조금이라도 참고가 되고 뭔가 얻는 바가 있게 된다면 매우 다행이라고 여기는 동시에 또한 무한한 영광으로 생각하겠다.

을해년(1937년) 봄 3월 하순에

차상찬 쓰다.

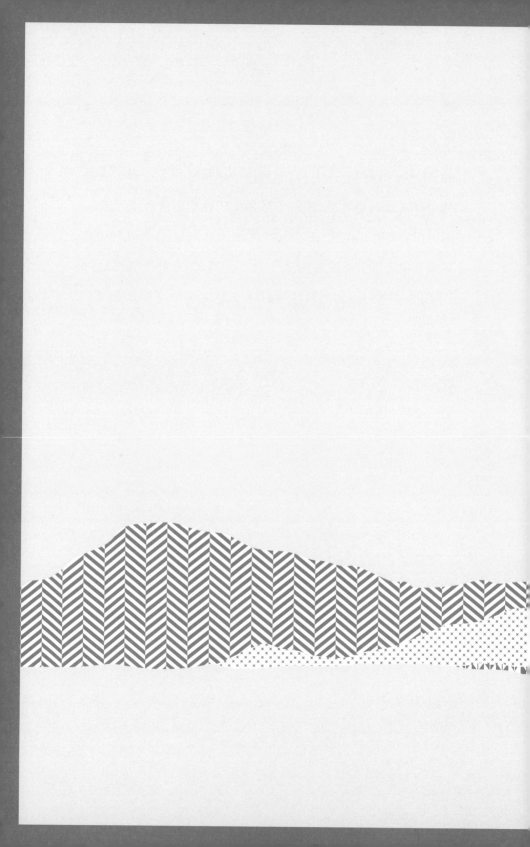

제1편

후비, 여왕, 공주, 궁인

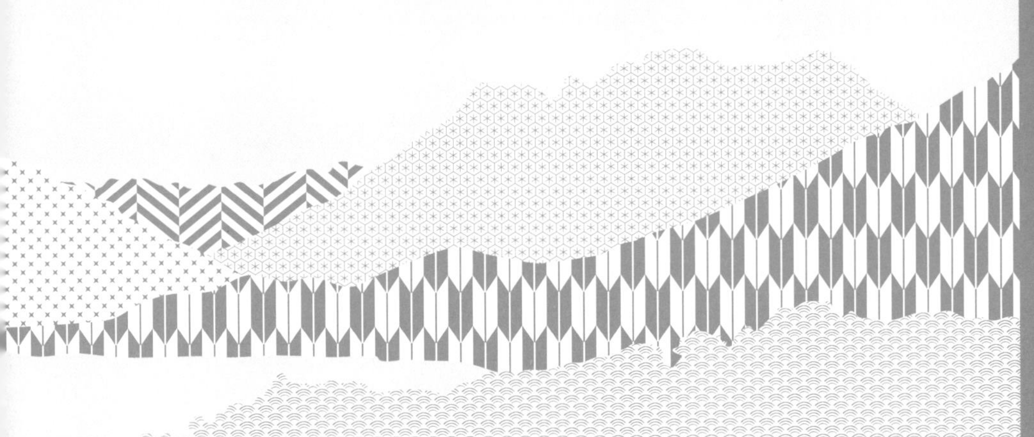

01

해모수와 유화柳花의 기이한 인연

지금으로부터 2천여 년 전이다. 부여扶餘에 해부루解夫婁라는 임금이 있었으니 그 임금은 정치를 잘하여 나라 안이 태평하고 아무런 걱정이 없었다. 다만 나이가 많도록 왕자가 없던 까닭에 그것을 걱정하여 천하의 명산대천을 찾아다니며 아들 낳기를 빌었다. 하루는 왕이 전과 같이 말을 타고 어떤 명산을 찾아가다가 곤연鯤淵이라는 연못가에 이르렀는데 말이 갑자기 발을 멈추고 그곳에 있는 큰 돌에다 머리를 대고 눈물을 줄줄 흘렸다. 왕은 그것을 보고 크게 괴상히 여겨 신하들로 하여금 그 돌을 굴리게 하고 보니 난데없이 웬 어린아이 하나가 있었는데, 금색[金]이 찬란하고 형용이 마치 개구리[蛙] 같았다. 왕은 그것을 보고 크게 기뻐하며 말하기를 "하느님이 나에게 아들을 점지하여 주신 것이다." 하고는 아이를 데려다 기르며 이름을 금와金蛙라 하고 태자로 삼으니, 그가 곧 뒷날 동부여의 금와왕金蛙王이다.

그때 그 나라에 정승으로 있는 아란불阿蘭弗이 임금에게 다음과 같이 아뢰었다. "일전에 신이 꿈을 꾸니 하느님이 강림하여 말씀하시기를 '오래지 않아 내 아들로 하여금 너의 국도國都에 나라를 건설케 할 터이니 너희들은 동해 가에 있는 가섭원迦葉原이란 땅으로 피해 가거라. 그 땅은 토지가 비옥하여 오곡 농사가 잘되니 그곳으로 천도하면 제일 좋겠다!'라고 하셨습니다." 그렇게 왕에게 권하고는 그곳으로 천도케 하여 나라 이름을 동부여로 고쳤다. 옛 도읍에는 자칭 천제天帝의 아들이라 하는 해모수解慕漱가 와서 도읍을 정하였다.

이야기는 이제부터 본론으로 들어간다. 지금으로부터 약 2천 년 전 임술년(기원전 59년) 4월 갑인일이다. 북부여국의 천제는 태자를 부여국의 옛 도읍지로 보내서 나라를 건설하게 하니 그 태자는 곧 해모수였다. 해모수는 그곳으로 올 때 오룡거五龍車를 타고 하늘에서 내려왔으며 종자 백여 명은 모두 흰 고니와 채색 구름을 타고 하늘을 배회하였다. 이에 상서로운 기운이 하늘에 가득하였으며 선악仙樂 소리가 공중에 진동하였다. 그들 일행은 웅심산熊心山에 머물러 있다가 십여 일 만에 비로소 내려왔는데 머리에는 까마귀 깃털 모자[烏羽冠]를 쓰고 허리에는 용광검龍光劍을 비껴 찼다. 아침이 되면 일을 하다가 저녁이 되면 다시 하늘로 올라가니 세상 사람들은 그들을 천왕랑天王郎이라 불렀다.

그때 청하백清河伯-청하清河는 지금의 압록강鴨綠江이다.-에게는 세 딸이 있었으니 맏딸은 유화柳花요, 둘째 딸은 훤화萱花요, 셋째 딸은 위화葦花였다. 그 세 딸이 햇볕 따뜻하고 바람 화창한 어느 날 웅심산 밑 연못가로 산책하러 나가니 그 어여쁜 자태가 마치 세 송이 연꽃 같았으며 패옥 소리가 쟁쟁하여 사람들의 이목을 끌었다. 해모수는 그들을 바라보고는 정신이 황홀하여 주변 신하들에게 말하였다. "내가 만일에 저런 여자를 얻어 왕비로 삼는다면 평생의 소원을 이루는 것이겠소. 또한 귀한 왕자를 낳고 싶소이다." 그러자 주변 신하들이 모두 왕을 위하여 그 여자들을 데려오라고 하였다. 그러나 그 여자들은 왕의 일행을 보고 먼저 피하여 물속으로 들어갔다. 신하들이 다시 왕에게 아뢰기를 "대왕께서는 궁전을 지어서 그 여자들을 그곳으로 꾀어 들이고 문을 막으소서." 하니, 해모수가 그럴듯하다고 여겨 말채찍을 들어 땅에 선을 그으니 별안간에 화려하고 장대한 구리집[銅室]이 생겨났다. 이에 해모수는 그 집 안에 세 자리와 술을 베풀어 놓고 세 여자를 불러서 각각 자리에 앉게 하고는 서로 술을 권하였다.

술에 거나하게 취하자 급히 문을 잠그려고 하니 세 여자가 모두 놀라 달아나다가 그중 맏딸 유화가 그만 해모수에게 잡히고 말았다. 하백이 그 소식을 듣고 크게 노하여 사신을 보내 다음과 같이 책망하였다. "너는 누구길래 감히 내 딸을 잡아 두고 보내지 않느냐!" 해모수는 사실대로 대답하였다. "나는 천제의 아들로 당신의 딸과 혼인하려고 그리하였소." 하백은 그 말을 듣고 더욱 노하여 다시 사신을 보내 말하였다. "네가 만일 천제의 아들이요, 내 딸과 혼인하고 싶다면 마땅히 중매를 놓고 예절을 갖추어서 할 일이지 그렇게 무례하게 남의 처녀를 강제로 잡아 두는 법이 어디 있느냐!" 해모수는 뭐라 대답할 말이 없어 크게 부끄러워하며 장차 하백을 찾아뵙고 사죄하려 하였으나 하백의 궁궐 문이 굳게 닫혀서 들어갈 수도 없었으며, 또 유화를 놓아 보내려 하니 유화는 벌써 해모수에게 정을 두어 돌아가기 싫어하였다. 해모수는 진퇴양난의 처지라 어찌할 줄을 모르고 곤란한 상황에 놓여 있었다.

유화가 그러한 기색을 보고 해모수에게 말하였다. "만일 용거龍車가 있다면 능히 하백의 집으로 갈 수 있어요." 그러자 해모수가 기뻐하며 하늘을 향하여 축원하니 별안간 하늘에서 오룡거가 내려왔다. 해모수가 유화와 함께 오룡거를 타고 풍운風雲을 쫓아 잠깐 사이에 하백의 궁궐에 이르자 하백은 예절을 갖추어 맞아들였다. 그러나 하백은 그때까지도 해모수가 자기 딸을 사사로이 잡아 두었던 것을 분하게 생각하여 자리에 앉자마자 즉시 꾸짖어 말하였다. "혼인은 인륜대사요, 천하의 공통된 규율이 있는 것인데 어찌 예법을 따르지 않고 강제로 행동하여 우리 가문을 욕보인 것인가!" 또 말하였다. "네가 말끝마다 천제의 아들이라 자랑하니, 천제의 아들이라면 무슨 신통한 능력이 있겠지! 내가 한번 시험해 보겠다!" 그러고는 큰 소리로 외치더니 하백이 뜰 앞 물속으로 들어가 잉어로 변하여 물결을 헤치며 활발하게 뛰놀았다. 그러자 해모수는 수달로 변하여 그 잉어를 잡았다. 하백이 또 산으로 뛰어가서 사슴으로 변하자, 해모수는 승냥이로 변하여 사슴을 쫓았다. 하백이 이번에는 공중으로 날아 꿩으로 변하자, 해모수는 다시 매로 변하여 꿩을 세차게 공격하였다. 이렇게 여러 가지로 시험하여도 하백이 이기지 못하니 그제야 하백은 해모수를 천제의 아들로 믿고 다시 예절을 갖추어 혼인하게 하였다.

이후로는 하백이 도리어 해모수가 자기 딸을 박대할까 염려하여 음식과 풍류를 크게 베풀어 잔치를 벌이고는 해모수에게 술을 권하여 대취하게 한 뒤 자기 딸과 함께 작은 가죽 수레[革車] 속에 넣고 용거에 실어 하늘로 올려 보내려고 하였다. 그러나 용거가 미처 물속에서 나오기도 전에 해모수는 벌써 술이 다 깨어 유화의 황금 비녀로 가죽 수레를 찢고는 그 구멍으로 빠져나가 홀로 하늘로 올라가 버렸다. 그러자 하백이 크게 노하여 유화를 꾸짖어 말하였다. "네가 내 말을 듣지 않다가 마침내 가문을 욕보였노라!" 그러고는 주변 신하들에게 명하여 유화의 입을 얽어 잡아당기니 그 입술이 석 자 길이로 늘어져 나왔다. 하백은 생전에 다시는 유화를 보지 않기로 결심하고 다만 노비 두 사람만 주고는 멀리 우발수優渤水 가운데로 귀양을 보냈다. 우발수는 태백산太白山 남쪽에 있는 연못이었다.

그때 그 연못가에는 강력수추强力洙鄒[1] 라는 사람이 있었는데 늘 고기잡이를 업으로 삼고 있었다. 그런데 유화가 그 연못으로 온 뒤부

•••

1 강력수추(强力洙鄒): 이규보(李奎報)의 『동국이상국집(東國李相國集)』「동명왕편(東明王篇)」에는 '강력부추(强力扶鄒)'로 되어 있다.

터는 이상하게도 고기가 전처럼 잘 잡히지 않았을뿐더러 고기 구경조차 할 수가 없었다. -물론 그 어부는 유화가 온 것을 알지 못하였다.- 어부는 그것이 하도 이상하여 동부여의 금와왕을 찾아뵙고 아뢰었다. "근래에 우발 못 속에 고기가 사라졌다 할 정도가 되었으니 의심컨대 무슨 짐승 같은 게 그 못 속에 있는 듯합니다." 왕이 그 말을 듣고 또한 이상히 여겨 어부로 하여금 그 못에 그물질하게 하니 그물이 다 찢어지고 아무것도 걸리지 않았다. 왕이 다시 쇠그물을 만들어서 훑어 내게 하니, 그제야 한 여자가 돌 위에 앉은 채로 끌려나왔는데 혀가 길어서 아무 말도 하지 못하였다. 왕이 어부에게 명하여 그 혀를 세 차례나 자르게 하니 그제야 말을 하여 그 여자가 하백의 딸이며 천제 아들의 비妃라는 사실을 알게 되었다.

금와왕이 유화를 후하게 대접하여 깊숙한 별궁에 거처하게 하자 이전까지 어둑하던 방에 별안간 해가 밝게 비추었다. 유화가 해를 피하여 다른 곳으로 가니 가는 곳마다 해가 쫓아와 비추었다. 이로 인하여 태기가 있더니 얼마 뒤에 왼편 겨드랑이에서 알이 한 개 나왔는데 크기가 닷 되가량 되었다. 금와왕이 그것을 보고 괴이하게 생각하여 말하였다. "사람이 새처럼 알을 낳는 것은 상서롭지 못한 일이다." 그러고는 그 알을 마구간에 버렸으나 소와 말이 밟지 않았고, 개와 돼지에게 주니 그것들 또한 먹지를 않았으며, 깊은 산속에 가져다 두니 여러 짐승이 보호하였다. 금와왕은 더욱 신기하게 생각하여 자기가 알을 깨뜨려 보려 하였으나 칼이고 도끼고 다 들지 않았으며 찬란한 햇빛이 항상 그 위를 비추었다. 왕은 알을 어찌하지 못하고 결국 다시 유화에게 보냈더니 얼마 되지 않아 알이 깨지고 그 속에서 한 사내아이가 뛰어나왔는데 얼굴 생김새가 비범하고 목소리가 웅대하였다. 때는 중국 한漢나라 선제宣帝 신작神雀 4년인 계해년 4월이었다.

그 아이는 일곱 살부터 자기 손으로 활을 만들어서 백발백중으로 활을 잘 쏘았으니, 당시 시속 말에 활 잘 쏘는 사람을 주몽朱蒙이라 하였으므로 이름을 주몽이라 지었다. 금와왕 밑에서 성장한 주몽의 재주가 비범하므로 금와왕의 여러 아들들이 항상 주몽을 시기하여 해치려고 하였다. 이에 몰래 도망쳐서 엄사수淹淲水[2]에 이르렀는데 물에 다리도 없고 배도 없었으며 뒤에는 추격병까지 급히 쫓아와 참으로 위태롭고 절박한 순간이었다. 주몽은 하늘을 우러러보며 신에게 마음속으로 빌었다. '나는 천제의 아들이요, 하백의 외손으로 난을 피하여 여기까지 왔는데 뒤에 추격병은 급히 오고 물을 건너갈 방도는 없으니 하늘이 돕고 신령이 도우시어 제 목숨을 구해 주십시오!' 그러자 난데없이 물고기와 자라들이 모여 와 다리를 놓아 주어 무사히 그 물을 건넜다. 주몽이 그길로 졸본부여卒本扶餘에 이르자, 부여 왕은 그를 매우 사랑하여 딸을 주어 사위로 삼았다. 부여 왕은 또 아들이 없었으므로 죽을 때 그 나라를 주몽에게 맡겼으니 주몽이 드디어 그 나라의 왕이 되어 비류국沸流國과 부

•••

2 엄사수(淹淲水): 이규보의 「동명왕편」에서는 '엄체수(淹滯水)' 일명 '개사수(蓋斯水)'라 하였으며, 압록강의 동북쪽에 있다고 하였다.

근의 여러 나라를 정복하여 대고구려국大高句麗國을 건설하였다. 즉, 그가 바로 그 유명한 고구려의 시조 주몽왕이었다.

* 『동국이상국집』「동명왕편」 서序[3] 참조.

•••

3 「동명왕편」 서(序): 이규보가 「동명왕편」을 지으면서 본문 내용의 이해를 돕기 위해 지금은 전하지 않는 『구삼국사(舊三國史)』의 기록을 인용해 놓은 것을 말한다.

02

주몽왕과 예씨禮氏

고구려 유리왕琉璃王은 동명왕 주몽의 맏아들이다. 동명왕은 젊었을 적 동부여의 금와왕에게 의지하여 생활하였는데, 이때 예씨禮氏 성을 가진 여자를 만나 사랑을 하였고 예씨는 아이를 갖게 되었다. 그러나 이후 주몽은 졸본부여로 망명하게 되었고 예씨는 홀로 자신의 아이를 낳아 길렀는데 그 아이가 바로 '유리'이다. 유리는 아버지도 없이 불쌍하게 성장하였으나 외모가 빼어나고 돌멩이로 새총 쏘기를 잘하였다. 이에 예씨는 유리의 비범한 능력을 알아보고 특별히 사랑하였다.

하루는 유리가 아이들과 함께 새총으로 새를 쏘다가 잘못하여 이웃집 여자의 물동이를 맞추었는데, 그 여자가 화를 내며 크게 꾸짖었다. "아비 없이 자란 자식이라 버릇이 고약하여 못된 행동을 하는구나!" 유리는 이 말을 듣고 크게 부끄러워 즉시 진흙으로 구슬을 만들어 다시 새총을 쏘아 그 구멍을 막아 주었다. 그러고는 그길로 집에 가서 어머니 예씨를 끌어안고 "제 아버지는 누구이고 또 어디에 있습니까?" 하고 물었다. 처음에 예씨는 장난으로 이렇게 답하였다. "너는 아비도 없고 또한 그 아비가 누구인지도 모른다." 그 말을 들은 유리는 울면서 "세상에 아비 없는 자식이 어디에 있으며 만일 그 말이 사실이라면 남들에게 부끄러워 살 수가 없으니 차라리 죽는 것이 낫겠습니다."라며 그 자리에서 자결하려고 하였다.

놀란 예씨는 그제야 다음과 같이 말하였다. "너의 아비는 비범한 사람으로 지금은 남쪽 지역에서 임금 노릇을 하고 있다. 아버지가 집을 떠나면서 '어떤 물건 하나를 일곱 고개, 일곱 골짜기, 돌 위, 소나무 아래[七嶺七谷, 石上松下]에 두었는데 그것을 찾는 자가 나의 아들이다.'라는 말을 남겼다." 그 말을 들은 유리는 크게 기뻐하며 온 집 안을 이리 찾고 저리 찾으며 그 물건을 찾으려 했으나 쉽게 찾을 수가 없었다. 그러다 우연히 자기 집 기둥 주춧돌 밑에서 무슨 소리가 나는 것을 들었다. 이를 이상히 여긴 유리는 그 기둥을 한참 살펴보다가 문득 생각하되, '이 기둥이 일곱 개의 모서리를 가졌으니 칠령칠곡七嶺七谷이 분명하고, 또 소나무 밑[松下]이란 것은 기둥 밑이요, 돌 위[石上]란 것은 주춧돌 위를 가리키는 것이구나!' 하고 그 기둥 밑을 파보니 과연 부러진 칼날이 거기에 있는 것이었다.

유리는 그 칼날을 가지고 졸본부여에 가서 동명왕을 만나 자신이 가지고 있던 칼 토막과 동명왕의 칼 토막을 맞추어 보았는데 조금도 틀림없이 꼭 들어맞았다. 동명왕은 그것을 보고 크게 기뻐하여 유리의 등을 두드리며 과연 자기 아들이라 하고 태자로 삼았으니, 그가 곧 고구려의 제2대 왕으로 알려진 유리왕이다.

03

신라 시조 박혁거세의 왕비 알영閼英

신라의 시조 박혁거세朴赫居世의 왕비인 알영閼英은 신라 사량리沙梁里 사람이다. 그녀의 탄생에 관한 신비스러운 이야기는 『삼국유사』와 그 외 여러 야사에서 확인할 수 있다.

사량리에는 알영정閼英井이란 우물이 있었다. 어느 날 아침, 그 우물 위에 오색영롱한 채색 구름이 자욱하게 끼더니 난데없이 금빛 찬란한 닭[金鷄]이 나타나서 두 날개로 땅땅 홰를 치며 울기 시작하였다. 얼마 후, 그 닭이 큰 용으로 변하였는데 갑자기 그 용의 오른편 옆구리가 툭 터지더니 그 자리에서 한 명의 여자아이가 나왔다. 그 여자아이의 얼굴은 천하절색이요, 모습은 매우 단정하였다. 다만 입술이 보통 사람과 같지 않고 닭의 주둥이처럼 생겼으므로 주변 사람들 모두 이를 괴이하게 여겨 그 아이를 양육하기를 꺼렸다.

그때 마침 그 마을에 사는 한 노파가 그 아이를 매우 사랑하여 거두어 젖을 먹이고 월성 북천月城北川에 데리고 가 목욕을 시켰다. 그러자 신기하게도 조금 전까지 닭의 주둥이처럼 뾰족하게 생겼던 입술이 떼어지고 보통 여자아이의 입술보다 더 예쁜 입술이 드러났다. 그리하여 그 북천의 이름을 고쳐 발천撥川이라고 부르게 되었다. 또 그 아이는 알영정에서 태어났으므로 사람들은 그 아이를 우물의 이름과 같은 이름인 '알영'이라 불렀다.

알영은 장성하면서 매우 어질고 덕행이 뛰어났는데, 혁거세왕이 알영의 소문을 듣고 그녀를 왕비로 삼았다. 왕비가 된 알영은 왕을 따라 신라 육부六部를 순행하며 농업과 누에치기를 권장하니 백성들이 모두 알영의 성덕聖德을 노래하며 왕과 왕비를 두 성인이라고 칭송하였다. 알영은 혁거세왕이 붕어崩御한 후 이레 만에 죽었는데, 당시 사람들은 그 둘을 하늘이 정해 준 배필이라고 하였다.

04

신라 문명왕후文明王后 김문희金文姬

신라의 김유신金庾信에게는 누이가 두 명 있었는데 윗누이는 보희寶姬요, 아랫누이는 문희文姬였다. 어느 날 보희는 자신이 서악西岳에 올라가 오줌을 누었는데 그 오줌이 흘러서 온 서울에 가득하게 되는 꿈을 꾸었다. 놀라서 깬 보희가 동생 문희에게 꿈 이야기를 하였더니 문희는 비단 치마 한 벌을 언니에게 주며 그 꿈을 자기가 사겠다고 하였다. 그러고는 자기의 옷가슴을 풀어 그 꿈을 받는 모습을 하자 보희도 "내 꿈을 너에게 파니 그리 알고 잘 받아라." 하였다.

그 일이 있은 지 십여 일 후에 김유신은 김춘추金春秋와 같이 정월 오기일午忌日[4]에 자기 집 문 앞에서 축국蹴鞠[5]을 하다가 김춘추의 옷고름을 밟아 떨어뜨렸다. 이에 자기 집으로 데리고 와서 첫째 누이 보희더러 꿰매 달라 하였더니 보희는 병이 있다는 핑계를 대고 굳이 사양하였다. 다시 둘째 누이 문희를 불러 꿰매게 하였는데 그때 춘추는 문희의 아리따운 미모와 자태를 보고 첫눈에 마음이 끌려 그날부터 유신의 집에 자주 출입하였다. 그렇게 왕래하는 동안에 춘추와 문희는 서로 정을 통하게 되었고 정식 혼인도 하기 전에 먼저 아이를 배게 되었다. 유신이 그 사실을 알고 크게 분하여 문희를 불러 책망하였다. "계집애가 부모의 허락도 없이 그러한 행동을 하는 것은 도저히 용서할 수 없는 일이다. 네 죄를 장차 나라에 공포하고 불에 태워 죽이겠다." 그러고는 하인을 시켜 뜰 안에 장작을 잔뜩 쌓아 놓고 불을 지른 다음 문희를 태워 죽이려고 끌어내었으니, 문희의 생명은 경각을 다투는 위기에 있었다.

그때 마침 선덕여왕善德女王이 남산南山으로 놀러 왔다가 멀리 있는 불빛과 연기를 보고 시신侍臣에게 저 불빛이 무슨 불빛이냐고 물었다. 그러자 시신은 "김유신의 누이가 처녀로 애를 밴 까닭에 유신이 그것을 징벌하기 위하여 그 누이를 태워 죽이려고 지금 불을 놓는 중입니다."라고 대답하였다. 선덕여왕이 그 말을 듣고 말하되 "그 여자의 소행도 소행이거니와 그 상대방 남자는 대체 어떤 사람이냐."라고 하니, 옆에 있던 김춘추의 얼굴빛이 별안간 딸깃빛같이 붉

4 정월 오기일(午忌日): 신라 시대 풍속에 매년 정월 상해일(上亥日)·상자일(上子日)·상오일(上午日)을 기일(忌日)이라 하여 그날에는 어떤 일도 하지 않고 바깥 출입도 하지 않았다.

5 축국(蹴鞠): 옛날에 있었던 공차기 놀이. 『해동염사』 원문에는 '제기'라고 표기되어 있다.

어졌다. 왕은 그 기색을 보고 다시 말하되 "그것은 필경 너의 행동 때문인 듯하니 속히 가서 구해 주어라." 하였다.

춘추는 그렇지 않아도 문희가 죽는 것이 안타까워 견디지 못하던 차에 왕의 말씀을 듣고는 기쁨을 이기지 못하여 급히 말을 달려 쫓아가서 문희를 구해 내었다. 그리고 두 사람은 왕명으로 정식 결혼을 하게 되었다. 춘추는 그 뒤 삼국 통일의 기반을 닦은 신라의 유명한 임금 태종 무열왕太宗武烈王이요, 문희는 곧 현숙하기로 유명한 문명왕후文明王后이다. 왕후는 또 아들 여섯 형제를 낳았으니, 맏아들은 신라의 성군 문무왕文武王이다.

05

화희禾姬와 치희雉姬

펄펄 나는 꾀꼬리는　　　翩翩黃鳥
암놈 수놈 노닐건만　　　雌雄相依
홀로 있는 이내 몸은　　　念我之獨
뉘와 함께 돌아갈까　　　誰其與歸

이 〈황조가黃鳥歌〉라는 노래는 고구려 제2대 유리왕이 지은 노래로, 우리나라 최초의 시가詩歌이다. 이 시가 속에는 천고에 사라지지 않는 정한이 남아 있다.

원래 유리왕에게는 왕비 송씨松氏 외에 화희禾姬와 치희雉姬라는 두 후궁이 있었다. 화희는 고구려 골천鶻川 사람이요, 치희는 한漢나라 사람으로 왕이 가장 사랑하는 여자였다. 그러다 마침 왕비 송씨가 세상을 떠나자 두 여자는 서로 왕비가 되려고 매번 왕의 총애를 다투어 궁에는 풍파가 그칠 날이 없었다. 그래서 왕은 동쪽과 서쪽에 두 개의 궁을 지어 두 여인이 서로 떨어져 살게 하였다. 그러나 이른바 '시앗을 보면 길가의 돌부처도 돌아앉는다.'라고 피차에 아무리 집이 다르다 해도 어찌 그 싸움이 그칠 수 있겠는가.

하루는 왕이 사냥을 나간 틈에 두 여자가 또 싸움을 시작하였고 한참 싸우는데 화희가 치희에게 "이런 더러운 년! 한나라에서 잡혀온 종년이 어찌 감히 나에게 무례한 말을 하느냐!" 하고 모욕을 주었다. 치희는 평소에도 자기가 외국에서 와 천대받는 것을 한탄하던 차에 그러한 말을 듣자 큰 모욕감과 분노를 느끼고 왕에게 말을 고할 여지도 없이 궁을 떠나고 말았다.

왕은 사냥하고 돌아오다가 그 광경을 보고 말 머리를 돌려 치희를 쫓아갔다. 그러나 때는 이미 늦은 후였고 치희의 종적을 찾을 수가 없었다. 왕은 낙심천만하여 말을 멈추고 나무 아래에서 쉬고 있었는데 우연히 꾀꼬리 한 쌍이 나뭇가지 사이로 넘나들며 노는 것이 아닌가. 그것이 어찌나 부러웠던지 마음에 깊이 감치어 이 노래를 지었다고 한다.

06

고구려 장발 미인 관나貫那

관나貫那는 고구려 중천왕中川王 때의 이름난 미인이다. 얼굴이 어여쁜 것은 물론이거니와 고운 머릿결의 길이가 구 척이나 되었다. 이에 중천왕이 특별히 사랑하여 소후小后로 삼고자 하였다. 그러자 왕후 연씨椽氏가 관나를 시기하여 왕에게 이렇게 말하였다. "서위西魏에서 천금을 주고서라도 장발의 미인을 구하고자 한다 하니, 관나를 궁중에 두었다가는 나라에 외환이 생길 우려가 있습니다. 그러니 속히 관나를 버리셔야 합니다." 비록 왕이 연씨의 말을 듣지는 않았으나, 그 말을 전해 들은 관나는 스스로 공포와 불안을 느껴 왕에게 말하였다. "왕후께서 항상 저를 보고 '시골 계집년이 무슨 까닭으로 이렇게 와서 있느냐. 만일 속히 떠나지 않는다면 반드시 후회할 날이 있을 것이다.'라고 하셨습니다. 그러니 첩이 생각건대 폐하께서 계시지 않는 틈을 타 저를 해치려고 하시는 듯하니 장차 저는 어찌 될지 모르겠습니다."

그 일이 있고 난 뒤에 왕이 기구箕丘로 사냥을 나갔다가 돌아오는데 관나가 중도에 나와 있었다. 관나는 가죽 주머니[革囊]를 들고 울면서 말하였다. "왕후께서 저를 미워하여 여기에 넣어 바다에 띄우라고 하시니, 폐하께서는 저의 천한 목숨을 특별히 생각하시어 속히 본가로 돌아가게 허락해 주소서." 그러자 왕은 관나가 여러 번 간사하게 거짓말하는 것을 괘씸하게 여겨 크게 화를 내며 말하였다. "네가 그런 말을 하는 것은 자진하여 바다에 빠져 죽기를 지원하는 것이니 소원대로 죽어라." 그러고는 무사에게 관나를 가죽 주머니 속에 넣어 서쪽 바다에 띄우라고 명령하였다. 그렇게 그 어여쁜 장발 미인도 그만 가엾이 물속에 빠져 죽은 외로운 영혼이 되고 말았다.

07

고국천왕의 왕후 우씨于氏

고구려 역대 왕후 중에 여성 정치가로 제일 유명한 이는 고국천왕故國川王의 왕후 우씨于氏이다. 우씨는 고구려 제나부장提那部長[6] 우소于素의 딸로, 용모가 비범하고 어려서부터 지모智謀와 정략政略이 출중하여 많은 사람에게 칭찬을 들었다. 이에 왕이 우씨의 소문을 듣고 맞이하여 왕후로 삼았다. 우씨는 고국천왕을 내조하여 정치상으로 상당한 공적을 나타내었는데, 왕이 아들 없이 갑자기 붕어하자 이를 구실로 삼아 왕족과 중신들이 혹여 내란을 일으킬까 염려하

...

6 제나부장(提那部長): 제나부는 고구려 시대의 중요 정치세력 집단체인 5부 가운데 하나이며, 제나부장은 그 우두머리이다.

였다. 이에 왕의 죽음을 비밀에 부치고 발상發喪하지 않은 채 밤중에 왕의 아우 발기發岐의 집으로 달려가서 그 사실을 말하고 고국천왕의 뒤를 이어 왕위를 계승하기를 청하였다. 그러나 원래 발기는 개결介潔하고 엄격한 사람이었으므로 그 제안을 거절하며 꾸짖어 말하였다. "하늘의 역수曆數[7]는 돌아가는 곳이 있기 마련이니 그렇게 함부로 말할 것이 못 됩니다. 그뿐만 아니라 부인이 밤에 이처럼 비밀스럽게 출입하는 것은 예절이 아닙니다." 그러자 우씨는 부끄러워 감히 더는 말하지 못하고 그길로 다시 왕의 둘째 아우 연우延優의 집을 찾아갔다.

연우는 왕후를 기쁘게 맞아들이고 술을 권하며 친히 칼을 들고 고기를 썰어 주기까지 하였다. 그러다가 실수로 그만 제 손가락을 다쳤는데, 우씨는 자신의 치마폭을 찢어서 싸매 준 다음 그의 손을 잡고 왕궁으로 들어가서 연우를 세워 왕으로 삼았으니 그가 곧 고구려 산상왕山上王이다. 그리고 우씨는 다시 산상왕의 왕후가 되었다. 우씨가 그렇게 산상왕의 왕후까지 된 것은 물론 윤리 예절로 보아 당시 사람들이나 후세 역사가들에게 비난받을 만한 일이다. 하지만 그것을 떠나서 정략적으로 본다면 그 얼마나 영리하고 민첩한 사람인가!

•••

7 하늘의 역수(曆數): 제왕의 지위에 오를 차례나 운수를 말한다. 『논어(論語)』「요왈(堯曰)」에 "아, 그대 순이여, 하늘의 역수가 그대의 몸에 있게 되었으니, 중도를 진실로 지켜 행하도록 하오[咨爾舜, 天之曆數在爾躬, 允執厥中]."라는 구절이 보인다.

한편 우씨는 산상왕에게서도 역시 아들을 낳지 못하였고 소후의 몸에서 낳은 교체郊彘를 세워서 장차 왕으로 삼고자 하였다. 이때 우씨가 그의 인물 됨됨이가 어떠한지 시험코자 궐내에 있는 말의 갈기[馬鬣]를 몽톡하게 자르고 보여 주니 교체는 그 말을 매우 가엾게 생각하고 눈물을 흘렸다. 우씨가 또 심부름하는 사람을 시켜서 국그릇을 그의 옷에 엎지르게 하였더니 교체는 태연자약하며 노여워하지 않았다. 이에 우씨는 교체가 너그럽고 후하며 덕이 있다 하여 마침내 왕으로 삼으니 그가 곧 고구려 동천왕東川王이다.

우씨는 비록 정략적으로 자기 남편의 아우 되는 산상왕과 같이 살게 되었으나 평생의 큰 수치로 생각하였던 까닭에 죽을 때 다음과 같이 유언하였다. "내가 평생에 절개를 잃었으니 무슨 면목으로 지하에 가서 고국천왕을 뵐 수 있으랴. 내가 죽은 뒤에 다행히 개천에 던져 버리지 않으려거든 산상왕릉 옆에다 나를 묻어 달라!" 이에 우씨의 말대로 산상왕릉 옆에 장사를 지냈다.

하루는 고국천왕의 영혼이 무당에게 강림하여 이렇게 말하였다. "내가 왕후 우씨가 산상왕에게 간 것을 보고 분함을 이기지 못하여 크게 싸웠으나 너무도 창피하여 나라 백성들을 볼 낯이 없노라. 네가 조정에 말하여 무슨 물건으로든지 내가 잘 보이지 않게 가려 달라!" 그 말이 떠돌다가 조정에 들어가자, 조정에서는 고국천왕의 능 앞에 소나무를 일곱 겹으로 심었다고 한다.

08

고구려 궁중 최고 미인, 산상왕의 경희소후慶姬小后

고구려의 역대 왕궁에서 미인을 찾자면 첫째는 앞서 소개한 중천왕의 총희 관나貫那요, 그다음은 여기에서 소개하려는 산상왕의 소후이다.

이 소후는 고구려 주통촌酒桶村에서 태어났는데, 소후의 어머니가 아이를 가졌을 때 무당에게 점을 쳐 보니 장차 왕후가 될 딸을 낳겠다고 하였다. 이에 소후의 어머니는 속으로 혼자 기뻐하였다. 열 달이 지난 후 과연 옥동녀를 낳았으니, 소후의 어머니는 마음속으로 더욱 기뻐하며 딸의 이름을 후녀后女라 지었다.

후녀는 비록 궁벽한 촌에서 생장하였으나 자색이 출중하고 재질이 남다른 까닭에 어려서부터 부모에게 많은 사랑을 받은 것은 물론이거니와 온 동네 사람들까지도 모두 칭찬하고 흠모하지 않는 사람이 없었다. 방년芳年 스무 살이 되자 아리따운 후녀의 소문이 점점 널리 퍼져서 마치 만개한 꽃떨기에 나비와 벌의 무리가 모여들듯 이곳저곳에서 통혼이 들어왔다. 그러나 달 속의 단계丹桂[8]는 평범한 노상 행인의 손에 꺾일 바 아니요, 깊은 계곡의 난초는 보통의 세속 나그네 발에 짓밟히게 될 것이 아니었다. 산상왕과 주통촌의 처녀, 전생에 그 무슨 기이한 인연이 있었던가! 아무리 좋은 곳에서 통혼이 들어와도 후녀의 부모나 본인이나 도무지 승낙하지 않고 무엇을 기다리는 듯이 그대로 한 달 두 달을 지내었다.

바로 그때다. 고구려 임금 산상왕은 예전에 우씨于氏를 맞아 왕후로 삼았으나 나이가 많도록 아들이 없어서 항상 걱정하고 있었다. 그러던 중 어떤 술법術法을 하는 사람의 말을 듣고 명산대천에 기도하며 아들 낳기를 축원하였다. 하루는 비몽사몽간에 우의羽衣를 입은 천사가 하늘에서 내려오며 말을 전하였다. "너로 하여금 소후를 얻어 귀한 아들을 낳게 해 줄 터이니 조금도 염려하지 말라!"

그 말이 끝난 지 얼마 되지 않아 때마침 교제郊祭[9]에 쓰려고 동여매 놓은 돼지 한 마리가 도망을 가 버렸다. 그 일을 맡은 사람이 돼지를 쫓아 산을 넘고 물을 건너 이리로 가고 저리로 가다가 우연히 주통촌까지 다다랐다. 그런데 뜻밖에 스무 살가량 된 어여쁜 처녀

...

8 달 속의 단계(丹桂): 전설상 달 속에 있다고 하는 붉은 계수나무를 말한다.

9 교제(郊祭): 천자(天子)가 교외에서 하늘과 땅의 신에게 지내는 제사이다.

가 얼굴에 웃음을 띠고 앞길로 뛰어나와서 그 돼지를 잡아 주었다. 왕은 그 말을 듣고 이상히 여겨 남모르는 밤중에 그 처녀의 집으로 찾아가서 하룻밤의 아름다운 인연을 맺었다. 이에 그 처녀는 그날부터 태기가 있었다.

한편 산상왕의 왕후 우씨는 본래 음일淫佚하고 질투심 많기로 유명한 여자였는데, 그 소식을 접하고는 질투심이 머리끝까지 뻗쳐서 혼자 다음과 같이 생각하였다. '후녀는 나보다 나이가 어리고 얼굴도 천하절색인 데다가 더구나 왕의 아이까지 뱄다. 만일 왕자를 낳는다면 나는 사랑을 빼앗길 뿐만 아니라 장차 내 지위까지도 빼앗기기 쉬울 터. 일을 미연에 방지하는 것이 좋겠다.' 그러고는 비밀리에 병사들을 보내서 후녀를 죽이라고 하였으나, 후녀는 미리 그 음모를 알고 밤중에 남자 복장을 하고 도망쳐 버렸다.

그러나 후녀는 본래 연약한 여자의 몸인지라 아무리 먼저 도망쳤을지라도 굳세고 빠르게 쫓아오는 병사들에게 기어이 붙잡히게 되었으며 곧 생명까지 위급해졌다. 보통의 여자 같으면 겁을 집어먹고 말 한마디도 못 하고 있다가 속절없이 병사의 칼날에 원통한 귀신이 되고 말았을 것이다. 하지만 후녀는 원래 재질이 영리하고 임기응변에 능하였기에 조금도 두려운 기색 없이 병사들을 보고 다음과 같이 책망하였다. "나 같은 사람은 아무리 죽인다고 해도 관계가 없다. 하지만 내 몸에는 벌써 왕자가 잉태되어 있으니 이 나라의 병사로서 이 나라의 왕자를 죽이는 것이 의리상 할 수 있는 일이냐!" 그러자 병사들은 감히 후녀를 해치지 못하고 도리어 사죄하고 돌아갔다.

그 뒤에 후녀가 왕자를 낳으니 산상왕은 크게 기뻐하며 후녀를 다시 궁중으로 맞아들여 소후로 봉하였다. 또 아들에게는 교제郊祭를 지내려던 돼지가 도망친 것을 계기로 낳게 되었다는 의미를 담아 이름을 교체郊彘라 하였으니, 그가 바로 유명한 고구려 동천왕이다. 동천왕은 왕후 우씨가 가장 미워하는 소후의 몸에서 태어난 만큼 어려서부터 왕후에게 여러 번 위해를 입을 뻔하였다. 그러나 동천왕은 원래 천생 자질이 너그럽고 어질었기 때문에 그 음험하고 질투 많은 왕후도 어찌하지를 못하고 도리어 감화되어 결국에는 자기 소생의 아들처럼 사랑하였으며 결국 왕자로 봉하였다. 이에 산상왕의 왕통을 계승하게 되었다.

동천왕이 어렸을 때 왕후가 그의 인물 됨됨이를 시험한 이야기를 잠깐 소개한다. 한번은 왕후가 궁중에 있는 말의 갈기를 다 잘라 버렸더니 동천왕이 그것을 보고 측은한 안색으로 왕후께 아뢰었다. "말의 갈기는 사람의 머리털과 같이 귀중한 것인데 말 못 하고 자유 없는 짐승의 것이라고 그렇게 함부로 자르는 것은 좀 가엾지 않습니까?" 그러자 왕후는 그의 착한 마음에 감복하였다. 또 한번은 동천왕이 밥을 먹을 때 왕후가 심부름하는 사람을 시켜서 일부러 국을 엎질러 옷을 젖게 하였는데, 그는 조금도 성내는 빛이 없고 도리어 심부름하는 사람더러 손을 데지 않았느냐고 하였다. 그러자 왕후와 다른 사람들까지도 동천왕의 인물 됨됨이가 관대한 것에 탄복하였다.

관나와 이 소후 모두 고구려 궁중에서 총애를 받은 미인이다. 하지만 관나는 왕자를 하나도 낳지 못하고 연후椽后를 음해하려다가 결국에는 자기가 먼저 비명횡사하고 말았다. 소후는 동천왕 같은 성군聖君을 낳고 그 질투 많은 왕후 우씨와도 감정을 잘 융화하여 자기도 부귀를 누리며 잘 지냈다. 이것을 보면 예부터 미인은 박명이니, 미인은 악덕이니 하는 것도 결국은 사람에 따라 달라짐을 알 수 있다.

09

가락국 수로왕의 아내 허황옥許黃玉

지금 우리나라 사람들은 아직까지도 옛날 쇄국 시대의 습관이 그대로 남아 있어서 어떤 남자가 외국 여자와 결혼한다든지 또는 어떤 여자가 외국 남자와 결혼한다고 하면 누구나 해괴하게 생각한다. 그러나 지금으로부터 몇천 년 전에는 도리어 그러한 관념이 없어서 우리나라 사람으로서 외국 여자와 결혼한 일이 많이 있었다.

그중에 대표적인 사례가 옛날 가락국駕洛國의 시조 김수로金首露와 왕비 보주태후普州太后[10]이다. 왕후는 원래 인도 아유타국阿踰陀國의 왕녀-혹은 남천축국南天竺國의 왕녀라 한다.-로 풍랑을 만나 표박하여 우리

…

10 보주태후(普州太后): 원문에는 '普熙太后'라 하였으나 바로잡음.

나라로 온 분이다. 본성명이 무엇이었는지는 알 수 없으나 가락국에 와서 허황옥許黃玉이라 불렀다. 왕후는 처음에 무슨 동기로 고국을 떠났는지 모르나 풍랑에 밀리고 밀려서 온다는 것이 우연히 가락국의 앞바다, 곧 지금의 경남 김해 앞바다까지 왔다.

그때 수로왕은 가락국을 새로 건설하고 아도我刀·여도汝刀·피도彼刀·오도五刀·유수留水·유천留天·신천神天·오천五天·신귀神鬼-이것은 다 그때의 벼슬 이름이다.- 등 여러 신하들과 바닷가로 놀러 갔었다. 그러다가 바다 위에 이상한 배가 떠오는 것을 보고는 유천간에게 명하여 망산도望山島에 가서 망을 보게 하고, 신귀간에게 명하여 승점乘岾에 가서 망을 보게 하였다. 그랬더니 과연 비단으로 만든 붉은 돛에 붉은 깃발을 매단 이상한 배가 서남쪽으로부터 북쪽을 향하여 왔다. 신귀간이 급히 달려가서 왕에게 알리니 왕은 크게 기뻐하며 대궐 서편에 장막을 치고 기다렸다.

왕후는 순풍에 배를 저어 바다 입구에 대고 육지에 올라 높은 언덕에서 잠깐 쉬었다. 그러고는 입고 온 비단 바지를 벗어서 산신山神에게 치성을 드린 다음 왕궁을 향하여 왔다. 이에 왕이 장막 안으로 맞아들여 이틀 동안을 같이 놀다가 왕의 수레에 함께 태워 궁중으로 돌아와서 왕후로 삼았다. 왕후는 인물이 비범하고 골격이 장대하여 신장이 구 척이나 되는 수로왕과 체격이 비슷했을 뿐만 아니라 몸이 지극히 건강하여 157세까지 놀랄 만한 장수를 하고 아들 아홉 형제를 낳았다. 그 가운데 두 사람은 왕후의 성을 따서 허씨許氏가 되게 하였으니, 우리나라의 김해 허씨가 그 자손이라고 한다.

한편 왕후가 처음에 배를 대었던 곳을 당시 사람들이 기념하여 주포촌主浦村이라 이름 지었으며, 비단 바지를 벗었던 곳을 능현綾峴이라 하고, 붉은 깃발을 매달고 바다로 들어오던 곳을 기출변旗出邊이라 하였는데 지금까지도 김해에 그 지명이 그대로 전해져 온다. 호계虎溪 옆에는 김해 고적 중 하나인 파사석탑婆娑石塔이 있는데, 그 석탑은 5층으로 된 데다가 색이 붉고 석질이 매우 고우며 조각 또한 교묘하다. 세상 사람들이 전하여 말하기를 "그 탑은 허왕후가 우리나라에 올 때 배에다 싣고 험악한 풍랑을 진정시키며 왔다."라고 한다. 왕후의 무덤은 김해 북쪽 구지산龜旨山 동편에 있는데 지금까지 잘 보존되어 전해 온다.

* 『금관지金官誌』 및 『신증동국여지승람新增東國輿地勝覽』 참조.

10

서해 용녀, 고려 원창왕후元昌王后

작제건作帝建은 고려 태조 왕건王建의 조부였다. 작제건의 외조부 보육寶育은 일찍이 형의 딸 덕주德周와 결혼하여 두 딸을 낳았으니 큰딸은 응명應命이요, 작은딸은 진의辰義였다. 진의는 어려서부터 자색이 출중하고 재주와 지혜가 비상하니 보육이 특별히 사랑하여 그야말로 손안의 보옥과 같이 애지중지하였다.

큰딸 응명이 어느 날 밤 우연히 꿈을 꾸었는데, 자기가 오관산五冠山 꼭대기에 올라가서 소변을 보았더니 그 소변이 온 천하로 흘러서 호호양양浩浩洋洋한 큰 바다를 이루었다. 그 꿈을 꾸고 난 응명은 퍽 이상하게 생각하여 동생 진의에게 이야기하였다. 원래 영리하기로 유명한 진의는 자기가 그 꿈을 사겠다며 비단 치마 한 채를 가지고 응명에게 간청하니 응명은 그것을 허락하고 진의를 향하여 마치 무당이 신내림을 하듯 두세 차례 그 꿈에 대해 설몽說夢하였다. 그러자 진의의 몸이 부르르 떨리며 무슨 소득이 있는 것 같더니 그때부터 자부하는 마음이 적지 않게 생기고 항상 장래의 큰 희망을 품게 되었다.

그때 중국 당나라 무종武宗의 황태자-훗날의 선종宣宗이다.-가 천하의 명산대천을 두루 구경하던 중 해동 고려국의 금수강산을 한번 구경코자 하여 수행원 몇 사람과 갖은 보물을 배에 가득 싣고 창파 만리의 바다를 건너서 평양의 대동강 서쪽 포구까지 이르렀다. 그런데 때마침 조수潮水가 물러가고 진흙이 강가를 가득 덮어서 상륙하기가 매우 곤란하였다. 이에 황태자의 수행원들이 배 안에 있는 동전을 깔아서 상륙하니, 그 땅을 훗날 사람들이 이름하여 전포錢浦라고 불렀다. 황태자는 그길로 송악군松嶽郡까지 와서 곡령鵠嶺-송악의 다른 이름이다.-에 올라 산천 구경을 하다가 남쪽을 바라보고 "이곳은 왕도王都로 삼을 만한 땅이로다." 하며 무한히 칭찬하였다. 황태자가 다시 발걸음을 옮겨 마하갑摩訶岬 양자동養子洞에 이르렀을 때는 해가 이미 저물고 있었다. 이에 인가를 찾아 하룻밤 자고 가기를 청하였는데 그 집이 바로 보육의 집이었다.

황태자는 주인 보육의 자비롭고 후덕함에 감동하였을 뿐만 아니라 그의 두 딸을 보고 마음속으로 더욱 기뻐하여 자기 의복의 터진 곳을 꿰매 주기를 청하였다. 보육 역시 그가 중국의 귀인인 줄 알고 전날 어떤 술사術士가 "그곳에 집을 짓고 살면 외국의 귀인이 오리다." 하던 말과 부합됨을 마음속으로 기뻐하였다. 이에 큰딸 응명을 보냈는데 응명은 겨우 문지방을 넘어가다가 별안간 코피가 나서 가지 못하였다. 그래서 동생 진의를 대신 보냈는데 서로 정을 통하게 되어 두어 달 동안을 유숙하니 진의는 결국 임신하게 되었다. 얼마 후 황태자가 고국으로 돌아가게 되어 진의와 작별하며 말하기를 "나는 대당大唐의 귀인이라오." 하고 또 활과 화살을 주며 "만일 아들을 낳거든 이것을 주시오."라고 하였다. 그 뒤에 진의는 한 옥동자를 낳았으니, 그가 곧 왕건의 조부 작제건으로 뒷날 추존하여 의조경강대왕懿祖景康大王이 되었다.

작제건은 어려서부터 신용神勇이 있고 총명하여 그의 나이 겨우 대여섯 살에 어머니에게 자기 아버지가 누구냐고 물었다. 그의 어머니 진의는 그저 당나라 사람인 줄만 알고 성명은 모르는 까닭에 그냥 당부唐父라고만 대답하였다. 작제건은 점차 자라면서 재주가 비상하여 육예六藝[11]를 겸하였으며 특히 글씨와 활쏘기에 매우 뛰어났다. 이에 어머니 진의가 매우 사랑하여 작제건이 열여섯 살이 되었을 때 그 부친이 주고 간 활과 화살을 주었다. 작제건이 크게 기뻐하며 그 활로 쏘아 백발백중 맞히지 못하는 것이 없으니 세상 사람들이 모두 신궁神弓이라 칭찬하였다.

한편 작제건은 자기 아버지를 찾아보려고 상선을 얻어 타고 서

---

11 육예(六藝): 옛날에 학생을 교육하던 여섯 가지 과목으로, 예절[禮]·음악[樂]·활쏘기[射]·말타기[御]·글씨 쓰기[書]·수학[數]을 말한다.

해로 나갔다. 배가 바다 한복판에 이르렀을 때 별안간 운무가 끼고 천지가 아득하여 방향을 잃고 말았다. 이에 배는 더 이상 나아가지 못하고 바다 위에 둥둥 떠 있게 되었다. 배에 타고 있던 사람들은 어찌할 바를 모르고 당황하였는데, 한 사람이 점을 쳐 보니 고려 사람이 있어서 그러하다며 작제건을 잡아서 물속에 넣으려 하였다. 이에 작제건은 자진하여 물속으로 뛰어들었는데 거기에는 뜻밖에도 큰 바위가 있어서 다행히 빠져 죽지는 않았다. 다시 운무가 걷히고 하늘이 맑아지며 바람과 파도가 잦아들자 그 배는 제 갈 곳으로 가 버렸다.

작제건은 만 리 창파 중에 외로운 바위 위에서 갈매기 모양으로 우두커니 혼자 앉아 있었는데, 홀연 백발노인이 와서 절을 하며 말하였다. "나는 본래 서해 용왕인데, 밤마다 늙은 여우가 광채 찬란한 부처의 복색을 하고 일월성신日月星辰을 운무 속에 벌여 두고는 소라를 불고 북을 치며 주악을 연주하면서 이 바위에 와 『옹종경臃腫經』을 읽습니다. 그 때문에 골치가 몹시 아파 견딜 수가 없습니다. 듣자 하니 당신의 활 솜씨가 천하 명궁이라 하던데 나를 위하여 그 늙은 여우를 없애 주면 매우 감사하겠습니다." 작제건은 이를 흔쾌히 승낙하였다. 작제건은 노인의 말을 듣고 활을 잘 메워 가지고 때를 기다리고 있었다. 때가 되자 과연 공중에서 주악 소리가 나며 오색 찬란한 부처의 형상이 서북쪽에서 나타났다. 작제건은 이것이 진짜 부처인 줄 알고 감히 쏘지 못하였는데, 노인이 또 와서 하는 말이 그것은 틀림없는 늙은 여우이니 아무 염려 말고 마음대로 쏘라고 하였다. 작제건은 그제야 의심하지 않고 활을 들고 있다가 그 부처가 또다시 오는 것을 보고 공중을 향해서 힘껏 쏘니, 과연 커다란 늙은 여우가 화살을 맞고 떨어져 있었다.

이에 노인이 크게 기뻐하며 작제건을 맞아 용궁으로 데리고 들어가 치하하며 말하였다. "당신이 내 원수를 없애 주었으니 그 은덕이 여간 큰 것이 아닙니다. 이제 내가 당신에게 은덕을 갚고자 하니, 당신이 만일 당나라에 가서 천자를 보겠다면 천자를 볼 수 있게 하겠고, 칠보七寶를 가지고 부자가 되겠다면 부자가 되게 하겠으며, 본국으로 가서 어머니를 뵙겠다면 본국으로 보내 주겠습니다. 소원을 말씀하십시오." 작제건이 말하였다. "말씀하신 것 중에는 아무것도 하고 싶은 것이 없습니다. 대신 고려에 가서 왕이 되고 싶으니 그렇게 해 주십시오." 용왕이 말하였다. "동국東國의 왕은 당신의 자손 중 삼건三建[12]이나 할 수 있을 것이요, 당신은 아직 운이 못 됩니다. 그러니 다른 소원이라도 청해 보십시오." 작제건은 고려의 왕이 되는 일에는 아직 시운時運이 닿지 않았다는 말을 듣고 낙심한 듯이 아무 대답도 하지 않고 그냥 있었다. 그러자 등 뒤에서 난데없이 한 노파가 나타나서 조롱하듯 피식피식 웃으며 말하였다. "그러지 말고 용왕의 따님에게 장가를 가시지……." 작제건은 그제야 깨닫고 그 청을 하니 용왕은 자기의 맏딸 자민의翥旻義를 주었다.

···

12 당신의 자손 중 삼건(三建): 이름에 '건(建)' 자가 들어가는 세 번째 인물이라는 뜻이다. 즉 작제건의 건, 그 아들 용건의 건, 그 아들 왕건의 건까지 3대를 내려와 왕위에 오르게 된다는 말이다.

작제건이 용왕의 딸과 같이 칠보를 가득 가지고 장차 고국으로 돌아오려고 할 때 용녀龍女가 말하였다. "우리 아버지에게는 양지楊枝와 돼지가 있는데, 그것은 칠보보다 몇 배가 넘는 보물인즉 칠보와 그것을 바꾸어 달라고 해서 가지고 가시지요." 작제건은 용녀의 말을 듣고 용왕에게 그 청을 하니 용왕이 말하였다. "그것은 내게 귀중한 것이지만 당신이 청을 하는데 어찌 들어주지 않을 수 있겠습니까." 그러고는 돼지를 내주었다.

작제건과 용녀는 칠보와 돼지를 칠선漆船에 싣고 바다 위로 떠오니 순식간에 육지에 도달하였는데 그곳은 바로 창릉굴昌陵窟 앞 강언덕이었다. 그때 백주정조白州正朝 유상희柳相晞 등이 그 소문을 듣고 개開·정貞·염鹽·등登 네 고을과 강화江華·교동喬桐·하음河陰 세 고을의 사람들을 지휘하여 영안성永安城을 쌓고 궁실을 신축하여 그들을 거처하게 하였다. 용녀는 처음 오는 길에 개주開州 동북쪽 산록山麓에 가서 은바리[銀盂]로 땅을 파고 물을 떠서 먹었으니 지금 개성에 있는 용우물[龍井]이 곧 그것이라 한다. 그리고 1년 후에 그 돼지가 우리 속으로 들어가자 용녀가 돼지에게 말하였다. "네가 만일 이곳에서 살 수 없다면 네 마음대로 가거라. 나도 네가 가는 데로 따라가겠다." 그러자 그 이튿날 아침에 돼지가 슬며시 나가서 송악산 남쪽 기슭에 누워 있었다. 이에 그곳에 터를 잡고 새로 집을 지으니 그곳은 곧 예전에 보육의 아버지 강충康忠이 살았던 집터였다. 그들은 그곳과 영안성을 넘나들며 무릇 30여 년을 살았다고 한다. 용녀는 일찍이 송악산의 새집 침실 창밖에다 우물을 파 놓고 그 우물로 들어

가서 항상 서해 용궁을 출입하였으니 광명사廣明寺 동상방東上房 북쪽 우물이 그 우물이라고 한다.

용녀는 작제건과 약조하기를 자기가 용궁으로 갈 때는 절대로 보지 말아 달라고 하였다. 하루는 작제건이 가만히 엿본즉 용녀가 소녀와 같이 우물로 들어가더니 용이 되고 오색구름이 일어났다. 작제건은 그것을 이상하게 여겼으나 약조가 있었기에 감히 말을 못 하였다. 뒤에 용녀가 돌아와서 노하여 말하기를 "부부의 도는 신의가 소중한 것이거늘 당신이 이제 약조를 어겼으니 더는 같이 살지 못하겠어요." 하고는 그만 소녀와 함께 용이 되어 우물로 들어간 뒤 다시는 나오지 않았다.

작제건은 만년에 충청도 속리산 장갑사長岬寺에 가서 불경만 읽다가 죽었다고 한다. 그의 아들은 용건龍建이니 곧 고려 세조 왕륭王隆이요, 손자는 바로 태조 왕건이다. 용녀는 후에 추증하여 원창왕후元昌王后가 되었다. 고려 왕씨는 이 용녀의 자손이기 때문에 왕이 되는 이는 대개가 옆구리에 용의 비늘이 있어서 왕족을 용협龍脇이라고도 한다.

필자 왈, 이것은 『고려사高麗史』「고려세계高麗世系」와 김관의金寬毅의 『편년통록編年通錄』[13]에서 재료를 취한 것인데, 말이 너무 허탄한 것

•••

13 『편년통록(編年通錄)』: 고려 의종 때 김관의(金寬毅)가 여러 사람이 사장(私藏)하고 있던 기록들을 모아서 편찬한 고려 시대 역사책으로 현전하지 않는다. 『편년통록』은 민간 신앙과 무속(巫俗)을 기반으로 하는 산악신앙(山岳信仰)과 수신숭앙(水神崇仰)을 통해 고려 왕권을 신성화하려는 의도에서 편찬되었다고 평가된다.

은 물론이고 당시 사대주의에 너무 열중하여 태조 왕건을 당종唐種으로 만드느라고 억지로 견강부회하여 한 이야기이다. 그러니 역사가가 취할 만한 바가 못 되지만 하나의 참고로 이것을 쓴 것이다.

11

고려 태조 첫째 부인 신혜왕후神惠王后 유씨柳氏

고려 태조의 첫째 부인 신혜왕후神惠王后 유씨柳氏는 정주貞州-지금의 풍덕豐德이다.-의 부호 유천궁柳天弓의 딸이다. 태조가 일찍이 남쪽으로 정벌하러 가는 길에 정주에 이르렀는데, 때는 마침 여름철이라 날씨가 매우 더워 길가의 수양버들에다 말을 매어 놓고 잠시 땀을 식히고 있었다. 그때 어떤 처녀가 그 버드나무 밑 우물에 와서 물을 긷고 있었는데 인물이 매우 비범하였다. 태조는 한편으로 호기심도 있고 또 목도 마르고 해서 처녀에게 물 한 그릇을 청하였다. 처녀는 물 긷던 바가지를 깨끗이 씻고 물을 한가득 뜨더니 그 위에 다시 버들잎을 따서 넣고 공손히 가져다주었다. 태조는 목이 말랐던 터라 그 물 한 바가지를 시원하게 다 마셔 버렸다.

처음에는 아무 생각 없이 그저 감사하다는 마음만 가지고 물을 마셨으나 나중에 물을 다 마시고 생각하니 그 처녀가 바가지에다 버들잎을 넣어 준 게 퍽 괴이하여 그 뜻을 물었다. 처녀가 대답하였다. "네, 황송합니다. 그것은 다른 까닭이 아니오라 잠깐 뵈온즉 장군께서는 이 더운 때에 말을 타고 먼 곳을 달려오신 모양이온데 급하게 물을 잡수시면 혹여 더위를 먹을까 염려하여 일부러 물에다 버들잎을 띄워 그 잎새를 입으로 후후 부는 동안 다소간에 숨을 쉬시도록 하느라 그리하였습니다." 태조가 처녀의 말을 듣고 기특히 여겨 누구의 딸이냐고 물으니, 처녀는 그곳에서 부호로 유명한 유천궁의 딸이라고 대답하며 자기 집에서 잠시 쉬어 가기를 청하였다.

태조는 처녀를 따라서 그 집에 들어가 하룻밤을 자고 갔다. 그 뒤 태조는 군무軍務에 분주한 탓으로 처녀의 집에 다시 가지는 못하였다. 그러나 처녀는 태조를 잊어버리지 않고 부모가 다른 곳으로 시집을 보내려 하여도 굳게 거절하고는 머리를 깎고 여승이 되었다. 태조가 그 소문을 듣고 크게 가상하게 생각하여 그 처녀를 불러들여 부인으로 삼으니, 그가 곧 훗날 신혜왕후이다.

그 뒤에 태조는 태봉국泰封國 왕 궁예弓裔의 부하로서 군마軍馬의 중요한 직책을 맡고 있었는데 궁예의 정치가 날로 어그러져 가고 하는 일이 모두 횡포 무도하니 민심이 궁예를 떠나서 태조에게로 돌아오게 되었다. 그때 배현경裵玄慶 · 홍유洪儒 등 여러 장군이 궁예에게 반기를 들고 장차 태조를 추대하고자 하여 태조를 찾아와 그 계획을 비밀리에 의논하고자 하였다.

그런데 부인이 있는 것을 보고는 기피하여 말을 제대로 못 하자, 태조가 부인에게 눈짓하여 뒷밭에 가서 참외를 따 오게 하였다. 그러나 그 눈치를 먼저 알아차린 부인은 여러 사람이 보기에 참외를 따러 밖으로 나가는 척하고 방장 뒤에 숨어서 그들이 하는 이야기를 엿듣고 있었다. 태조가 여러 사람의 추대를 굳게 거절하자 부인이 돌연 뛰어나와 말하였다. "예부터 의기를 들어서 포악한 것을 치는 것은 당연한 일입니다. 지금 여러 장군이 의논하는 말을 들으니 저같이 무식한 여자라도 오히려 용기가 나고 분발하겠는데 하물며 대장부로서 그같이 사양할 것이 무엇이겠습니까. 민심이 돌아가는 곳은 천심이 돌아가는 곳이니 어겨서는 안 되는 일입니다!" 그러고는 자기 손으로 갑옷을 들어서 태조에게 입히고 즉시 거사하기를 청하였다. 이에 여러 사람이 모두 놀라며 부인의 용기와 기개에 탄복하여 그 자리에서 태조를 왕으로 추대하고 궁예를 들이쳐서 고려국 창건의 대사업을 이루었다. 태조 왕건이 고려를 창건하는 과정에는 다른 사람들의 공도 많았지만, 부인이 내조한 공 역시 컸다.

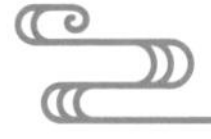

12

고려 태조 둘째 부인 장화왕후莊和王后 오씨吳氏

고려 태조의 둘째 부인 오씨吳氏는 전라도 금성錦城-지금의 나주羅州이다.- 목포木浦 태생이다. 비록 한미한 가정에서 태어났으나 어려서부터 재색이 월등하고 지감知鑑이 특이하니 자기 부모는 물론이고 이웃 사람들까지도 누구나 칭찬하지 않는 사람이 없었다. 오씨는 미천하던 시절 집에서 항상 길쌈을 하였는데, 우물에서 실을 빨 적에 그 우물 위에 오색구름이 영롱하게 떠오르니 다른 사람들이 모두 신기하게 생각하였고 자기 또한 자부심을 가지고 홀로 기뻐하였다.-그 뒤의 사람들이 그 우물의 이름을 특별히 완사천浣紗泉이라고 하였다.-

오씨가 성년이 된 후 하루는 꿈을 꾸었는데 목포 바다에서 큰 용이 나오더니 자기 배 속으로 들어왔다. 그 꿈을 꾸고는 하도 이상하여 자기 부모에게 이야기하니 부모 또한 해석을 잘 못하고 그저 이상하게만 여기고 있었다. 그런지 얼마 지나지 않아 고려 태조가 후백제後百濟를 치려고 목포까지 왔다가 도중에 아리따운 오씨가 빨래하는 것을 보고 크게 기뻐하여 불러다 며칠 동안 동거하였다. 그러나 태조는 이미 신혜왕후 유씨가 있었을 뿐만 아니라 오씨의 집안이 원래부터 너무 미천한 까닭에 만일 그의 몸에서 아들을 낳게 된다면 장래 왕통을 계승시킬 때 여간한 문젯거리가 아닐 수 없겠다고 생각하였다. 이에 비록 동침은 할지언정 임신은 피하려고 일부러 정액을 자리 위에 쏟아 버렸으나 영리한 오씨는 그것을 미리 짐작하고 자리 위에 쏟아진 정액을 빨리 챙겨서 기어이 잉태를 하였다. 후에 열 달 만에 아들을 낳았으니 그가 곧 고려 제2대 왕 혜종惠宗 왕무王武이다.

왕무는 태어날 때부터 이상하게도 얼굴에 자리 자국[席文]이 있었으니, 세상 사람들이 말하기를 "그의 어머니가 그를 잉태할 적에 자리 위에 쏟아진 정액을 챙겨 낳은 까닭에 그리된 것이다." 하고 별명 짓기를 접왕褶王이라 하였다.-접왕은 곧 '주름 왕'이란 뜻이다.- 혜종은 비록 그런 미천한 몸에서 태어났으나 인물이 출중하고 용력이 남보다 뛰어나서 어릴 적부터 항상 태조의 뒤를 따라 사방으로 출정하였다. 혜종은 가는 곳마다 몸소 활과 칼을 잡고 선봉으로 나서서 공을 이루었고 후백제와 싸울 때도 선봉으로 나서서 백제군을 크게 격파하였다. 윤소종尹紹宗[14]의 시에 "삼한을 통일하시던 날에 먼저 백제성을 오르셨네[一統三韓日, 先登百濟城]."[15]라고 한 것이 바로 이를 말한 것이다.

그 뒤 태조는 혜종을 태자로 삼고 싶었으나 외가가 한미한 까닭에 여러 신하들이 반대할까 염려하여 자황포柘黃袍-왕자가 입는 옷-를 허름한 상자에 넣어 오씨에게 주었다. 이에 오씨가 박술희朴述熙를 불러 그것을 보여 주자, 술희가 그 뜻을 알고 즉시 혜종으로 태자 삼기를 상주하여 결국 정식으로 태자가 되었다. 혜종은 왕위에 오른 다음 자기 어머니의 일을 기념하기 위해 목포에 큰 절을 세우고 흥룡사興龍寺라 이름 지었다. 아래에 기록하는 점필재佔畢齋 김종직金宗直의 시는 바로 이것을 의미한 것이다.

비단 빨던 강가는 혜종 외가의 고향인데	濯錦江邊舅氏鄉
흥룡사 안에는 그 서광이 어리었도다.	興龍寺裏藹祥光
지금도 부로父老들은 남긴 덕을 그리워하여	至今父老懷遺德
피리 불고 북 치며 추대왕皺大王[16]을 즐겁게 하도다.	簫鼓歡娛皺大王

•••

14 윤소종(尹紹宗): 고려 말 조선 초의 문신. 조준·정도전 등과 함께 사전 개혁을 주도하고 조선 건국에 공을 세웠으며, 『고려사(高麗史)』 편찬에 참여하기도 했다. 저서로 시문을 엮은 『동정집(桐亭集)』이 있다.

15 삼한을 …… 오르셨네: 이 시는 『동문선(東文選)』 권10에 〈금성에서 혜왕 진영을 뵈옵고[謁惠王眞于錦城]〉라는 제목으로 실려 있다.

16 추대왕(皺大王): 얼굴이 주름진 임금이란 뜻으로, 곧 혜종을 가리킨다.

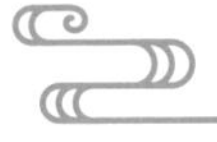

13

사도세자의 부인 혜경궁 홍씨惠慶宮洪氏

조선 시대의 후비 중에는 지덕과 아름다운 행실을 갖춘 이가 많다. 그러나 여러 가지 변고를 치르면서도 정숙함과 온화함을 간직한 채 딸로서 아내로서 그리고 어머니로서의 부덕婦德을 겸행하여 후대에까지 귀감龜鑑이 될 만한 이는 바로 혜경궁 홍씨惠慶宮洪氏이다.

홍씨는 영풍부원군永豐府院君 홍봉한洪鳳漢의 딸로 태어나 영조 20년 갑자년(1744년)에 장헌(莊獻, 사도세자)의 세자빈으로 책봉되었다. 그때 영조는 이미 연로하였기에 세자가 대리청정代理聽政하고 있었다. 그러나 여러 간신배가 모함하여 결국 영조 38년(1762년) 윤오월에 세자의 위位를 폐하고 곧바로 역모죄로 몰아 뒤주 속에 넣어서 죽이는 만고에 없는 참변을 일으켰다. 그때 홍씨의 나이는 28세였다. 홍씨는 너무나 애통하고 슬펐으나 한 명의 아들과 두 딸이 있었기에-그 아들은 곧 뒷날의 정조대왕正祖大王이다.- 슬픔을 참고 버텼으며 결국 궁원宮園의 조그마한 집에 유폐되는 몸이 되었다.

그 뒤에 영조는 자기 잘못을 깨닫고 후회하여 세자의 위호位號를 다시 복위시키고 사도思悼라는 시호를 내렸다. 또한 홍씨의 아들 정조를 세손으로 삼고 효장세자孝章世子[17]의 양자가 되게 하였다. 그 뒤 영조가 승하하고 정조가 즉위하였다. 그러나 정조는 이미 백부伯父의 양자였기에 자기 생모인 홍씨는 추숭追崇하지 못하고 그냥 혜경궁이라 칭하며 존양尊養할 수밖에 없었다.

임오년 참변[18] 이후로 발생한 당화黨禍는 홍씨의 본가에까지 영향을 주어 일반 족친들마저 모두 죄인으로 몰려 죽임을 당하였고 이에 홍씨는 극도의 비통함을 느끼며 자결할 생각까지 하였다. 그러나 정조가 있었기에 모든 것을 다 참아 내었다.

정조가 승하한 뒤에는 흉도凶徒의 발호가 더욱 심해 홍씨의 신변에 여러 가지의 말할 수 없는 위협이 있었다. 그러나 한 번도 원망하거나 한탄하는 일이 없이 60여 년 동안 오직 무참하게 죽은 사도세자와 선왕의 명복을 빌었다. 그리고 외척이 정권에 간섭하는 것

···

17 효장세자(孝章世子): 영조의 맏아들로 왕세자에 책봉되었으나 열 살에 죽어 이복동생 사도세자가 왕세자가 되었다. 사도세자마저 즉위하지 못하고 죽자, 사도세자의 아들 정조가 효장세자의 양자가 되어 즉위함에 따라 진종(眞宗)으로 추존되었다.

18 임오년 참변: 1762년 영조가 자기 아들 사도세자를 뒤주 속에 가두고 굶겨 죽인 사건을 말한다.

을 부당하게 생각하여 자신은 조금도 간섭하려 하지 않았다. 또한 평생의 피눈물 흐르는 회포를 친필로 기록하여 한 권의 책을 지었는데 그 책이 바로 『한중록閑中錄』이다. 이 책을 읽는 사람이라면 누구나 한 글자에 한 줄기의 눈물을 흘릴 만큼 홍씨 자신의 애절한 마음을 담아내었다.

홍씨는 여인으로서는 매우 드물게 장수하였다. 승하한 후 고종 기해년(1889년)에 와서 사도세자와 함께 제후帝后로 추존되었다.

14

평원공주平原公主와 바보 온달

고구려 평원왕平原王 때 온달溫達이란 사람이 있었는데 그는 얼굴이 어찌나 못났던지 보는 사람마다 웃음을 참지 못할 정도였다. 더구나 집안이 몹시 가난하여 늘 거리를 돌아다니며 집마다 밥을 빌어 늙은 어머니를 봉양하였다. 그는 항상 해진 옷을 입고 떨어진 신을 끌고 형편없이 거리로 돌아다녔기에 세상 사람들은 그를 바보 온달이라고 불렀다.

그때 평원왕에게는 어린 딸 하나가 있었는데 밤낮을 가리지 않고 매일없이 울어대었다. 왕은 딸의 울음소리에 어찌나 귀가 아팠던지 급기야는 울지 못하도록 장난을 치며 다음과 같이 꾸짖었다.

"네가 그리도 자주 울면 저 무서운 바보 온달에게로 시집을 보낼

테야.” 몇십 번인지 몇백 번인지 그 어린 딸이 울 때마다 왕은 늘 이런 장난스러운 말을 하였다.

세월이 흘러 울보 딸은 열여섯의 의젓한 처녀가 되었다. 그리하여 왕은 부마駙馬를 고르고 고른 끝에 상부上部 고씨高氏의 집으로 딸을 시집보내려 하였다. 그 말을 들은 공주는 부왕에게 와서 자신은 온달에게 시집을 가겠다고 하였다. 그러자 왕은 크게 화를 내며 말하였다. “네가 만일 내 말을 따르지 않겠다면 너는 내 딸이 아니다. 그러니 어찌 같이 살 수 있겠느냐! 너 하고 싶은 대로 하여라!” 그러고는 공주에게 나가라고 명령하였다.

공주는 바로 왕의 앞에서 물러 나와 보석이 박힌 금비녀 몇십 개를 싸서 대궐 문밖으로 나갔다. 그러고는 온달의 집을 찾아갔는데 그것은 집이라기보다 거의 짐승 우리 같았다. 공주가 그 집 안으로 들어서니 그 집에는 눈먼 늙은이가 앉아 있을 뿐이었다. 공주는 곧 그 늙은이가 온달의 어머니라 짐작하고 다음과 같이 공손하게 말하였다. “여보시오. 아드님은 어디 계십니까.” 공주의 말에 깜짝 놀란 늙은이는 이렇게 답하였다. “내 아들은 배가 고파 뒷산으로 느릅나무 껍질을 벗기러 갔소. 간 지가 벌써 오래되었는데 여태 돌아오지 않았소.”

그때 마침 산에 갔던 온달이 돌아왔다. 과연 그는 누추하기 짝이 없었다. 그러나 공주는 한번 찾아온 이상 온달과 결혼하기로 하였다. 그리하여 그날로 두 사람은 부부의 연을 맺고 공주가 가져온 보배를 팔아 밭도 사고 소도 사고 그릇도 사서 일시에 넉넉한 살림을 이루었다. 당시에 공주가 온달에게 말하였다. "여보, 이 금비녀를 가지고 저자에 가서 말 한 마리를 사 오셔요. 아무리 살찐 것이더라도 보통 말은 사지 마시고 여윈 것이라도 대궐에서 나온 국마國馬를 사셔요." 그러고는 온달을 저자로 보냈다. 온달은 공주의 당부대로 국마 한 마리를 사 왔고 공주는 그 말을 받아 정성 들여 먹였다. 그리고 공주는 온달을 시켜 날마다 뒷산으로 그 말을 달려 사냥하게 하니 말도 살찌고 날쌔졌으며 온달도 용맹스러운 장부가 되었다.

그때 고구려에는 해마다 삼월 초사흗날이 되면 낙랑樂浪이란 산에 모여 사냥하고 잡아 온 멧돼지와 사슴들로 하늘과 산천의 신에게 제사를 지내는 풍속이 있었다. 그리하여 그해 그날에도 왕과 대신들 그리고 오부五部의 많은 병사가 다 나와 말을 달리는데 그 가운데에 이전에는 한 번도 보지 못했던 한 용사가 있었으니 그가 곧 온달이었다. 수백 수천 명의 날쌘 기사 중에 언제나 온달이 가장 선두에 달렸으며 사냥도 다른 사람이 따라오지 못할 만큼 많이 하였다. 그것을 본 왕은 크게 기뻐하여 사냥이 끝난 뒤에 특별히 그를 불러 물었다. "네 이름이 무엇이냐?" "소신의 이름은 온달이옵니다." 왕은 온달이라는 말에 깜짝 놀랐다. 거지인 줄만 알고 있던 그 온달이 이제 이 같은 일등 용사라는 것에 놀라지 않을 수 없었고 또 자연스럽게 공주의 일이 생각나 놀랄 수밖에 없었던 것이다.

이때 후주後周의 무제武帝가 많은 병사를 거느리고 요동遼東 땅을 쳐들어온다는 소문이 돌았다. 고구려에서도 평원왕이 군사를 거느리고 예산肄山이라는 산과 들판에서 적군과 싸우게 되었다. 그때 온달이 선봉에 서서 범같이 날아다니며 혼자서 적군 수백 명을 무섭게 베어 냈고 결국 고구려 군사는 크게 승리하고 돌아왔다.

옛날이나 지금이나 큰 싸움이 있을 때마다 그 싸움에서 공을 세운 사람에게는 벼슬과 상급을 주었다. 이에 온달은 일등 공을 얻었다. 왕은 "과연 내 사위로다."라며 성대한 잔치를 베풀었고 온달에게 대형大兄이라는 높은 벼슬을 주니 그날부터 온달의 지위와 권세가 더욱 높아졌다.

몇 해가 흘러 평원왕이 붕어하고 새로운 임금 영양왕嬰陽王이 즉위하였다. 온달은 영양왕 앞에 나아가 다음과 같이 청하였다. "신라가 우리의 한강 북쪽 땅을 빼앗았으므로 거기 있는 백성들은 언제나 원통히 울며 부모 나라를 잊어버리지 못한다고 합니다. 바라건대 폐하께서는 못난 소신에게 군사를 허락하여 주시어 반드시 우리 땅을 찾아오게 해 주십시오." 그리하여 온달은 무장하고 말 위에 높이 앉아 평원공주에게 인사하며 이렇게 맹세하였다. "이번 길에 계립현鷄立峴과 죽령竹嶺의 서쪽 지역을 우리 땅으로 돌려놓지 못한다면 나도 돌아오지 않겠소." 그러자 공주는 "네. 옳습니다! 사나이 한번 태어나 큰 맹세를 하시니 또한 장합니다. 부디 원하는 뜻을 이루십시오."라고 하며 온달의 의로운 마음을 북돋아 주었다. 온달은 군사를 거느리고 신라를 향하여 달렸다. 그리하여 아단성阿旦城 아래에서 신라 군사들과 용감히 싸웠다. 그러나 불행하게도 날아오는 적군의 화살에 가슴을 맞아 큰 뜻을 이루지 못하고 그만 길 위에 떨어져 숨이 끊겼다.

전사한 온달을 장사 지내려 하였으나 온달의 시체가 들어 있는 관이 땅에서 떨어지지 않았다. 이 소식을 들은 평원공주가 달려와 "죽고 사는 것이 이제 끝났으니 평안히 돌아가소서."라고 하며 관을 어루만졌다. 그제야 온달의 관이 떨어져 장사를 지낼 수 있었다. 이 사연이 대궐에까지 들어가니 왕은 심히 비통해하였고 백성들도 듣는 이마다 분하게 여겼다.

15

선화공주善花公主

선화공주善花公主는 신라 진평왕眞平王의 셋째 딸이다. 공주는 어려서부터 특별히 아름다워서 그녀의 미모에 관한 소문이 신라에만 난 것이 아니라 백제까지 퍼졌다. 그때 백제의 서울 남쪽 연못가에 어떤 과부의 아들이 있었는데 그는 남보다 지모와 국량局量이 뛰어났다. 그러나 집이 가난하여 항상 들에서 마[薯]를 캐어 그것을 팔아 생활하였다. 이러한 이유로 사람들은 그를 서동薯童이라고 불렀다.

서동은 선화공주가 어여쁘다는 말을 듣고는 칼로 자기의 머리를 선뜻 깎은 뒤에 신라의 서울 경주로 향하였다. 그것은 다른 까닭이 아니라 무슨 수를 써서든지 선화공주를 꾀어내서 자기 아내로 삼고자 함이었다. 그리하여 서동은 마를 한 짐 잔뜩 짊어지고 신라의 서울 거리로 돌아다니며 여러 아이에게 마를 나눠 주면서 이러한 노래를 가르쳐 주었다.

선화공주님은	善化公主主隱
남몰래 시집가려고	他密只嫁良置古
서동의 방을	薯童房乙
밤엘랑 찾아간다오.	夜矣卯乙抱遣去如

아이들은 이 노래가 무슨 뜻인지도 모르고 불러 퍼뜨렸다. 하루 이틀 동안에 신라 성안에서는 이 동요를 모르는 사람이 없게 되었다. 그러자 이것이 궁중에서까지 문제가 되어 결국 선화공주는 멀리 귀양을 가게 되었다. 선화공주가 귀양길을 떠나게 되니 왕후는 딸을 불쌍히 여겨 남모르게 순금 한 말을 주었다.

서동은 자기가 모든 일을 계획적으로 꾸민 것인 만큼 한편으로 미안하기도 하였으나 또 한편으로는 뜻대로 되어 가는 것이 무한히 기뻤다. 그리하여 공주의 뒤를 밟아 가다가 어느 날 밤 공주와 좋은 연분을 맺고 그 자세한 이야기를 한 뒤에 같이 백제를 향하여 도망쳤다. 백제의 서울에 이르러 살림을 일구고 사는 동안 그들은 차차 주변 사람들에게 덕망을 얻었고 서동은 마침내 백제의 왕이 되었으니 그가 곧 백제 제30대 왕 무왕武王 장璋이다.

무왕은 임금이 된 뒤에 부인 선화와 같이 익산益山으로 거둥하여 용화산龍華山 위에 미륵사彌勒寺를 창건하고 미륵상을 세웠다. 이때 신라 진평왕은 여러 기술자를 보내 그 일을 도와주었다. 또한 미륵사에 석탑도 세웠는데 그 석탑은 높이가 두어 길이나 되니 우리나라에서 가장 큰 석탑으로서 지금까지 익산의 고적으로 전해지고 있다.

16

선덕여왕善德女王

선덕여왕善德女王은 신라 진평왕의 딸로 우리나라 역사상 최초의 여왕이다. 선덕여왕의 이름은 덕만德曼이고 아버지는 진평왕, 어머니는 마야부인摩耶夫人 김씨金氏이다. 진평왕에게는 아들이 없었으나 선덕이 어려서부터 성품이 너그럽고 어질었으며 총명하였기에 나라 사람들이 추대하여 왕으로 삼아 성조황고聖祖皇姑라고 불렀다.

선덕여왕은 본래 지감이 특별하여 평생에 세 가지의 큰일을 예측하였는데 그중 첫 번째 이야기는 모란과 관련된 일화이다. 선덕이 아직 왕위에 오르기 전 어렸을 때의 일이다. 당唐나라에서 좋은 선물을 보내왔는데 그것은 모란꽃이 그려진 그림 한 장과 붉은색, 자주색, 흰색 세 가지 빛깔의 모란 꽃씨 석 되였다. 사람들이 모여 그 그림을 보며 다 같이 아름답다고 떠들고 있었는데 오직 어린 선덕만이 다음과 같이 말하였다. "그 꽃은 반드시 향기가 없을 것입니다." 진평왕은 그 말을 듣고 놀라 물었다. "너는 무엇을 보고 그런 말을 하는 것이냐?" 그러자 선덕은 "그 그림을 보세요. 나비가 없지 않습니까?" 하고 대답하였다. 그 후 대궐 뜰에 그 씨를 뿌려 꽃을 피웠는데 정말 선덕의 말처럼 향기가 나지 않았다.

두 번째 일화는 선덕이 왕위에 오른 지 5년째 되던 해(636년) 5월에 있었던 일이다. 대궐 서쪽의 영묘사靈廟寺 앞 옥문지玉門池라는 연못에서 갑자기 수없이 많은 개구리가 떼 지어 울기 시작했다. 이 말을 듣고 왕은 각간角干 벼슬에 있는 알천閼川과 필탄弼呑을 불러 다음과 같이 명령하였다. "지금 날쌘 군사 2천 명을 거느리고 빨리 서쪽 교외로 나가서 여근곡女根谷이란 곳으로 가시오. 그곳에 적병이 있을 것이니 반드시 잡아 죽이시오." 그들은 왕의 명령대로 2천 명의 군사를 거느리고 서교로 나가 부산富山이라는 산골짜기에 이르렀는데 과연 거기에 여근곡이란 마을이 있었다. 알천과 필탄은 그곳에서 백제 병사 500명을 물리치고 또 남산령南山嶺에서 백제 장군 우소于召를 잡아 죽였다. 그리고 뒤이어 온 백제 군사 1,200명을 남김없이 섬멸하고 돌아왔다. 이 일이 있고 난 뒤에 왕의 지혜가 하도 신기하여 "어떻게 그 일을 아셨습니까?" 하고 묻는 이가 있었다. 그러자 왕은 이렇게 답하였다. "옥문지라는 연못에서 수많은 개구리가 모여 울었다고 하기에 여근곡에 적병이 온 줄을 안 것이오. 개구리의 형상은 성낸 놈과 같으니 이는 적병이 들어온 것을 의미하기 때문이오.

또한 옥문은 여근女根-여자의 음문-이니 여근에 남근이 들어가면 곧 그 남근이 죽는 것이기에 그 적병들을 쉽게 잡을 수 있을 줄을 안 것이오."

선덕여왕의 지혜를 알 수 있는 마지막 일화는 다음과 같다. 어느 날 왕은 열 명의 신하를 모아 놓고 말하였다. "내가 몇 해 더 지나 정미년(선덕여왕 16년, 647년) 정월 초여드렛날 세상을 떠날 것이오. 경들은 내가 죽거든 나를 도리천忉利天에 묻어 주시오." 신하들은 놀라서 물었다. "왕께서는 어찌 그리도 불길한 말씀을 하십니까? 황공하오나 하명하시는 도리천이란 곳은 대체 어디에 있는 곳입니까?" 그러자 선덕여왕은 "내가 말하는 도리천은 저 낭산狼山 남쪽이니 그리 아시오."라고 대답하였다. 과연 왕은 예언한 그날 붕어하였다. 그리하여 신하들은 왕의 명령대로 왕을 낭산 아래에 묻기는 묻었으나 그곳을 '도리천'이라 부른 왕의 뜻을 아는 이는 아무도 없었다.

그 후 10여 년의 시간이 흘렀다. 문무왕文武王이 선덕여왕의 무덤 아래에 사천왕사四天王寺라는 절을 지었다. 그리고 그 절이 생긴 뒤에야 사람들은 이런 말을 하였다. "그래, 선덕여왕께서 그곳을 '도리천'이라 하신 말씀이 이제야 이해되는구나. 불경에 사천왕천四天王天이라는 하늘 위에 도리천이라는 하늘이 있다고 하였으니……." 이 말을 들은 사람들은 선덕여왕의 지극한 지혜로움을 다시 떠올리며 왕을 칭송하였다.

선덕여왕은 이러한 지혜와 선견지명을 가진 여왕이었다. 그리고 신라, 더 나아가 우리나라 역사상에 단 세 명뿐인 여왕 중에서 진덕여왕, 진성여왕보다 훨씬 뛰어나고 유명하다. 그리고 선덕여왕 시대에 세워진 문화적 유물 또한 적지 않은데, 그 유명한 첨성대와 신라 삼보三寶의 하나인 황룡사皇龍寺의 구층탑도 다 선덕여왕 시대에 세워진 것이다.

그러나 선덕여왕 때 좋지 않은 일도 있었다. 백제에 40여 성을 빼앗겼으며 국경의 중요 요지인 대야성大耶城[19]과 국제 교통의 요지인 당항성黨項城[20]을 빼앗기기도 하였다. 그리고 상대등上大等 비담毗曇의 반란이 일어나기도 하였다.

…

19 대야성(大耶城): 경상남도 합천군 합천읍에 있던 신라의 성으로, 삼국 시대에 신라와 백제의 싸움이 여러 번 벌어졌던 곳이다.

20 당항성(黨項城): 경기도 화성시 구봉산(九峰山)에 있는 산성으로 당성(黨城)이라고도 한다.

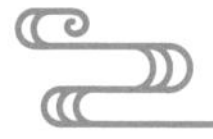

17

진덕여왕 眞德女王

진덕여왕眞德女王은 신라의 두 번째 여왕이다. 이름은 선덕여왕과 같은 항렬로 승만勝曼이고 진평왕의 둘째 남동생인 갈문왕葛文王의 딸이다. 진덕은 여러 신하의 추대로 선덕여왕의 뒤를 이어 왕이 되었는데 신장이 7척이나 되고 손이 무릎 아래까지 내려오니 그 웅대한 체격이 여간한 남자들은 감히 어깨도 견주지 못할 정도였다.

진덕여왕은 왕위에 올라 조원전朝元殿에서 조정의 모든 신하에게 조하례朝賀禮[21]를 받았는데, 우리나라 역사에서 군왕에게 하정賀正의

21 조하례(朝賀禮): 왕의 즉위식에서 신하들이 조정에 나아가 임금에게 하례하던 의식을 말한다.

예禮[22]를 바치는 것이 바로 진덕여왕 때부터 시작된 것이다. 또 진덕여왕은 중국 문화를 숭상하여 관복冠服 제도까지도 모두 당나라 제도를 모방하였는데 우리나라가 중국의 관복 제도를 그대로 본뜬 것도 이때부터 비롯된 것이다. 그러나 중국을 너무 사대事大하여 신라의 독립성을 상실하기도 하였다.

또한 김법민金法敏-훗날 문무왕文武王이 되었다.-을 당나라에 사신으로 보낼 때 자신이 직접 〈태평송太平頌〉을 짓고 그 글을 비단에 수로 놓아 당나라 황제에게 보내기도 하였다. 물론 이것을 통해 진덕여왕의 감탄할 만한 문장력과 직조 솜씨를 알 수 있기는 하다. 그러나 이는 이제껏 독립국으로서 당당했던 신라의 체면이 손상된 치욕스러운 일이라 할 수 있겠다. 〈태평송〉을 아래에 실어 놓으니 참고하길 바란다.

대당大唐이 큰 왕업을 열었으니	大唐開鴻業
높고도 높은 황제의 계책 창성하도다.	巍巍皇猷昌
전쟁을 그치게 하니 천하가 평정되고	止戈戎衣定
예전 왕들을 계승하여 문덕을 닦았도다.	修文繼百王
하늘의 일을 총괄하여 은택을 비처럼 뿌리고	統天崇雨施
만물을 다스림에 아름다운 자질을 품었네.	理物體含章

22 하정(賀正)의 예(禮): 새해를 맞아 신하가 임금에게 나아가 인사를 올리는 것을 말한다.

심후한 사랑을 날마다 고르게 베풀고	深仁諧日用
시운에 순응하여 태평성세를 이루었도다.	撫運邁時康
펄럭이는 깃발은 어찌 그리 빛나며	幡旗何赫赫
울리는 징과 북은 어찌 그리 쟁쟁한가.	鉦鼓何鍠鍠
천자의 명을 어긴 외방 오랑캐는	外夷違命者
하늘의 재앙을 받아 멸망하였도다.	剪覆被天殃
교화가 어둡고 밝은 데에 고루 입혀지니	淳風凝幽顯
원근에서 다투어 상서로움을 아뢰도다.	遐邇競呈祥
사시의 기운은 옥촉玉燭처럼 조화롭고	四時和玉燭
일월日月·오성五星은 만방을 돌도다.	七曜巡萬方
하늘이 고귀한 재상을 내려 주시니	維嶽降宰輔
황제께서 진실되고 어진 자에게 맡기셨도다.	維帝任忠良
삼황오제와 같은 덕을 이루었으니	五三成一德
밝게 빛나는 우리 당나라 임금이로다.	昭我唐家皇

18

원나라 세조의 후비 궁인 이씨宮人李氏

궁인 이씨宮人李氏는 원래 고려 여자로 원나라 세조 쿠빌라이의 궁인이 되었다. 이씨는 재색을 겸비한 데다가 특히 비파를 잘 타기로 당대에 유명하여 중국 시인 양염부楊廉夫[23]는 〈원궁사元宮詞〉를 지어 이씨를 찬미하였다.

…

23 양염부(楊廉夫): 양유정(楊維楨). 원말 명초(元末明初) 학자로 호는 철애(鐵崖)·동유자(東維子)이며, 염부는 그의 자(字)이다. 원말 과거에 급제하였으나 상관에게 거역한 탓으로 관직의 길이 막혀 강남 일대에서 은거하였다. 원 멸망 후 명 태조의 부름을 받았으나 응하지 않고 향리로 돌아와 여생을 보냈다. 이백(李白)과 이하(李賀)를 배워 화려하고 강한 상징성의 시풍을 보였다. 저서로 『동유자문집(東維子文集)』, 『복고시집(復古詩集)』 등이 있다.

화림和林[24]에 거둥하니 장막 궁전 드넓은데	北幸和林幄殿寬
고려의 시녀들이 첩여婕妤[25]로 시중드네.	句麗女侍婕妤官
임금이 직접 소군곡昭君曲[26] 부르실 제	君王自賦昭君曲
임께서 주신 비파 말 위에서 뜯는구나.	勅賜琵琶馬上彈

•••

24 화림(和林): 몽골의 고비 사막 서남쪽에 있는 성으로 화령(和寧)이라고도 한다. 돌궐(突厥) 이래로 추장들이 있던 곳이며, 원나라 태조 역시 이곳에 도읍하였다.

25 첩여(婕妤): 왕을 시종하는 여성의 관직 이름이다.

26 소군곡(昭君曲): 한(漢)나라 때 왕소군(王昭君)이 탄 비파곡을 말한다. 한나라 원제(元帝) 때 궁녀인 왕소군이 뛰어난 미모를 가지고 있으면서도 황제의 총애를 입지 못하다가 궁중 화가의 농간으로 흉노(匈奴)의 선우(單于)에게 시집가게 되었는데, 흉노의 땅으로 갈 적에 비파를 들고 변방 땅을 지나면서 다시는 돌아오지 못할 것을 생각하고는 눈물을 흘리면서 비파를 탔다. *『한서(漢書)』「흉노전(匈奴傳)」 참조.

19

명나라 영락제의 총희 권귀비權貴妃

권귀비權貴妃는 조선 시대 태종 때 권영균權永均의 누이로 명나라에 가서 성조成祖 영락제永樂帝의 총희寵姬가 된 여자이다. 권귀비는 재색이 비범하였을 뿐만 아니라 퉁소를 잘 불기로 유명하여 중국 사람들이 〈궁사宮詞〉를 지어 권귀비를 노래하였다.

영헌왕寧獻王 주권朱權[27]이 지은 시는 다음과 같다.

…

27 영헌왕(寧獻王) 주권(朱權): 명나라 태조의 16번째 아들로 음악, 문학, 예술 방면에 뛰어난 재능을 보인 문인이자 정치가이며 호는 함허자(涵虛子)·단구선생(丹丘先生)이다. 음악에 통달하고 악부에 능했으며 안 읽은 책이 없을 정도의 독서가였는데, 특히 석로(釋老, 석가모니와 노자)에 정통했으며 역사에도 밝았다.

홀연 하늘 밖에서 퉁소 소리 들리매 忽聞天外玉簫聲
꽃 아래서 들으면서 혼자서 거니누나. 花下聽來獨自行
삼십육궁 모든 궁전 가을빛 일색이라 三十六宮秋一色
어느 곳에 달이 유독 밝은 줄 모르겠네. 不知何處月偏明

영헌왕 주권이 또 시를 지었다.

궁궐의 창 싸늘하여 밤은 길고 긴데 魷魚窓冷夜迢迢
바닷가 산엔 구름 날고 달빛 아득하도다. 海嶠雲飛月色遙
궁중의 물시계 이미 멎어 가는데 宮漏已沈參影倒
미인은 오히려 퉁소 불기 배우누나. 美人猶自學吹簫

왕사채王司綵[28]가 지은 시는 다음과 같다.

구슬 꽃이 옮겨와 대명궁에 들어오니 璚花移入大明宮
향기 어린 한 그루가 만향정에 기대 있네. 一樹凝香倚晚風
그 모습 임금 발길 멈추게 하였나니 贏得君王留步輦
퉁소 소리 달 밝은 속에 울려 퍼지누나. 玉簫嘹喨月明中

28 왕사채(王司綵): 광동(廣東) 출신으로 명나라 선덕(宣德) 연간의 여관(女官)이었다.

20

안평대군이 키운 열 명의 궁중 여인

조선 시대 왕족 중에 제일가는 풍류 대군大君이자 가장 호방한 사람은 안평대군安平大君 이용李瑢일 것이다. 안평대군은 세종대왕의 셋째 왕자로, 인물이 출중하고 풍채도 좋거니와 시문·서화·음악에 능통하지 않은 것이 없었다. 안평대군은 열세 살 때부터 인왕산仁旺山 밑에 있는 수성궁壽聖宮에 거처하며 갖은 호사를 다 누렸다. 북문 밖에는 한적한 곳을 가려 조용한 집 수십 칸을 지어 놓고 '무이정사武夷精舍'라 이름하였으며 그 사랑채를 '비해당匪懈堂'이라 하였다.-이로 인하여 안평대군의 호號도 비해당이라 하였다.- 그 옆에는 단을 쌓고 '시단詩壇'이라 하였고, 남호南湖에는 '담담정淡淡亭'이란 정자를 지어 놓았으며 그 정자에는 수만 권의 서적을 쌓아 두고 날마다 거유巨儒·명사名士

들과 교유하니 그 이름이 전국을 풍미하였다.

안평대군은 팔자가 좋고 호강하였던 만큼 희첩姬妾이 매우 많았는데, 그 가운데서도 저명한 것은 이른바 수성궁 십궁희十宮姬라 불린 소옥小玉, 부용芙蓉, 비취翡翠, 옥녀玉女, 금련金蓮, 은섬銀蟾, 비경飛瓊, 자란紫鸞, 운영雲英, 보련寶蓮이었다. 그들은 모두 얼굴도 절대가인이었으며 궁에 들어온 뒤에도 대군이 특별히 글공부를 시켜서 사서삼경四書三經이며 제자백가諸子百家에도 두루 능통하였다.

하루는 안평대군이 여러 문사를 모아 놓고 연회를 하는 중에 우연히 바라보니 한 줄기의 푸른 연기가 궁 안 나무에 둘러 있다가 다시 흩어지며 한편으로는 성첩을 에워싸기도 하고 또 한편으로는 산비탈에 비껴 그 형상이 참으로 기이하고 좋아 보였다. 이에 그 연기를 두고 오언시五言詩 한 수를 지어 여러 명사에게 화답하라 하였으나 모두 자기 뜻에 맞지 않았다. 그러자 궁에 돌아와서 열 명의 여인을 불러 놓고 각각 시 한 수씩을 짓게 하였으니, 이것이 유명한 이른바 '십궁희의 연시烟詩'라는 것이다. 이를 차례로 소개하면 다음과 같다.

소옥은 다음과 같이 시를 지었다.

실처럼 가는 초록빛 연기　　綠烟[29]細如織

29　綠烟: 『해동염사』 원문에는 '和雨'로 되어 있으나 〈운영전〉 원문을 참고하여 바로잡음.

바람 따라 살짝 문을 들어서네. 隨風半入門
희미한 자취 짙었다 옅었다 依微深復淺
어느덧 날은 저물어 가고. 不覺近黃昏

부용은 다음과 같이 시를 지었다.

허공을 날아 비를 띠었다가 飛空遙帶雨
땅에 떨어져 다시 구름 되었지. 落地復爲雲
해 질 녘 어둑어둑한 산빛에 近夕山光暗
초나라 임금[30] 향하는 그윽한 마음. 幽思向楚君

비취는 다음과 같이 시를 지었다.

꽃 덮이니 벌들이 힘을 못 쓰고 覆花蜂失勢
대숲 둘러싸니 새들이 둥지 못 찾네. 籠竹鳥迷巢
저물녘 부슬비 되어 黃昏成小雨
창밖엔 부슬부슬 비 오는 소리. 窓外聽蕭蕭

•••

30 초나라 임금: 초나라 회왕(懷王)을 가리킨다. 회왕의 꿈에 무산(巫山)의 신녀(神女)가 나타나자 자기는 아침에는 구름이 되고 저녁에는 비가 된다고 말한 뒤 운우지정(雲雨之情)을 나누었다는 전설이 있다. 이 시의 앞 두 구절은 이러한 전고를 염두에 두고 한 말이다.

옥녀는 다음과 같이 시를 지었다.

가볍고 작은 깁[31] 해를 가리고　　蔽月輕紈細
비췻빛 긴 띠[32]는 산에 걸렸네.　　橫山翠帶長
산들바람 불어 조금 흩어지더니　　微風吹漸散
작은 연못을 적시네그려.　　猶濕小池塘

금련은 다음과 같이 시를 지었다.

산 아래 쌓였던 찬 연기　　山下寒烟積
궁궐 나뭇가지에 비끼어 나네.　　橫飛宮樹邊
바람 불어 흩날리는데　　風吹自不定
기운 해는 하늘에 가득.　　斜日滿蒼天

은섬은 다음과 같이 시를 지었다.

산골짝에 짙은 연기 피어오르니　　山谷繁陰起
연못에 푸른 그림자 흐르네.　　池臺綠影流
날아가매 찾을 길 없더니　　飛歸無處覓

•••

31　가볍고 작은 깁: 연기를 가리킨다.

32　비췻빛 긴 띠: 연기를 가리킨다.

연잎에 이슬방울 남았다네.　荷葉露珠留

비경은 다음과 같이 시를 지었다.

살구나무엔 꽃눈 맺히기 어렵고　小杏難成眼
대나무 홀로 푸르름 간직했어라.　孤篁獨保靑
가벼운 연기 잠깐 다시 보이더니　輕陰暫見重
해 저물자 또 컴컴하여라.　日暮又昏冥[33]

자란은 다음과 같이 시를 지었다.

일찍이 어두운 골짝 향하더니만　早向洞門暗
비끼어 높은 나무들 아래 깔렸네.　橫連高樹低
잠깐 사이에 날아가더니　須臾忽飛去
서쪽 산과 앞 시내에 있어라.　西岳與前溪

운영은 다음과 같이 시를 지었다.

가느다란 푸른 연기 멀리 바라보다　遠望靑烟細

···

33　『해동염사』 원문에는 2구가 保魂, 4구가 黃昏으로 되어 있으나, 〈운영전〉 원문을 참고하여 바로잡음.

미인은 깁 짜는 걸 그만두누나. 佳人罷織紈
바람 맞으며 홀로 설워하나니 臨風獨惆悵
날아가 무산巫山에 떨어지누나. 飛去落巫山

보련은 다음과 같이 시를 지었다.

작은 골짝은 봄 그늘 속이요 短壑春陰裏
긴 둑은 물기운 가운데로다. 長堤水氣中
인간 세상에다 能令人世上
문득 비취 궁전 만들었구나. 忽作翠珠宮

안평대군은 이상 열 편의 시를 보고 다음과 같이 논평하였다. "부용의 시에 '초나라 임금 향하는 그윽한 마음[幽思向楚君]'이란 구절은 참으로 아름답도다. 그다음 비취의 시는 옛날 『시경詩經』의 「대아大雅」·「소아小雅」나 『이소離騷』에 비견할 만하고, 소옥의 시는 속세에 얽매이지 않은 구상이 좋은 데다 마지막 구절은 은근한 여운이 있으니 이 두 편을 으뜸으로 삼는 게 옳겠다. 또 자란의 시 역시 뜻이 심원하며 그 외 다른 시들도 맑고 좋은데, 유독 운영의 시만이 누군가를 그리워하는 마음이 보이니 응당 준엄히 캐물을 일이로되 그 재주가 아까워 그냥 덮어 두기로 한다." 그때 문신文臣으로 유명하던 성삼문成三問 또한 그 시를 극구 칭찬하며 여러 가지로 평한 일이 있었다.

* 〈운영전雲英傳〉에서 뽑음.

21

숙종대왕과 장희빈張禧嬪

조선 시대 영특하고 사납기로 유명한 숙종대왕肅宗大王 때의 일이다. 꽃이 피고 새가 노래하는 어느 봄날에 숙종은 여러 신하들과 함께 창경궁昌慶宮 비원祕苑에서 꽃구경을 하고 백화연百花宴을 열었다. 당시 왕족 중에 가장 인물이 좋고 왕의 총애를 받았던 동평군東平君 이항李杭-인조仁祖의 손자이자 숭선군崇善君의 아들-을 비롯하여 여러 왕자와 왕손 그리고 조정의 신하들은 물론이고 후궁의 삼천 궁녀들 역시 한 사람도 빠지지 않고 참석하였다. 연회에 울려 퍼지는 맑고 낭랑한 풍류 소리는 태평 호시절을 구가하였고 가득한 금옥金玉의 술잔은 임금의 만세를 봉축하였다.

꽃향기와 술기운에 흠뻑 취한 숙종은 여러 궁녀들을 돌아보고

환하게 웃으며 다음과 같이 말하였다. "오늘 연회는 특별히 꽃구경을 위한 연회이다. 그러니 너희 모두 꽃과 관련된 이야기를 하나씩 해 보아라. 특히 나와 어떤 꽃이 유사한지 이유를 들어 말해 보아라. 만일 내 마음에 쏙 드는 대답을 하는 사람이 있다면 그 사람에게는 특별히 후한 상을 내리겠다." 이 말을 들은 궁녀들은 제각기 왕에게 곱게 보이고 싶기도 하도 또 상을 타고 싶은 마음에 한 사람씩 앞다투어 나와 이야기를 하기 시작하였다.

이야기 중에는 물론 별의별 꽃 이야기가 다 나왔다. "성주聖主께서는 만인에게 은택을 입히시니 여러 만인의 옷이 되는 목화꽃과 같습니다."라고 하는 궁녀도 있었고, 혹은 "고귀하심이 왕위에 계시니 달 속의 계수나무와 같습니다."라고 하는 궁녀도 있었다. 또한 "성수聖壽 무궁하시니 무궁화와 같습니다."라고 하는 궁녀도 있었고, "풍류를 좋아하시니 홍도紅桃·벽도碧桃·삼색도三色桃와 같습니다."라고 하는 궁녀도 있었다. 심지어는 "성씨가 이씨李氏이니 오얏꽃·배꽃과 같습니다."라고 하는 궁녀도 있었다.

이처럼 여러 사람이 모두 나와서 한마디씩 하는데 맨 끝자리에 있는 궁녀 하나는 나오지 않고 잠자코 있는 것이었다. 숙종은 이를 이상하게 생각하고 그 궁녀에게 "어전에 가까이 오라." 하고 명하였다. 그러고는 찬찬히 살펴보았다. 그 궁녀는 방년 겨우 이팔(16세 전후)에 가까운 듯하였으며 얼굴빛이 천하절색이었다. 또한 구름같이 고운 머리는 옛날 고구려의 관나貫那[34]와 같았으며 요염한 자태는 고려의 연쌍비燕雙飛[35]가 다시 태어난 것 같았다. 그리고 연꽃 같은 얼굴이며 버드나무 같은 눈썹이며 추수秋水 같은 밝은 눈이며 자개같이 고운 이는 중국의 왕소군王昭君[36]이나 양귀비楊貴妃도 눈물을 흘릴 만큼 아름다웠다.

숙종은 그 궁녀를 보고 정신이 황홀하여 혼자 생각하였다. '우리 후궁에 저만한 미인이 있는 것을 어찌하여 이때까지 몰랐던가?' 그러고는 친히 이름을 물으니 군관 장희재張希載의 누이 장궁인張宮人이었다. 숙종은 기쁜 마음을 감추지 않고 다시 장씨를 보고 이렇게 물었다. "모든 궁녀가 꽃 이야기를 하는데 유독 너 한 사람만 아무 이야기도 하지 않았다. 대체 무슨 까닭이냐?" 장씨는 머리를 숙이고 구슬 같은 목소리로 천천히 대답하였다. "아무리 임금께서 꽃 이야기를 하라고 하셨으나 지엄하신 임금님을 감히 꽃에 빗대어 말씀드리기 황송하여 그저 잠자코 있었을 뿐입니다." 그 말에 숙종은 더욱 기특한 생각이 들었다. 그러고는 다시 말하였다. "너의 말이 기특하기는 하나 오늘은 내가 이미 허락한 터이니 조금도 어렵게 생각하지 말고 말해 보아라." 장씨는 그제야 다음과 같이 답하였다.

...

34 관나(貫那): 『해동염사』 '제1편-06' 참조.

35 연쌍비(燕雙飛): 고려 우왕(禑王)의 비. 본래 기녀였으나 우왕의 총애를 받아 명순옹주(明順翁主)에 봉해졌다. 평소 우왕과 말고삐를 나란히 하고 다녔는데, 왕과 의관이 같아 보는 사람이 구별할 수 없을 정도였다 한다.

36 왕소군(王昭君): 전한(前漢) 원제(元帝)의 후궁이었으나 흉노의 왕 선우(單于)에게 시집보내진 비련의 미녀이다. 당시 대부분의 후궁들은 화공(畫工)에게 뇌물을 주며 아름다운 초상화를 그리게 하여 황제의 총애를 구하였으나, 왕소군은 뇌물을 바치지 않았기 때문에 얼굴이 추하게 그려졌고, 그 때문에 오랑캐의 아내로 뽑히게 되었다고 한다.

"임금께서는 사람 중에 왕이시고 모란은 꽃 중에 왕입니다. 그러니 임금님을 꽃에 빗대 본다면 모란과 같습니다." 왕은 그 말을 듣고 크게 기뻐하였다. 그리고 장씨에게 후한 상을 주고 늙은 여관을 시켜 홍도화紅桃花 한 가지를 꺾어 장씨의 머리 위에 꽂아 주라고 명령하였다. 그러자 궁녀들은 모두 이를 영광스럽게 생각하였으며 그날로부터 장씨의 이름이 궁궐 안은 물론이고 궁궐 밖에까지 알려졌다. 그리고 장씨는 임금의 총애를 독차지하게 되었다.

그때 숙종의 춘추가 이미 서른에 가까웠으나 전 왕후인 인경왕후仁敬王后 김씨金氏에게서 아무 소생이 없었고 뒤를 이은 인현왕후仁顯王后 민씨閔氏도 가례를 치른 지 여러 해가 지났으나 자녀를 낳지 못하였다. 효종 이후 삼대독자인 숙종은 슬하에 소생이 없는 것을 항상 적막하게 생각하였으며 연로한 대왕대비 또한 이를 밤낮으로 걱정하였다. 인현왕후는 송구스럽고 불안함을 느껴 숙종에게 후궁을 다시 간택하시기를 권하였으나 숙종은 인현왕후가 아직 젊다며 그 권유를 듣지 않았다. 그러나 인현왕후가 진심으로 후궁 간택을 권할 뿐만 아니라 대비 또한 이를 바라였기에 숙종도 어쩔 수 없이 후궁을 간택하라는 전교를 내리게 되었다. 인현왕후는 궁인 장씨의 자색이 뛰어나고 성품이 영리한 것을 잘 알고 있었고 또한 평소 숙종이 장씨를 사랑하는 것을 짐작하고 있었기에 그를 후궁으로 추천하였다. 그때 왕대비와 정명공주貞明公主-선조宣祖의 딸로 영안위永安尉 홍주원洪柱元과 결혼하였다. 이때 공주의 나이는 70여 세였다.-는 장씨의 얼굴이 어여쁘긴 하지만 부덕婦德이 적은 것을 염려하여 장씨를 후궁으로 두지 않을 것을 간절히 권하였으나 인현왕후는 듣지 않았다. 결국 장씨가 간택에 뽑혀 후궁이 되었으니, 이는 장씨 집안에 큰 행운인 동시에 훗날 인현왕후 민씨가 쫓겨나게 되는 근원이 되었다. 이로부터 장씨에 대한 숙종의 총애가 나날이 두터워졌다. 숙종 12년 병인년(1686년)에는 단번에 숙의淑儀의 봉작을 받고 109명의 노비를 받았으며 내외 친척이 다 상당한 벼슬을 하게 되었다. 이렇게 장씨의 세력이 나라에 크게 떨치게 되자 장씨에게 아첨하는 무리 또한 적지 않았다.-장씨의 어머니는 본래 조사석趙師錫의 침모針母였는데 이러한 이유로 정묘년에 조씨趙氏마저 우의정右議政이 되었다. 또 정언正言 한성우韓聖佑는 장씨의 봉작封爵 반대 상소를 하다가 벼슬에서 물러나기도 하였다.-

그러다가 숙종 14년 무진년(1688년) 9월에 장씨가 왕자를 출산하였고 이 왕자는 뒷날의 경종景宗이 되었다. 왕실에서는 그만한 경사가 없다고 여기며 크게 기뻐하였고 장씨 문중에도 역시 크나큰 영광이었다. 장씨에 대한 숙종의 총애가 더욱 깊어지고 그에 따라 장씨의 세력이 점점 더 커지는 것 또한 당연한 일이었다. 그러다 이른바 '옥교屋轎 사건'이 발생하였다. 장씨의 친부모는 어명으로 궁중에 자유롭게 출입할 수 있었다. 하루는 장씨의 모친이 여덟 명이 멘 옥교를 타고 건양문建陽門 안으로 통과하였는데, 이를 본 지평持平 벼슬의 이익수李益壽-서인파西人派-가 크게 분개하였다.[37] 그리하여 그 옥교를 부수고 불사르게 하는 한편 그 하인들을 잡아다가 매질하게 하였다. 이에 숙종이 크게 노하여 내수사內需司에 명하여 관련된 관원 두 사람을 형살刑殺하였는데 이 사건으로 인해 도성 안의 여론이 나

빠지기 시작하였다.

보잘것없는 사람이라도 자기가 세력을 갖추기 시작하면 교만해지는 것이 당연하거니와 하물며 재기와 지모, 정략政略을 겸비한 미인 장희빈은 말해 무엇하겠는가! 장씨가 후궁에 있을 때는 지극히 온화하고 유순하였으나 지위와 세력을 얻고 난 이후부터는 그동안 숨기고 있던 야심을 드러내기 시작하였다. 급기야는 인현왕후 일파의 구세력을 모조리 없애 버리고 자기 세력을 확장하려고 밤낮으로 고심하였다. 더군다나 전날에 서인파 이익수가 자기 모친이 탄 옥교를 부숴 태우고 하인까지 매질한 것에 큰 모욕감과 분함을 느꼈고 이를 갈며 평생에 걸쳐서라도 보복하고자 하는 마음을 품었다. 그리고 이를 위해서는 지난해인 경신년 옥사[38] 이후로 크게 몰락하여 조정에 불평불만을 하고 있던, 즉 서인파와 원한 관계에 있는 남인파南人派와 결탁해야 함을 간파하였다. 먼저 남인과 결연 관계에 있는 동평군 이항에게 추파를 보내고, 자기 오빠인 장희재를 중간에 세워 일대 활극을 연출하게 하였으니 그 첫 번째는 왕자의 호號를 정하는 일이요, 두 번째는 인현왕후의 폐출廢黜이었다. 이

•••

37 지평(持平) …… 분개하였다: 조선 시대의 가마는 신분 고하에 따라 크기와 모양새가 결정되었다. 옥교는 당시 최고위층의 인사와 그 배우자가 탈 수 있는 것이었는데, 장씨의 어머니는 본래 역관의 아내 신분이었기 때문에 낮은 신분의 사람으로서 고위층이어야 탈 수 있는 옥교를 탔기에 이익수가 그 참람한 행동에 분개한 것이다.

38 경신년 옥사: 숙종 6년(1680년) 남인파가 대거 실각하여 정권에서 물러난 경신환국(庚申換局)을 말한다.

활극의 어릿광대 노릇을 한 이는 물론 숙종이었다.

기사년(1689년) 정월 초십일이었다. 숙종은 여러 대신과 기타 백관을 모아 놓고 왕자의 원자元子 정호定號 문제에 대해 "재신宰臣이나 고관들 중에 이 일에 이의를 가진 사람이 있다면 즉시 벼슬을 사직하고 떠나는 것이 옳겠다."라며 강경한 의지를 보였다. 물론 이는 장씨와 남인이 꾸민 일로, 당시 정권을 쥐고 있던 서인에게는 폭탄 선언이었다. 이 일이 성공하면 남인은 서인에게 경신년 옥사에 대해 보복하게 되는 것이고 이와 동시에 남인의 세력이 크게 확대되어 서인을 배경으로 한 인현왕후의 지위가 위태롭게 되는 것은 명백한 일이었다. 이를 짐작하였던 서인은 왕자의 원자 정호를 반대하는 것보다 자신들의 세력을 유지하기 위하여 그 일에 반대하였다. 그리하여 영상 김수흥金壽興을 중심으로 이조판서 남용익南龍翼, 호조판서 유상운柳尙運, 병조판서 윤지완尹趾完, 공조판서 심재沈梓, 대사간 최규서崔奎瑞 등 서인의 거두들은 숙종의 엄명이 있었음에도 일제히 반대 의사를 표명하였다. 그러나 결국 아무런 효과도 거두지 못하였다. 그달 14일에 예조의 장계로 왕자를 원자로 정호할 일을 전교하였고, 16일에는 정식으로 왕자를 원자로 봉하고 장씨를 희빈禧嬪으로 봉하였다.

그러나 당시 서인 일파는 그 일에 관하여 계속 불만을 품고 있었다. 그리하여 그해 2월 송시열宋時烈은 원자의 봉작 시기가 아직 이르다는 내용의 상소를 올렸다. 그러나 이미 왕자를 원자로 봉한 지 한 달이 지난 후였으며 이에 대해 숙종은 다음과 같이 말하였다. "왕자를 원자로 봉한 이상 이미 군신의 분의分義가 정해졌다. 그런데도 이러한 상소를 올리는 것은 결국 세자에 대해 불만을 가진 것이니 절대로 용서할 수 없다." 그러고는 친히 희정전熙政殿에 왕림하여 여러 신하에게 송시열이 상소를 올린 의도를 하문하였다. 그러자 남인파 우부승지 이현기李玄紀, 교리 남치훈南致熏, 동부승지 윤빈尹彬 등이 그 소장 중에 잘못된 점을 지적하였다. 또한 이전에 송시열이 일개 사소한 일로 윤증尹拯과 분열하여 조야의 분쟁을 일으킨 일을 들먹이며 책임을 물었다.

이 말을 듣고 크게 노한 숙종은 즉시 송시열을 제주도로 유배 보내고 영상 김수흥을 파직하였다. 또 그 외 이사명李師命, 이익李翊, 김익훈金益勳, 이순명李順命, 김만중金萬重 등을 멀리 귀양 보냈다. 그리고 당시에 소위 보사공신保社功臣이었던 광성부원군光城府院君 김만기金萬基, 청성부원군淸城府院君 김석주金錫胄 등의 관직과 작위를 박탈하였다. 이와는 반대로 남인파 목내선睦來善을 좌의정에, 김덕원金德遠을 우의정에 임명하였으며 목창명睦昌明, 권유勸諭 등에게는 승지承旨를 제수하고 경신년에 옥사한 사람들은 신원해 주었다. 이 사건으로 정국은 일시에 큰 변동이 생겼다. 여러 해 동안 억압당하면서 원한을 품고 있었던 남인들이 순식간에 정권을 잡았고 서인은 일망타진되어 몰락의 길을 걷게 되었다.

이와 같이 장씨의 소생 왕자가 세자가 되고 서인 세력이 추락하여 다시 일어설 수 없게 되자 그 속에서 가장 큰 공포와 두려움을 느낀 이는 바로 인현왕후였다. 인현왕후는 원래 서인의 거두인 병조판서 민유중閔維重의 둘째 딸이자 동춘당同春堂 송준길宋浚吉의 외손녀로 김석주가 중매하여 왕후가 된 것이었기에 서인과는 운명을 같이하는 상황이었다. 처음에는 인현왕후가 장씨를 후궁으로 천거하였으나 지금은 장씨가 숙종에게 특별한 총애를 받게 되니 이른바 '시앗을 보면 길가의 돌부처도 돌아앉는다.'라고 아무리 점잖고 덕이 있는 인현왕후라 할지라도 질투의 마음이 생기지 않을 수 없었다.

병인년에 장씨가 숙의로 승격될 때는 인현왕후가 꿈에서 계시를 받았다며 숙종에게 다음과 같이 말하기도 하였다. "꿈에 선왕과 선후께서 친히 말씀하시길 내전관 김귀인金貴仁은 복록福祿이 길고 또 자손의 복이 선조 대왕같이 많다고 하셨습니다. 그러나 장씨는 팔자에 자손이 없을 뿐 아니라 복이 없어서 만일 장씨가 궁중에 오래 있게 된다면 반드시 경신년에 옥사한 사람들의 당여黨與와 결탁하여 국가에 큰 화를 미칠 것이라고도 하셨습니다." 또한 장씨가 태기가 있을 때 미리 딸아이의 모자를 지어 두었다가 아들이 태어난 것을 보고는 "나는 딸을 낳을 줄 알았더니 뜻밖에 아들을 낳았네."라고 하기도 하였다. 그리고 어떤 날은 숙종에게 "장씨는 원래 전생에 요사스러운 짐승으로 태어났다가 주상께 잡혀 죽었습니다. 그 원한을 갚고자 다시 태어난 것이므로 반드시 주상을 해칠 것입니다."라고도 하였다. 또 "장씨는 팔자에 자식이 없습니다. 그러니 아무리 원자로 봉한다고 하더라도 다 헛수고입니다."라고도 하였다.

인현왕후가 이러한 말을 할 때마다 숙종은 인현왕후를 좋지 않게 생각하였다. 그러던 어느 날 숙종이 희빈의 처소 안에서 희빈과 함께 있는데 장씨의 집에서 기르던 개 한 마리가 갑자기 뜰에서 피를 토하고 쓰러져 버렸다. 이를 이상하게 여긴 숙종은 장씨에게 물었다. 장씨는 아무 말도 하지 않고 조용히 있다가 눈물을 글썽거리며 말하였다. "주상께서 신첩의 천한 목숨을 진정으로 사랑하신다면 하루라도 속히 문밖으로 내보내어 자유의 생활을 하게 하여 주시옵소서." 장씨의 말에 숙종은 더욱 의심을 품고 어떤 일이 있었는지 자세히 묻자 장씨가 대답하였다. "오늘 중전께서 저에게 음식을 보내셨습니다. 그런데 음식의 빛이 너무 이상하기에 의심이 생겨 먹지 않고 시험 삼아 개에게 그 음식을 주었더니 저렇게 죽어 버렸습니다. 오늘은 다행히 천운으로 그것을 발견하고 제가 죽지는 않았사오나 만일 훗날에 또 이러한 일이 있다면 신첩은 쥐도 새도 모르게 죽을 것입니다. 그러니 어찌 위험하고 또 가련하지 않겠습니까?" 이 말을 들은 숙종은 장씨를 측은하게 생각하였다. 그리고 인현왕후를 천고의 죄인으로 생각하기 시작하였다.

기사년 4월 23일 인현왕후의 생일이었다. 인현왕후의 처소에서 숙종과 장씨에게 생일날 차린 음식을 진상하였다. 전날 독약 사건으로 놀랐던 장씨는 이번에도 그런 위험한 일이 있을까 두려워하며 숙종에게 그 음식을 진어할 때 조심하라고 말하면서 인현왕후에 대한 안 좋은 이야기를 꺼냈다. 그러자 숙종은 그 말을 곧이듣고 그날 올라온 단자團餈와 백관의 앞에 있는 단자를 전부 치우라고 명령하였다. 그리고 진상한 음식은 후원에다 파묻어 버리고 그것을 가지고 온 내시 주빈朱彬을 내사옥內司獄에 가두었다. 또한 대신들과 종이품從二品 이상의 신하들을 불러서 어전에 세운 뒤 인현왕후 폐위를 선언하고 죄상을 들어서 인현왕후를 폐출하는 비망기備忘記[39]를 내렸다.

이에 좌승지 이시만李蓍晩, 수찬 이만원李萬元, 대신 이상진李相眞 등이 힘써 간하였으나 숙종은 듣지 않고 그들을 파직시키거나 유배 보냈다. 또한 응교 박태보朴泰輔, 판서 오두인吳斗寅, 참판 이세화李世華 등 80여 명의 신하들이 반대 상소를 올렸다가 결국 형살 또는 유배를 당하였다. 그리고 이전에 세자를 책봉할 때 반대 상소를 올렸다가 귀양 갔던 송시열, 김수홍, 이사명 등에게는 사약을 내리고 인현왕후의 친족 중에 관직과 작위가 있는 사람은 모조리 파직시켰다. 결국 5월 4일에 인현왕후는 안국동에 있는 본집-소위 감고당感古堂-으로 축출되어 유폐당하고 말았다. 곧이어 숙종은 장씨를 왕비로 봉하고 그의 부친 장형張炯은 옥산부원군玉山府院君에, 모친 고씨高氏는 부부인府夫人에 봉하였으며 오빠 장희재는 훈련대장에 봉하였으니 당시 정권은 거의 장씨의 손안으로 들어오게 되었다.

장씨는 일개 후궁의 천한 몸으로 이처럼 하루아침에 왕후 자리를 차지하게 되었고 장씨 가족 모두 엄청난 부귀영화를 누리게 되니 장씨의 교활한 횡포가 나날이 늘어나는 것은 당연한 일이었다. 안으로는 인현왕후 일파의 세력을 제거하기 위해 평소 인현왕후와

•••

39 비망기(備忘記): 임금의 명령을 적어 승지에게 전하던 문서.

조금이라도 친분이 있었던 사람이라면 심지어 궁인과 액졸[40]까지 다 쫓아내었고 심지어는 자객을 보내어 유폐된 인현왕후를 수차례 암살하려고까지 하였다. 또 숙종이 총애하는 최숙빈崔淑嬪-영조의 친모-을 사사로이 괴롭히고 학대하기도 하였다. 그리고 밖으로는 남인파와 결탁하였고 서인파는 그림자도 비추지 못하게 할 만큼 정계에까지 관여하였다. 이렇게 되자 숙종도 점점 장씨에 대한 마음이 예전 같지 않았으며 오히려 싫어하는 마음이 조금씩 생기게 되었다. 그리고 급기야는 인현왕후를 폐위시킨 것을 후회하기 시작하였다.

이때 서인 중에는 북헌北軒 김춘택金春澤이란 사람이 있었다. 그는 재기 발랄하나 음모를 잘 꾸미기로 유명한 사람이었다. 기사년 이후로 꺾여 버린 서인 세력을 만회하고자 항상 서인의 주요 인물들과 일을 꾸미고 있었고 누구보다도 선두에 서서 여러 가지 일을 진행하고 있었다. 김춘택이 제일 먼저 한 일은 〈창선감의록倡善感義錄〉[41]이라는 소설을 지어 궁중에 흘러 들어가게 하여 숙종의 마음을 흔드는 것이었다. 또 〈장다리〉[42]라는 제목의 민요를 지어 민간에 퍼

•••

40 액졸: 하급 내시로 구성되어 궁궐 내에서 명령 전달, 출입, 문단속, 청소, 정돈 등의 잡무를 담당하던 사람들을 말한다.

41 〈창선감의록(倡善感義錄)〉: 작자와 연대 미상의 고전 소설. 중국 명(明)나라를 배경으로 하여 일부다처제와 대가족 제도 아래에서 일어나는 가정의 풍파를 그린 것으로, 권선징악(勸善懲惡)을 주제로 하고 있다.

42 〈장다리〉: '미나리는 사철이요, 장다리는 한철이다.'라는 내용의 민요이다. 미나리는 민씨, 장다리는 장씨를 지칭한 노래로, 민씨는 사철 잘되나 장씨는 일시뿐이란 뜻을 담은 참요적(讖謠的) 성격의 노래다.

지게 만들어 인현왕후에 대한 사람들의 마음을 움직이고자 하였다. 한편으로는 한중혁韓重赫, 강만태康晩泰 등과 함께 재물을 모아 수천 금으로 궁인의 누이를 사서 첩으로 삼았다. 또 뇌물로 장희재의 처첩을 매수하기도 하였는데, 희재의 처 '자근아기'[43]와는 간통까지 하고 첩 숙정淑正과도 밀접한 관계를 맺어 궁중과 장씨의 비밀을 캐내었다. 그러다가 숙종 20년 갑술년(1694년)에 그들이 벌인 일이 결국 성공하게 되었다. -이 음모를 꾸미던 중 일시 발각되어 김춘택의 여러 사람이 금부禁府에 갇혀 처형까지 받게 되었다가 요행히 면한 일이 있었다.- 숙종은 태도를 바꾸어 남인파를 정계에서 일제히 몰아내고 그해 9월에는 인현왕후를 다시 복위시켰다. 장씨는 희빈으로 강등되고 장씨 일족은 관직을 박탈당하거나 먼 섬으로 유배를 가게 되었으니 부귀영화를 자랑하던 장씨의 세력도 한순간에 그만 일장춘몽으로 끝나 버리고 말았다. 그렇게 결국 남인파가 잡았던 정권은 다시 서인파에게로 돌아갔다.

장씨는 자기 잘못을 전혀 뉘우치지 않았다. 오히려 자기가 낳은 아들이 이미 이 나라의 세자이고 자신 또한 일국의 왕후까지 되었는데 한순간에 폐위되었을 뿐 아니라 자기의 부모도 관직을 박탈당하고 오빠 희재 역시 멀리 유배를 가게 되었으니 이를 한스러워하며 원통하게 여겼다. 더군다나 자신의 정적인 인현왕후가 자기

•••

43 자근아기: 김덕립(金德立)의 딸로 장희재의 정실부인이었으나, 장희재가 기녀 출신인 숙정(淑正)과 인연을 맺으면서 조강지처였던 '작은애기'를 소박하였다.

아들까지 차지하고 소생모所生母인 자신과는 서로 얼굴도 대하지 못하게 된 것을 무엇보다도 절망스럽게 여겼다. 장씨는 깊은 궁궐 안에 혼자 퇴축退縮을 당한 신세였다. 그러나 장씨는 가만히 있지 않았다. 다시 정변을 일으키고자 밤낮으로 고심하여 밖으로는 남인파의 잔당과 결탁하고 안으로는 여러 가지의 음해와 저주를 하여 인현왕후와 서인파를 해치고자 하였다.

그러다가 숙종 27년 신사년(1701년) 8월에 인현왕후가 담종痰腫으로 승하하였다. 숙종은 인현왕후가 평생 일점혈육이 없고 또 전날 폐비가 되었을 때 무한히 고생했던 일을 생각하며 불쌍한 민씨에 대해 간절한 마음을 가진 채 자기 잘못을 후회하였다. 그러던 중에 주사야몽晝思夜夢이라고 할까. 어느 날 밤 숙종이 꿈을 꾸었는데 예전에 죽은 내시 하나가 엎드려 아뢰기를 "궁중에 요물이 많아서 중전께서 화를 입으셨습니다. 장차 전하와 세자도 이롭지 못할 것입니다."라며 장씨가 있는 취선궁就善宮을 손으로 가리키고 사라졌다. 그리고 얼마 지나지 않아 이번에는 인현왕후가 온몸이 피투성이가 된 채 꿈속에 나타나 다음과 같이 말하고 홀연히 사라져 버렸다. "신첩은 병 때문에 죽은 것이 아닙니다. 장씨의 저주 때문입니다. 부디 이 원수를 갚아 주십시오." 숙종은 깜짝 놀라 깨어 크게 괴이하게 여기고는 즉시 숨을 죽여 장씨의 궁으로 슬금슬금 가 보았다. 그랬더니 밤은 이미 깊었는데 장씨가 모든 시녀와 장희재의 첩 숙정과 함께 저주의 주술을 행하였던 도구들을 수습하고 있는 것이 아닌가.

그것들은 물론 장씨가 이전에 인현왕후를 저주할 때 사용했던 도구들로, 인현왕후가 죽은 뒤에 그것을 없애는 중이었다. 숙종이 별안간에 문을 열고 그것들에 대해 하문하니 그 자리에 있던 모든 사람이 깜짝 놀라고 당황하여 어찌할 줄을 몰라 허둥대었다. 어떤 사람은 세자께서 홍역을 앓았을 때 사용했던 것이라 하기도 하고 또 어떤 사람은 중전마마의 환후가 빨리 회복되기를 기도하며 사용했던 것이라고도 하여 서로 대답이 일치하지 않았다. 평소에도 꿈을 잘 믿던 숙종은 그 꿈속의 일을 더욱 신기하게 여겼다. 그리고 그와 동시에 장씨를 더욱 괴상하고 잔혹하게 생각하여 그 자리에서 "국모를 살해한 요망한 역도다!"라며 장씨를 큰소리로 꾸짖었다. 그리하여 9월 24일에 전교를 내려 장씨의 죄악을 열거하여 약을 먹고 자결하게 하였으며 장씨의 오빠 희재와 궁녀 축생丑生, 설향雪香 등 수십 명을 모두 사형에 처하였다. 이것이 이른바 신사무고辛巳誣告 사건이며, 이렇게 〈장다리〉 노래의 주인공인 미인 장씨의 기나긴 비극도 막을 내리게 되었다.

제2편

이름난 부인들과 첩

01

신숙주의 부인 윤씨尹氏

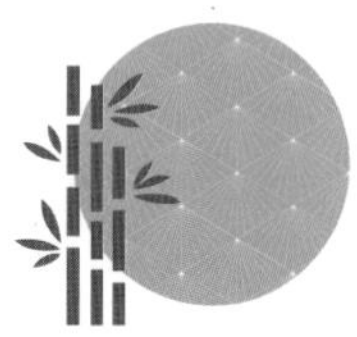

생명욕은 사람이 갖는 무엇보다도 큰 욕망이다. 온갖 고생을 하고 갖은 천대와 싸우면서도 백 세를 살지 못하여 애를 태우는 것이 사람 마음의 상도이다. 어떤 사람 중에 남편은 정난공신靖難功臣이 되어 권세와 부귀가 한량이 없고 용龍과 봉鳳같이 훌륭한 아들을 여덟이나 두었으며 자기도 나이 오십이 채 되지 않아 한창 재미있고 호사로운 생활을 할 행운을 얻은 이가 있었다. 그런데도 죽음으로 몸서리치며 음독자살로 최후를 맞고 모든 사람이 끝없이 부러워하는 부귀도 헌신짝같이 버린 여자가 있었으니, 그는 바로 단종端宗 복위 운동에 관련되어 있던 신숙주申叔舟의 부인 윤씨尹氏였다.

단종의 애사哀史와 세조 등극의 이면에 쌓인 갖가지 진실은 이미 세상이 다 아는 바라 더 말할 필요가 없다. 신숙주가 집현전集賢殿 학사로서 세종의 알아줌을 지극히 받아 단종이 탄생하였을 때 경회루慶會樓 하례연에서 태산같이 무거운 부탁을 받고 감격의 눈물을 흘렸던 것도 윤씨 부인은 알고 있었다. 또한 문종이 자신의 병환을 서러워하고 세자의 미약함과 여러 대군의 강성함을 근심 걱정하여 부왕父王 때부터 심복心腹 · 고굉股肱[1] 으로 믿어 오던 사육신死六臣과 신숙주 이외의 몇 인물을 편전으로 불러 술을 따라 주며 세자를 부탁하였을 적에, 신숙주가 그만 술에 취해 방자하게도 왕의 가까이에서 잠든 것도 죄를 묻지 않고 도리어 그가 추울까 염려하여 입고 있던 두루마기로 덮어 주었던 일까지도 윤씨 부인은 잘 알고 있었다. 그렇기에 윤씨 부인은 자기 남편에게 나랏일에 몸과 마음을 다하여 힘쓰기를 항상 권하였고 의리의 마음도 남편 신숙주보다 한층 더 굳건하였다. 단종이 선위하고 세조가 등극할 때도 신숙주의 행동이 다른 사람들과 달리 한명회韓明澮와 권람權擥의 무리에게 붙은 흔적이 있어 의심할 만한 정황이 없지 않음을 알고 윤씨 부인은 자기 남편을 나무라기도 하고 독려도 해 왔다.

세조가 등극한 지 2년째인 병자년(1456년) 6월, 사육신 등이 단종의 복위를 도모할 적에 성삼문成三問은 신숙주와 사생死生 · 휴척休戚[2] 을 같이할 만큼 친분도 있었고 세종이나 문종에게 알아줌을 입은 것

···

1 고굉(股肱): 다리와 팔에 비길 만큼 중요한 신하라는 뜻으로, 임금이 가장 신임하는 신하를 이르는 말이다.

2 사생(死生) · 휴척(休戚): 죽고 사는 일과 기뻐하고 슬퍼하는 일.

이 똑같았던 까닭에 신숙주에게 흥망·사생이 달린 중차대한 거사 이야기를 해 왔었다. 윤씨 부인은 비록 규중에 있는 몸이었지만 본래 의리에 데면데면하지 않았을뿐더러 성삼문이 지닌 마음도 잘 알고 있었다. 그래서 이번 거사에서 자기 남편도 성삼문과 한가지로 움직일 것이라고 철석같이 믿고 있었다. 신숙주 자신도 윤씨 부인에게 거사가 뜻대로 되지 않으면 기꺼이 죽으리라는 맹세까지 하였다.

쇠를 녹일 듯한 6월 무더위 속에 세조를 해치려던 계획이 사전에 발각되어 성삼문 등 사육신을 모조리 혹독한 형벌에 처하고 가산까지 적몰한다는 소문이 윤씨 부인에게까지 들려왔다. 이해관계에만 이끌리는 사람 같았으면 의리를 지키려는 마음이 사라지고 다급하여 어쩔 줄 모르는 기색이 역력했을 것이다. 하지만 대의를 앞세우며 죽고 사는 문제에 연연해하지 않았던 윤씨 부인은 그날 사건이 그렇게 된 것을 도리어 당연하게 여겼다. 따라서 자기 남편이 다른 사람들과 함께 죽는 것을 영화로 여겼기에 태연자약하게 아들들을 불러 세우고 대의를 들어 느긋한 태도로 훈시하며 군자君子가 죽고 사는 문제에 구차하게 처신해서는 안 된다고 하였다. 이때 윤씨 부인은 도리어 웃음을 띠기까지 하였는데, 이번 일로 후대에 가문의 명성을 떨치게 되리라고 생각했기 때문이다. 윤씨 부인은 무지개가 펼쳐지는 듯한 정성과 서릿발 같은 당찬 생각으로 금부의 나졸들이 들이닥치기를 기다렸다.

그런데 뜻밖에도 남편이 호화롭게 살아 돌아온 것을 보고는 웃던 얼굴에 분노 어린 빛이 떠오르고 느긋하던 생각이 다시금 어수선해졌다. 이에 의심스러운 눈초리로 남편을 쳐다보며 "대감, 어찌 살아 돌아오셨습니까?" 하고 물었다. 조금 전에 평생의 지기 성삼문이 혹독한 형벌에 처한 것을 보았고 지금 자기 아내에게 청천벽력 같은 질문을 받은 그 찰나의 마음. 신숙주는 고개를 숙이고 "아들들 때문에……. 그럼 어찌 하오?"라며 풀이 죽은 목소리로 대답하였다. 이는 자기가 죽으면 아들들이 불쌍해질 것이라는 동정을 일으켜 자기 아내에게도 모정母情을 자아내게 하여 분노를 누그러뜨리려는 심산이었다. 그러나 윤씨 부인이 그러한 방도에 쉽게 넘어갈 리 있으랴! 윤씨 부인은 신숙주가 하는 말을 듣고 더욱 분한 마음이 일어 남편 얼굴에다 침을 탁 뱉고 미리 준비해 둔 약을 마시고는 조용히 의로움을 선택하며 세상을 떠났다.

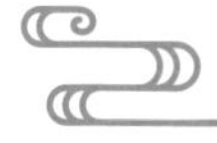

02

허종·허침 형제의 누이 백세부인百歲夫人

조선 성종 때의 일이다. 당시 조정에는 문무재덕文武才德을 겸비하였을 뿐만 아니라 얼굴도 수려하고 수염도 멋있으며 키가 커서 풍채가 좋기로 유명한 재상이 있었으니, 그는 곧 허종許琮, 허 판서였다. 허종만 잘난 게 아니라 그의 누님 되는 고암孤庵 신영석申永錫의 부인 역시 천하에 유명하였다. 그 부인은 얼굴은 물론이고 자질이 비상하며 지감이 특별하여 어려서부터 능통하지 않은 글이 없었으며 고금의 역사도 모르는 것이 없어 허종이 나랏일을 의논할 때면 반드시 누님과 먼저 상의하였다. 이에 벼슬한 지 45년 동안 그르친 일이 하나도 없었다고 한다.

그때 성종이 왕비 윤씨尹氏-연산군燕山君의 생모-를 폐출하고 다시 여러 신하의 말에 따라 윤씨를 죽이기로 하여 마지막 어전 회의를 열게 되었다. 당시 허종은 지의금부사知義禁府事라는 벼슬에 있었고 허종의 아우 허침許琛은 형방승지刑房承旨[3]로 있어서 공교롭게도 형제가 모두 윤씨의 옥사를 맡아보고 있었다. 보통 사람 같았으면 윤씨를 어명으로 죽이는 일에 대해 아무런 고려도 없이 어명대로 또는 직권대로 윤씨를 죽이고 말았을 것이다. 하지만 허종·허침 형제는 본래 지감이 있고 또 아무리 왕명이라 할지라도 일국의 왕비를 죽인다는 것은 극히 엄중한 일인 까닭에 어전 회의가 있던 날 아침에 허종이 먼저 누님을 찾아가서 그 사정을 이야기하였다.

원래 생각이 깊고 지감이 있던 누님은 허종의 말을 듣고 아무 말도 하지 않은 채 한참을 있다가 다음과 같이 말하였다. "어떤 집의 주인이 자기 아내를 죽이려고 하였는데 그 집 하인이 주인의 말을 좇아서 함께 주인의 아내를 죽였다고 쳐 보자. 하인이 일시적으로 주인의 충복이 될는지는 몰라도 부인이 직접 낳은 아들이 있어서 장차 그 집의 주인이 된다면 그 하인은 참으로 말할 수 없는 큰 화를 당하게 될 것이다." 이것은 당시 윤씨의 아들 연산군이 이미 세자가 되어 있었기에 지금 비록 성종의 명으로 윤씨를 죽인다고 하여도 장래에 연산군이 임금의 지위에 오른다면 제 어머니의 원수를 갚게 될 것인즉 그 일에 관련된 사람들은 큰 화를 입게 될 것을

···

3 형방승지(刑房承旨): 조선 시대 승정원에서 형방을 맡아보던 승지. 우부승지가 맡았다.

경계함이었다.

허종은 누님의 말을 듣고 크게 놀라 깨닫고는 형제가 같이 대궐로 들어가다가 도중에 다리에서 낙마하여 부상을 입었다는 거짓 핑계를 대고 집에 누워 있었다. 성종은 하는 수 없이 이극균李克均·이세좌李世佐 숙질에게 허종 형제의 직책을 대신케 하여 결국 윤씨를 죽였다.

훗날 성종이 붕어하고 연산군이 즉위하게 되었다. 연산군은 평소 제 어머니가 원통하게 죽은 것을 철천의 한으로 품고 있었는데, 왕이 되자 윤씨 사건에 관련된 사람들을 모조리 잡아 죽였고 그 친인척들까지도 화를 당하지 않은 사람이 없었다. 하지만 유독 허종 형제의 집안은 아무런 화를 입지 않았을뿐더러 도리어 연산군이 불러 더 높은 벼슬을 내려 주었으니, 이것은 온전히 허씨 부인 덕택이었다. 후대 사람들이 허종·허침 형제가 떨어진 척한 다리를 이름하여 종침교琮琛橋라 하였는데 이는 형제의 이름에서 취한 것이었다. 허종의 누님은 나이 백 세가 넘도록 오래 살았으므로 당시 사람들이 백세부인百歲夫人이라고 불렀다.

*『동계만록東溪漫錄』[4]에서.

---

4 『동계만록(東溪漫錄)』: 조선 후기의 문신 정래주(鄭來周)가 이전 시기의 여러 일화를 모아 편찬한 책.

03

이율곡의 어머니 신사임당申師任堂

조선의 큰 정치가이자 학자로 유명한 이율곡李栗谷의 어머니는 신사임당申師任堂이다. 신사임당은 진사 신명화申命和의 딸로 어릴 때부터 머리가 비상하여 여러 가지 경전과 사서史書에 능히 통달하였고 글씨와 그림, 자수에도 빼어난 솜씨를 드러냈다. 일곱 살 때부터 당대 조선의 유명한 화가인 안견安堅[5]의 산수도를 배워 산수화를 잘 그렸다. 특히 포도를 잘 그렸는데 신사임당의 포도 그림은 몇백 년이 지난 지금까지도 그 그림을 본 사람은 누구나 감탄을 자아낼 만큼 훌

···

5 안견(安堅): 조선 세종 연간에 활동한 도화원 소속의 화가로 자는 가도(可度)·득수(得守), 호는 현동자(玄洞子)·주경(朱耕)이다. 〈몽유도원도(夢遊桃源圖)〉, 〈팔준도(八駿圖)〉 등의 작품을 남겼다.

륭하다. 신사임당은 서화에 남다른 능력을 나타낸 것은 물론이고 시도 잘 지었으며 부덕婦德이 뛰어났는데, 율곡이 어렸을 때부터 문장과 학행에 남다른 능력을 보인 것은 그의 어머니 신사임당에게 교육받은 덕분이었다. 또한 신사임당의 남편 이원수李元秀 역시 부인에게 덕행과 학문을 배운 것이 많다고 하였다.

신사임당에게는 아들이 넷이나 있었다.-율곡은 세 번째 아들이다.- 그러나 몸이 약해 평소에 병으로 많은 고생을 하다가 불행히도 일찍 죽었다. 신사임당은 죽을 때도 어린 아들들의 장래를 생각하여 남편에게 재혼하지 말라고 권유하였다. 특히 공자孔子와 증자曾子가 일찍이 출처出妻를 하였으나 재혼하지 않은 일과 또 주자朱子가 47세에 그의 부인 유씨가 죽었는데도 재혼하지 않았다는 이야기를 하며 남편을 설득하였다. 그 말에 남편 이씨도 감복하여 끝내 재혼하지 않았다.

한편 남편 이씨는 신사임당 생전에 첩을 얻어 가정을 불화하게 만들었는데 이 때문에 율곡은 비록 잠깐이지만 금강산에 가서 불교에 의지하기도 하였다. 끝으로 신사임당의 한시 두 편을 소개하고자 한다.

〈대관령을 넘으며[踰大關嶺望親庭]**〉**

백발 늙으신 어머니는 강릉에 계시는데	慈親鶴髮在臨瀛
서울을 향해 홀로 떠나가는 이 마음.	身向長安獨去情
고개 돌려 때때로 북쪽 마을 바라보니	回首北村時一望

흰 구름 떠가는 곳에 저무는 산만 푸르구나.　　白雲飛下暮山靑

〈사친思親〉

천 리 고향은 만 겹 봉우리 저쪽인데　　千里家山萬疊峰
돌아가고 싶은 마음은 늘 꿈속에 있네.　　歸心長在夢魂中
한송정 가에는 외로운 보름달이요　　寒松亭畔孤輪月
경포대 앞에는 한바탕 바람이로다.　　鏡浦臺前一陣風
모래 위엔 갈매기가 늘 모였다 흩어지고　　沙上白鷗恒聚散
파도 머리엔 고깃배가 각기 이리저리 오고 가네.　　波頭漁艇每西東
언제 다시 고향 강릉 길 밟고 가서　　何時重踏臨瀛路
비단 색동옷 입고 부모님 곁에서 바느질할까.　　綵舞斑衣膝下縫

04

허난설헌許蘭雪軒

조선 최고의 여성 문장가를 꼽으라고 하면 누구나 먼저 허난설헌許蘭雪軒을 꼽을 것이다. 허씨의 이름은 초희楚姬, 자는 경번景樊이요, 난설헌은 그의 호다. 감사監司를 지낸 초당草堂 허엽許曄의 딸이자 허봉許篈·허성許筬·허균許筠의 누이로 당시에 '오 부자 문장文章'이니 '사 남매 문장'이니 하는 이름이 날 만큼 집안 전체가 상당히 내력 있는 문장가 집안이었다.

허난설헌은 명종 18년(1563년)에 태어나 선조 22년(1589년)에 겨우 27세의 꽃다운 나이로 불행히 요절하였다. 그러나 난설헌의 시문은 나이가 많은 사람들의 시문보다 더 깊이가 있어 능히 당대의 유명한 문장가들을 압도하였고 우리나라뿐만 아니라 중국에까지 그 이름이 알려질 만큼 뛰어난 작품성을 드러냈다. 허난설헌은 일곱 살 때부터 시를 잘 지어서 주변 사람들이 신동이라 칭찬하였을 뿐 아니라 『열조시집列朝詩集』[6]에는 "그 재주가 여러 형제들보다 뛰어났다."라고 언급되어 있다. 허난설헌은 이같이 천부적인 재능을 바탕으로 문학을 즐겼으며 특히 신선의 도를 탐하였는데 집 안에서는 늘 화관花冠을 쓴 채 생활하였고 향불을 피운 탁자를 향하고 앉아 시사詩詞 읊는 것을 좋아하였다.

그러나 난설헌의 결혼 생활은 그다지 원만하지 못하였는데 특히 남편 김성립金誠立과의 금실이 좋지 않아 항상 불만이 있었고 이를 다음과 같은 일화에서 확인할 수 있다. 김성립이 일찍 '접接'에 나가 독서하고 있을 때다.-'접接'은 예전에 공부하는 곳을 일컫는 말이다.- 그때 김성립이 접에서 공부하면서도 기첩妓妾을 만나 사랑하고 있는 것에 대해 허난설헌은 다음과 같은 편지를 써서 자기 남편을 풍자하였다. "옛날의 접接은 재주[才]가 있더니 요사이 접은 재주가 없다." 이 말을 다시 풀어 보면 옛날의 '접' 자는 '재주 재' 변이 있어서 정말로 공부하는 '접'이었는데 요즘의 '접' 자는 '재주 재' 변이 없어져 다만 '첩妾'만 남았으므로 여자를 데리고 노는 곳이란 의미이다. 이 말 하나만 가지고 보더라도 허난설헌의 재치며 재주가 어떠한지를 짐작할 만하다.

---

6 『열조시집(列朝詩集)』: 중국 청나라 때 전겸익(錢謙益)이 약 2천 명에 이르는 명나라 시인들의 시를 골라 엮은 책이다.

이후에도 김성립의 사랑을 받지 못한 허난설헌은 자신의 원한을 담은 시도 많이 지었는데 아래의 〈남편에게 보낸 시〉가 바로 그 예라 할 수 있다. 이 시는 남편 김성립이 강사江舍에서 독서하고 있을 때 써서 보낸 것이다.

제비는 처마 비스듬히 짝지어 날고	燕掠斜簷兩兩飛
지는 꽃은 어지러이 비단옷 스칩니다.	落花撩亂撲羅衣
규방에서 바라보며 봄을 애태우는 이 마음	洞房極目傷春意
강남에 풀 푸르건만 임은 소식조차 없군요.	草綠江南人未歸

이수광李睟光이 저술한 『지봉유설芝峯類說』을 보면 이 시는 너무 당돌하기도 하고 가볍기도 하여 시집에 빠져 있다고 평가하고 있다. 정말 그 이유에서인지 허난설헌의 본집에서 이 시는 찾아볼 수 없다. 그뿐 아니라 〈채련곡採蓮曲〉이란 시 또한 본집에 없는 것을 보면 이 역시 이수광의 말처럼 당돌하고 가볍기도 해서 뺀 듯하다. 다른 시문들은 본집에 다 수록되어 있기에 여기에선 언급하지 않고, 본집에 수록되어 있지 않은 〈채련곡〉 한 편을 소개하고자 한다.

가을 맑고 긴 호수엔 푸른 옥빛 흐르는데	秋淨長湖碧玉流
연꽃 깊숙한 곳에 난주蘭舟 매어 두었네.	荷花深處繫蘭舟
임을 만나 물 너머로 연밥 던지다가	逢郎隔水投蓮子
그만 남의 눈에 띄니 반나절 내내 부끄러워라.	遙被人知半日羞

앞서 잠깐 언급한 것처럼 허난설헌은 항상 신선의 도를 숭상하였기에 그녀의 시문 중에도 신선 사상의 영향을 받은 작품이 많다. 허난설헌의 시집 중에 〈유선사遊仙寺〉라든가 당시 중국에까지 이름을 날렸던 8세 때 지었다는 〈광한전백옥루상량문廣寒殿白玉樓上樑文〉 같은 것이다. 그리고 난설헌은 이상하게도 〈몽유광상산夢遊廣桑山〉이란 글을 짓고 그 시참詩讖[7]과 같이 27세에 죽었는데 이를 통해 그녀가 철저한 신선 학자이자 또 전생이나 후생에 신선과 무슨 큰 인연이 있는 것 같은 신비스러움을 느끼게 한다. 끝으로 이를 소개하고자 한다.

〈몽유광상산시서夢遊廣桑山詩序〉

을유년 봄 내가 상을 당해 외삼촌 댁에 묵고 있을 때였다. 어느 날 꿈에 바다 위에 있는 산에 올랐는데 산이 온통 구슬과 옥이었다. 첩첩이 둘러쳐진 뭇 봉우리들이 희고 푸른 구슬로 반짝거려 똑바로 바라볼 수 없었다. 무지개구름이 그 위에 서리자 오색 빛이 곱고 선명하였다. 구슬 같은 폭포 몇 줄기가 벼랑의 바윗돌 사이로 쏟아지면서 부딪쳐 옥 구르는 소리를 내었다. 이때 나이 스물가량의 두 여인이 나타났는데 모두 얼굴이 절대가인이었다. 한 여인은 보랏빛 노을 저고리를 입었고 다른 한 여인은 비췻빛 무지개 옷을 입었다. 손에 금빛 조롱박을 들고 나막신을 신고

7 시참(詩讖): 우연히 지은 시의 내용이 훗날 벌어지는 일과 꼭 맞아떨어지는 것을 말한다.

는 사뿐사뿐 걸어와 나에게 인사를 하였다. 여인들을 따라 계곡으로 올라가니 기이한 풀과 꽃이 흐드러지게 피어 있어 뭐라 형용할 수 없었다. 난새와 학, 공작과 물총새들이 좌우로 날면서 춤을 추었으며 온갖 향기가 나무 끝에서 풍겼다. 정상에 올라 보니 동남쪽으로 큰 바다가 하늘과 맞닿아 온통 푸르렀다. 붉은 해가 솟아오르자 마치 파도에 목욕하는 듯하였다. 산꼭대기에는 맑고 깊은 큰 연못이 있었는데, 연못은 연꽃과 푸르고 넓은 잎으로 덮여 있었으며 서리를 맞아 반쯤은 시들어 있었다. 두 여인이 말하였다. "이곳은 광상산廣桑山입니다. 신선 세계 십주十洲 가운데 가장 아름다운 곳이지요. 당신에게 신선의 인연이 있기에 이곳까지 올 수 있었어요. 그러니 시를 지어 남겨 보지 않으시겠어요?" 내가 사양하다가 마지못해 절구絶句 한 수를 지었다. 두 여인은 손뼉을 치며 크게 웃고 말하였다. "한 글자 한 글자가 모두 신선의 말 같아요!" 잠시 후 한 떨기의 붉은 구름이 하늘에서 내려와 산꼭대기를 에워쌌다. 둥둥 북 치는 소리에 놀라 잠에서 깨니 베갯머리에는 아직도 아지랑이 연기가 남아 있었다. 당나라 이백李白이 꿈에 천모산天姥山에서 노닐었다고 하던데 여기에 미칠 수 있을는지. 내 이를 기록해 둔다.

푸른 바다가 구슬 바다에 스며들고	碧海侵瑤海
푸른 난새는 채색 난새에 기대어 있네.	靑鸞倚彩鸞
연꽃 스물일곱 송이	芙蓉三九朶
붉게 떨어지니 달빛 서리에 차갑구나.	紅墮月霜寒

05

소설헌小雪軒 허씨許氏

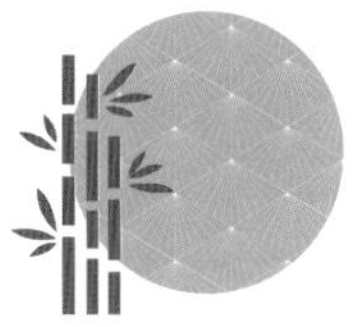

선조 때 역관譯官 허순許蒓이라는 사람이 있었는데 그가 명나라에 갔다가 금릉金陵의 한 여인을 만나 그 사이에서 여자아이를 낳았다. 그 여자아이는 허난설헌을 잇는 최고의 여성 문장가가 되었는데 바로 그녀가 소설헌小雪軒이라 불렸던 허씨許氏이다.

허씨는 어렸을 때부터 재색이 뛰어나고 시문에 능하였다. 특히 『난설헌집蘭雪軒集』을 읽고 허난설헌을 흠모하여 자신의 호를 '소설헌'이라 하고 또 이름도 허난설헌의 이름인 '경번景樊'을 본떠서 '경란景蘭'이라고 지었다. 그리고 허난설헌의 시를 차운하여 많은 시를 지었는데 그 가운데에도 걸작이라 불릴 만한 작품들이 많다. 그중 두 편을 소개하고자 한다.

〈새하곡塞下曲〉

날씨 갠 먼 변방에 기러기 비껴 날고 天晴絶塞雁橫斜
나는 듯한 많은 말들 얼어붙은 돌 뒤채네. 萬馬如飛凍石飜
말 탄 사람들 모두 형荊·초楚의 건아이니 個個騎兒荊楚健
승첩 소식 중원에 알릴 날 손꼽아 기다린다네. 捷書持日報中原

〈효최국보체效崔國輔體〉[8]

난간에 기대 홀로 봄 즐기니 倚欄獨賞春
꽃향기 비단 장막으로 들어오누나. 花香入羅幕
어째서 연못 위 빗방울이 如何池上雨
낙숫물로 바뀌어 떨어지는가. 却化簷鈴落

8 효최국보체(效崔國輔體): 최국보(崔國輔)는 중국 성당(盛唐) 때의 시인이다. 그윽하게 원망하는 시로 유명하여 유원체(幽怨體) 시인이라 칭해진다.

06

양사언의 모친

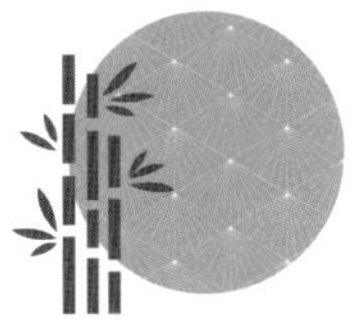

조선 명종 때 명필로 이름을 날린 양사언楊士彦의 부친 양민楊旻은 성종 때 일찍이 문과에 급제하여 전라도 영광 군수가 되었다. 당시 영광은 호남 지역에서 굉장히 번화한 고을이었으며 양민은 풍채가 좋기로 상당히 유명한 인물이었다. 풍채 좋은 인물이 번화한 고을로 부임할 때의 행차는 정말로 호화찬란하였다. 신임 군수를 맞이하는 그 고을 관속들의 차림은 물론이요, 풍채 좋은 양민의 옷차림까지 더해졌으니 그야말로 으리으리하였다.

때는 청명과 한식이 다 지나고 음력 삼월 중순으로 접어들어 일 년 365일 중 가장 좋은 철이었다. 날씨가 따뜻해져 꽃떨기는 반 이상 시들어 버리고 길가에 늘어선 버들은 푸른 장막을 내리기 시작하였다. 동작강銅雀江을 건너서 남태령南泰嶺을 넘어 길을 걷고 있던 군수는 도성에 비해 훨씬 쾌적하고 깨끗한 시골의 경치를 칭찬하며 즐겼다. 칠백여 리 머나먼 길이지만 느긋한 태도로 매우 천천히 행차하였다. 주막마다 거치고 쉬면서 경치가 좋은 곳이나 술 마시기에 좋은 곳에 이르면 가던 길을 멈추고 시를 읊으며 여정을 지체하였다. 그리하여 보통 걸음으로도 재촉하여 가면 이레, 천천히 잡아도 열흘이면 도착할 거리를 보름 가까이 걸어갔는데도 아직도 백여 리나 남아 있었다.

그러는 동안 부임하기로 정한 날짜는 하루 저녁밖에 남지 않게 되었다. 마음이 급해진 양민은 이른 새벽 술국으로 해장만 하고 길을 떠났는데 도중에 갑자기 허기를 느꼈다. 배는 고프고 체력이 다해 허리가 저절로 굽혀지기 시작하였다. 아무리 찾아도 주막은 보이지 않고 배가 고파 창자에서는 꼬르륵 소리가 나기 시작하여 도저히 체면을 차리면서 행차할 수가 없었다.

배고픔을 이기지 못한 양민은 관속을 시켜 마을에 들어가서라도 아침밥을 먹자고 분부하였다. 이런 분부를 받은 관속은 여간 황송하고 민망한 것이 아니었다. 서울보다 한 철이 이른 전라도 영광은 벌써 한창 바쁜 농번기였다. 이에 늙은이와 젊은이, 아이와 어른을 가리지 않고 모조리 논이며 밭으로 일하러 나가다 보니 동네에 집은 즐비하게 있어도 사람 한 명이 없어 도저히 아침 식사를 시킬 곳이 없었다. 관속은 이리 헤매고 저리 헤매다 다행히 집을 지키고 있던 열서너 살쯤 되어 보이는 한 소녀를 만났다.

반가운 마음이 든 관속은 “얘, 여기 어디 아침밥 시킬 곳 없니?” 하고 물었다. 이 말을 들은 그 소녀는 수줍은 태도로 물었다. “그건 왜 물으세요?” 이에 관속은 황급한 목소리로 다음과 같이 말하였다. “신임 군수님 행차가 마침 이리로 지나는데 아침진지를 못 챙겨 드려서 여간 민망한 게 아니다. 주막이 없으니 여염집에서라도 아침을 시켜서 일행이 먹고 가야겠는데 어찌할 도리가 없겠느냐?” 소녀는 이 말을 듣고 고개를 푹 숙이다가 답하였다. “이 바쁜 농사철에 새참 때도 훨씬 지났는데 어찌 사람이 있겠습니까? 정말 그렇게 딱한 사정이 있으시다면 저라도 식사를 차려 드려야지요.” 관속은 껄껄 웃으며 말하였다. “네가 정말 밥을 잘 지을 수 있겠니? 반찬에 먼지나 양념처럼 놓고 밥에 모래나 집어넣으면 내 볼기짝은 매를 맞아 피가 흐를 것인데, 그러면 네가 대신 맞겠느냐?” 그러자 소녀는 얼굴을 반듯이 들고 당돌하게 말하였다. “제 솜씨를 보시고 말씀하실 것이지, 어리다고 얕보시는 건가요? 제가 아무리 나이는 어려도 국 끓이고 밥 짓는 법을 대강 배웠으니 정말 시장하시면 우리 집으로 아침 식사 드시러 오세요.”

길가에 행차를 멈춘 군수는 멀리서 관속과 소녀가 대화하는 모습을 보았다. 관속에게 소녀와의 대화 내용을 전해 들은 군수는 그 소녀를 한없이 기특하게 여겨 그 거동이나 구경하리라 하고 그 집으로 일행을 이끌고 들어갔다. 넓지 않은 집을 미리 깨끗이 치운 소녀는 군수를 안방으로 모시고 관속과 나머지 일행들을 모두 책방에 앉혔다. 그러고는 바가지를 들고 토방으로 들어가서 쌀을 꺼내다 안치고 불을 한참 지폈는데 재의 티끌 하나 방이나 봉당으로 날아 들어오는 일이 없었다. 밥이 다 되자 질서 정연하게 여러 상을 펼치더니 조금도 급하거나 바쁜 기색이 없이 수저 놓는 소리만 달그락달그락 내며 밥상을 차례로 들였다. 궁벽한 촌구석이라 특별한 반찬이 있는 것은 아니었으나 깨끗하고 구수한 것이 누구나 먹기 싫지 않을 만하였다. 군수는 이 밥상을 받고 소녀의 영리함과 성숙함을 귀하게 여겼다. 게다가 물심부름이며 상 심부름하는 맵시가 조금도 촌색시의 수줍은 태도가 없고 또 방정맞거나 건방진 태도도 찾아볼 수 없었다.

이에 군수는 소녀를 불러다 놓고 물었다. "네 나이가 몇이더냐?" "열세 살이옵니다." 소녀는 나직한 목소리로 대답하였다. "네 아버지는 누구이며 네 어머니는 어디 갔는가?" "아버지는 고을 관아로 일하러 가셨고 어머니는 김매러 가셨사옵니다." 군수는 그 소녀의 모든 행동이 너무도 신통하였다. 그리하여 자신의 소매 속에서 붉은색과 푸른색의 부채 두 자루를 꺼내 소녀에게 건네며 다음과 같이 농담하였다. "이것은 내가 너에게 채단采緞[9] 대신 주는 것이니라." 그러자 소녀는 급히 윗방으로 올라가 장 속을 뒤져 붉은색 보자기를 가져다 놓고 부채를 그 보자기에 놓아 달라고 청하였다. 군수는 도리어 의심이 나서 "이 보자기는 무엇인가?" 하고 묻자 소녀는 이

•••

9 채단(采緞): 혼인 때 신랑 집에서 신부 집으로 미리 보내는 푸른색과 붉은색의 비단.

렇게 말하였다. "폐백에 바치는 채단을 어찌 맨손으로 주고받을 수 있겠습니까?" 그 말에 일행은 모두 놀랐다. 그리고 군수는 관속을 시켜 소녀에게 후하게 사례하고 다시 부임지로 행하였다.

마침내 군수는 영광에 도착하였고 군수 소임을 하며 그럭저럭 수삼 년을 보냈다. 그렇게 소녀의 일을 까맣게 잊고 있었다. 하루는 한 아전이 들어와 아뢰었다. "장교將校 아무개가 군수님 뵙기를 청한다고 하옵니다." 군수는 그 장교를 불러들여 물었다. "네 무슨 까닭으로 나를 보러 왔느냐?" 그러자 장교는 허리를 굽혀 절하며 다음과 같이 말하였다. "사또께서는 몇 해 전에 어느 동네를 지나시다가 아침진지 잡수시고 오신 일을 기억하십니까?" 군수가 답하였다. "그 일을 어찌 잊겠는가? 그때 그 소녀의 영리함을 지금도 못 잊고 있느니라." 그러자 장교가 또 물었다. "그때 사또께서 그 소녀에게 무슨 선물을 주신 일이 있으십니까?" 군수는 의아하게 생각하며 대답하였다. "내가 그때 그 소녀를 어여삐 여겨 색이 있는 부채를 상으로 준 일이 있느니라."

장교는 크게 한숨을 쉬고 다음과 같이 말하였다. "그 소녀는 바로 소인의 딸이옵니다. 지금 나이가 열여섯으로 어디로 시집을 보내려고 하는데 딸년이 한사코 시집가기를 싫어합니다. 그러면서 이미 영광 군수에게 폐백을 받았으니 다른 데로는 시집가지 않겠다고 합니다. 소인이 그때 잠깐의 일로 고집을 피울 것이 무엇이냐고 달래고 타일러도 한사코 다른 곳으로는 시집가지 않겠다고 고집을 부립니다. 그러니 부모로서 어찌 답답하지 않겠습니까?" 군수는 걸

껄 웃으며 "네 딸의 그러한 뜻을 내가 어찌 저버릴 수 있겠느냐." 하며 좋은 날을 택하여 그녀를 양첩良妾으로 삼았다.

시간이 흘러 군수의 정실이 죽자 그 소실은 정부인 역할을 하며 집안 살림살이 및 대소사를 다 처리하였는데 제사를 지내거나 손님들을 접대하는 데 조금도 서투르거나 어색한 점이 없었다. 한편 군수는 영광군에서 임기가 다 차자 서울로 올라왔는데 그 일가친척과 상하 노복들이 모두 그 부인의 숙덕淑德에 탄복하며 칭찬하였다. 그뿐만 아니라 그 소실은 아들 형제를 낳았는데 그들이 바로 유명한 봉래蓬萊 양사언과 죽재竹齋 양사기楊士奇이다. 하지만 그때만 해도 적서嫡庶의 구분이 너무 심할 때라 친척이나 주변 지인들이 양사언 형제의 재주와 풍채를 흠모하였으나 한편으로는 그 모친의 지위가 미천함을 한탄하였다.

그러던 중 양사언의 부친 양민이 죽자 양사언의 모친은 습렴襲殮 절차를 성의 있게 치르고 성복成服하는 날[10] 집안 식구들을 불러 놓고 말하였다. "오늘 집안사람들이 모두 모였으니 내가 평생에 가졌던 소원을 말하려고 합니다. 들어주시겠습니까?" 적장자인 큰아들 양사준楊士俊이 말하였다. "서모庶母께서 우리 집에 들어와 평생 아버님의 뜻을 거스르는 일도 없었고 또 우리를 잘 키워 주셨지요. 이에 우리는 항상 서모의 숙덕에 탄복하였는데 우리가 그 소원을 들어

···

10 성복(成服)하는 날: 초상이 나서 처음으로 상복을 입는 날이다. 즉 초상이 난 지 나흘째 되는 날을 이른다.

드리지 않을 리가 있겠습니까? 소원을 말씀해 보시지요."

그러자 양사언의 모친은 다음과 같이 말하였다. "제게는 두 아들이 있는데 이 형제의 됨됨이가 못나고 어리석지는 않으나 우리나라 풍속에 서얼庶孼은 어디서든 인정받지 못하는 것을 잘 알고 있습니다. 큰형님들이 아무리 차별을 두지 않고 동생들을 사랑해 주기는 하나 내가 죽은 뒤에 큰아드님은 석 달만 상복을 입게 되죠. 그렇게 되면 이 두 형제는 결국 서자란 소리를 면치 못할 것입니다. 만약 내가 지금 남편의 성복하는 날에 목숨을 끊게 되면 복제服制를 혼동해서 다른 사람들은 두 형제가 서자인 줄을 모를 것입니다. 그리하여 아드님과 집안사람들이 '아무개가 서자다.'라는 소리만 하지 않으면 나는 죽어도 한이 없겠습니다." 그러고는 품속에 감춘 칼을 꺼내 목을 찔러 자결하였다.

양사언이 당대 유명한 사람으로 이름을 떨치고 그의 시문과 글씨가 지금까지 사랑받을 수 있는 이유는 모두 어머니의 사랑과 정렬貞烈 덕분이라고 할 수 있다.

07

서약봉의 어머니, 눈먼 과부 이씨李氏

서약봉徐藥峯은 대구 서씨 명문가의 후손으로, 조선 초기의 유명했던 문신 서거정徐居正의 현손玄孫이다. 본명은 서성徐渻, 자는 현기玄紀이며 약봉은 호인데, 이는 그의 집이 서울 '약현藥峴'에 있었기 때문이다.

서약봉은 서씨 가문의 중시조中始祖로서 훗날 많은 자손을 두고 부귀를 누린 다복한 인물이었지만 초년의 신세는 매우 고독하고 불행하였다. 그의 어머니 이씨李氏는 두 눈이 먼 맹인이었는데 이씨의 아버지가 딸을 측은히 여겨 어떻게든 시집보내고자 하였다. 이를 위해 매파를 놓아 딸이 눈먼 것을 감추고 가난한 선비인 서해徐嶰와 결혼시켰다. 이씨가 맹인인 것을 첫날밤에 알게 된 서해는 매우 놀라 결혼을 무르려 하였다. 그러나 이씨의 아버지가 진심으로 사죄하고 또 이씨의 태도가 매우 현숙한 것을 알아보고는 마음을 돌렸고, 이렇게 서해와 이씨는 결혼 생활을 지속하게 되었다.

하지만 서해는 23세의 나이로 불행히 요절하고 말았으니, 이씨는 눈먼 젊은 과부 신세가 되고 말았다. 일반적인 가정 같았으면 약봉이 어렸을 때 이미 집안이 파산하여 그의 처지가 어찌 되었을지 아무도 알 수 없었을 것이다. 그러나 약봉의 어머니는 비록 신체에 불편함이 있었으나 의지가 남달랐고 또한 각별한 경제관념을 가지고 있어 파산 지경이었던 집안을 다시 일으키고 아들 약봉을 유명한 인물로 만들었다.

이씨는 자신의 상황에 조금도 낙심하지 않았다. 그리고 약봉과 함께 살기 위해 이렇게 다짐하였다. '나는 불구의 몸으로 다른 사람들처럼 남의 아내가 될 자격이 없었으나 부모가 이것을 속이고 서씨와 혼인을 시켰다. 우리 남편이 보통 남자 같았으면 우리 부모를 원망하고 당장에 파혼하자고 하였을 테지만 조금도 그러한 모습을 보이지 않았다. 오히려 나를 불쌍히 여겨 남보다 더 사랑하였고 다행히 아들까지 낳아 평범한 사람들처럼 한 집안의 아내로서 어머니로서 살 수 있게 하였으니 그 높은 의리와 두터운 정은 뼛속까지도 깊이 새겨져 죽어도 잊을 수가 없다. 그러나 아직 젖먹이에 불과한 아들을 남기고 불행히도 남편이 일찍 세상을 떠나게 되었으니 내 아들의 장래는 어찌 될 것인가. 내가 비록 눈은 보이지 않지만 온갖 정성과 힘을 다하여 이 집안을 다시 일으켜 반드시 남편의 은

혜를 갚아야겠다!'

이씨는 이런 비장한 결심을 하고 십 년 동안 열심히 노력하며 집안 살림을 부지런히 돌보았다. 하지만 가산이 원래 궁핍하였기에 먹고살 방법이 너무나도 막연하였고 또한 앞을 보지 못하였기에 바느질 품도 할 수 없는 처지였다. 이에 친정에서 약간의 돈을 얻어 그 돈으로 청주를 빚고 유밀과油蜜果를 만들어 내다 팔기로 하였다. 이를 위해 여러 방법을 계속 연구한 결과 이씨의 청주와 유밀과의 품질이 다른 것들에 비해 특별하게 뛰어나다는 평판을 듣게 되었다. 그리하여 술에는 약주, 유밀과에는 약식과 약과라는 이름이 붙게 되었는데, '약'이란 말은 이씨가 살았던 '약현藥峴'을 의미한 것이었고 이 명칭이 지금까지 쓰이게 된 것이다.

이씨가 빚은 술과 유밀과가 이렇게 세상에 널리 알려지다 보니 자연스럽게 수입도 상당하게 되어 1~2년 사이에 이씨는 몇천, 몇만 냥을 벌게 되었고 살림살이, 논과 밭, 노비 등이 해마다 늘어나니 불과 몇 년이 채 지나지 않아 큰 부자가 되었다. 또한 이씨의 아들 약봉은 건강히 무럭무럭 잘 자라서 몇 해 전까지만 하더라도 가난한 집 어린아이였던 그가 부유한 가정의 소년이 되어 당시에 유명한 학자들과 함께 공부할 수 있게 되었고 결국 문무를 겸비한 큰 인물이 되었다. 이른바 '어진 어머니 밑에는 악한 자식이 없다.'라는 말처럼 약봉은 원래 타고난 성격도 출중하였지만 무엇보다도 현숙한 어머니의 교육을 받은 까닭에 큰 인물이 된 것이리라.

약봉은 23세의 나이로 과거에 급제하였다. 약봉의 어머니 이씨는 눈으로 약봉의 얼굴을 볼 수는 없었지만 손으로 약봉의 등을 어루만지고 감격의 눈물을 흘리며 다음과 같이 말하였다. "너의 오늘 일을 보니 나의 이십 년 고생이 헛되지 않았구나. 내가 어느 때에 죽든지 저승에 가서 남편을 볼 면목이 생겼다." 그러면서 환한 웃음을 지었다. 그러나 이씨는 그것으로 만족하지 않고 계속해서 약주와 약식 사업을 이어 나갔으며 자손들에게 가르침을 주는 일 또한 게을리하지 않았다.

이씨는 재산을 모아 가문을 일으킨 뒤에 가족들이 지낼 집을 새로 지었다. 특히 집의 마루를 수십 칸이 될 만큼 넓게 만들었는데 그 이유를 다음과 같이 말하였다. "내가 죽은 뒤에 얼마 지나지 않아 제사를 지낼 때면 이 마루가 부족하게 여겨질 만큼 우리 집안에 사람들이 많을 게야!" 과연 이씨가 말한 것처럼 약봉은 아들 여섯 형제에 손자 삼십여 명을 두었고 그의 자손은 모두 벼슬과 덕망이 높아 세상에 널리 이름을 알렸다. 약봉 자신도 보국숭록대부輔國崇祿大夫 판서判書 자리에까지 올랐고 큰아들은 영의정, 둘째 아들은 달성위達城尉 자리까지 올랐다. 이씨는 고생한 만큼 모든 복을 받다가 80여 세의 나이로 세상을 떠났다. 서씨 집안이 이처럼 명문가 집안이 될 수 있었던 것은 물론 이씨의 공덕이다. 그리고 약봉의 부친 서해가 비록 일찍 죽었으나 자신의 눈먼 부인을 박대하지 않은 은덕도 크다고 볼 수 있다.

08

유충홍의 부인 허씨許氏

첨지僉知 유충홍柳忠弘은 선조 때 사람이다. 그의 부인 허씨許氏는 승지 허관許寬의 딸이다. 허씨는 평생 가법을 엄중히 지켜 자기 남편을 손님처럼 섬기며 지극히 공경하였다. 또한 평소 의복과 음식을 화려하고 풍성하게 하여 남편을 바라지하였으며 무슨 일이 있든지 남편 앞에서 눈썹 한 번을 찌푸리지 않았다. 이에 당시 사람들이 모두 허씨를 칭찬하였다.

그러나 아들을 낳지 못한 까닭에 남편이 은밀히 첩장가를 들려고 잔칫날까지 받아 놓았다. 허씨는 그 소문을 듣고도 아무 말도 하지 않고는 남편 몰래 성대하게 잔치 도구를 준비해 놓았다. 그날이 되자 남편이 장가를 가려고 나가려는 즈음에 허씨는 계집종에게 옷장 속에 준비해 둔 새 옷을 꺼내 오게 하여 신부처럼 입었다. 또 미리 준비해 둔 잔칫상을 차려 놓은 다음 그 앞에 단정히 앉아 있었다. 남편이 그것을 보고 괴이하게 여겨 묻자 허씨가 웃으며 말하였다. "처음 당신과 혼인할 적에 이러한 예법으로 만났으니 지금 당신이 나를 버리고 갈 때도 마땅히 이러한 예법이 있어야 할 듯합니다." 그러자 남편이 첩장가드는 걸 중지하였다.

그 뒤에 남편이 죽자 허씨는 장례를 치르기 전까지 입에다 물 한 모금 밥 한 술 대지 않았으며 삼년상 동안에는 죽만 먹고 삼년상 후에도 평생 소박한 옷차림에 소식素食[11]을 하였다. 또 죽는 날까지 아침저녁으로 상식上食[12]을 받들고 주요 절목에는 과일과 탕을 의례에 맞게 차렸다. 또한 날마다 해가 저물면 계집종들을 안으로 들게 하여 자신을 시위케 하고, 문을 꼭꼭 닫아걸어 다른 사람들은 중문 안으로 들어서지 못하게 하였다. 남자 하인들은 반드시 문밖에 거처하게 하였으며 날마다 그릇 등속과 살림살이 일체를 하나하나 정돈하여 사용한 다음에는 그 두었던 자리에 가져다 두고 옮기지 못하게 하니 그 집의 가규家規를 칭찬하지 않는 사람이 없었다.

…

11 소식(素食): 생선이나 고기반찬이 없는 밥.

12 상식(上食): 상갓집에서 아침저녁으로 궤연(几筵) 앞에 올리는 음식.

09

이정귀의 부인 권씨權氏

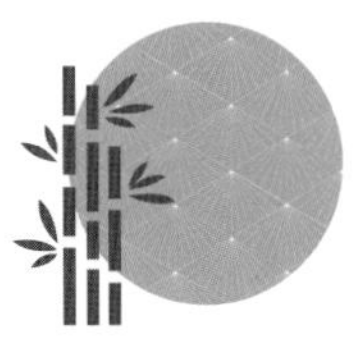

조선 시대 저명한 인물 중에 모범적인 부부를 말하자면 월사月沙 이정귀李廷龜와 그의 부인 권씨權氏를 빼놓을 수 없다. 이정귀는 선조 때의 문장가이자 이름난 재상이며 그의 부인 권씨는 판서 권극지權克智[13]의 딸이다. 그녀는 학식과 덕행을 겸비한 데다가 집안을 다스리는 데도 항상 검소함을 숭상하여 평생 비단옷이나 진귀한 패물을 몸에 대지 않았다. 자기 남편이 한 나라의 재상이요, 두 아들 현주玄洲와 백주白洲 또한 현달하였지만 늙은 나이까지 자기 손으로 친

···

13 권극지(權克智): 조선 중기의 문신으로 자는 택중(擇中)이다. 1567년 문과에 급제하여 『명종실록』 편찬에 참여하고 대사헌 · 예조판서 등을 역임하였다. 명나라에 사신으로 다녀왔으며 표(表) · 책(策)에 뛰어났다.

히 남편과 아들들의 밥상을 장만하고 준비하였다.

권씨에게는 다음과 같은 일화가 있다. 한번은 정명공주貞明公主[14]의 집에서 혼인 잔치를 하여 조정 모든 관원의 부인들이 다 모였다. 참석한 사람들은 모두 화려하게 치장하여 찬란한 의복이며 빛나는 패물이 사람들의 눈을 현란케 하였다. 그러던 중 장보교帳步轎[15] 하나가 들어오고 그 안에서 늙은 부인이 지팡이를 짚고 내렸는데 그 옷차림이 순전히 굵은 베와 무명 등속이어서 언뜻 보면 시골 농삿집 아낙네 같았다. 그러나 마루에 올라오기도 전에 집주인 정명공주가 맨발로 마당까지 내려가 맞아들이니 여러 사람이 누구인지 알지 못한 채 웃기도 하고 놀라기도 하였다. 연이어 정명공주가 늙은 부인을 상좌에 앉게 하고는 지극히 공손한 예절로 대접하니 사람들은 더욱 의아해하였다.

음식상을 받고 난 뒤에 늙은 부인이 먼저 일어나서 집으로 가겠다고 하자 이번에는 정명공주가 붙잡으며 "날이 아직 저물지 않았으니 더 노시다 가셔요."라고 하였다. 그러자 늙은 부인이 말하였다. "우리 집 대감이 내의원內醫院 도제조都提調로 첫새벽에 궐에 들어갔고 맏아들은 정관政官[16]으로 관청에 출근했으며 작은아들은 또 승

...

14 정명공주(貞明公主): 선조의 첫째 딸로 어머니는 인목대비이다.

15 장보교(帳步轎): 가마의 하나로 앞쪽에는 들창처럼 된 문이 있고 양옆으로 창을 냈으며 뚜껑은 둥그스름하고 네 귀는 추녀처럼 생겼다. 네 기둥을 세우고 사면에 휘장을 둘러쳐 꾸몄다 뜯었다 할 수 있다.

16 정관(政官): 조선 시대에 이조와 병조에 속하여 문무관을 선발하는 일을 맡아보던 벼슬아치.

지로 임직하였으니 내가 집에 가서 저녁밥 반찬을 준비하여 보내줘야 합니다." 좌중들은 그제야 이정귀의 부인인 줄 알고 서로 쳐다보며 경탄을 마지않았다고 한다.

10

반정의 여걸, 이귀의 딸 이예순李禮順

광해군 15년(1623년) 3월 15일 밤, 청천벽력 같은 사건인 인조반정仁祖反正이 발생하였다. 이는 이전에 세조가 단종을 쫓아내고 왕위에 들어섰던 세조반정과 중종이 연산군을 몰아내고 대신 임금이 된 중종반정과 아울러 조선 역사상 세 번째 반정이었다.

인조반정의 표면에 나서서 온갖 음모를 꾸미고 활약했던 사람들은 당시 서인파의 김류金瑬, 최명길崔鳴吉, 이귀李貴, 김자점金自點, 신경진申景禛, 이서李曙, 심기원沈器遠, 장유張維 등이었다. 그러나 이렇게 잘 알려진 이들은 모두 남자였고, 홍일점으로 남모르게 숨어서 큰 활약을 한 꽃다운 단발 여승이 있었다. 이 여승은 반정의 큰 공신으로 유명한 연평부원군延平府院君 이귀의 딸 이예순李禮順이었다. 그리고 그 외에

공신 완남군完南君 이후원李厚源의 형수 조부인趙夫人과 이기축李起築의 부인 정씨鄭氏 역시 반정에서 큰 역할을 하였다.

이예순은 원래 재색이 뛰어나고 어려서부터 말을 잘하였으며 시와 글에 능통하였다. 이런 이유로 아버지 이귀는 자신의 여러 자식 중 예순을 가장 귀하게 여겼다. 그러나 이른바 '재자가인才子佳人은 박명한 사람이 많다.'라는 말처럼 예순은 일찍이 김자점의 아우 김자겸金自兼과 결혼하였으나 불행히 젊은 나이에 과부가 되어 적막한 공규空閨[17]에서 가련한 독신 생활을 하였다. 그러다가 불법佛法에 의지하게 되었고 참찬參贊 오겸吳謙의 아들 오언관吳彦寬과 비밀리에 정을 통하여 세상 사람들의 이목을 피해 멀리 남으로 남으로 도망가다 결국 경상도 거창에 이르렀다. 예순은 거창 깊은 산의 석굴에서 언관과 함께 비밀스러운 생활을 하고 있었는데 호사다마好事多魔라고 그 사실이 발각되고 말았다. 결국 당시에 법을 맡은 사나운 관리는 언관을 잡아다가 부녀를 유괴하고 도주하였다는 죄명으로 장형杖刑을 내렸고 언관은 무참하게 형살되고 말았다.

그 일로 예순은 자기 신세와 세상일을 비관하였고 목숨같이 아꼈던 자신의 탐스러운 머리카락을 가위로 싹둑 잘라 버리고 승려가 되었다. 그리하여 녹빈홍안綠鬢紅顔[18]의 아름다운 미인이었던 예순은 하루아침에 삭발한 스님이 되었고 마치 가을 하늘의 뜬구름같

•••

17 공규(空閨): 오랫동안 남편이 없이 아내 혼자서 사는 방.

18 녹빈홍안(綠鬢紅顔): 윤이 나는 검은 머리와 고운 얼굴이라는 뜻이다.

이 이 절간 저 절간으로 정처 없이 돌아다니며 나무아미타불을 부르고 무정한 세상사를 저주하며 원망하였다. 그러다가 그럭저럭 다시 서울 부근의 어떤 사찰로 와서 몸을 의탁하였고 한가하고 적막한 하루하루를 살며 허송세월하고 있었다.

그러다 얼마 지나지 않아 예순에게 큰 재앙이 생겼는데, 거처하고 있던 절간의 하인 하나가 도적질하다가 적발되어 금부에 잡힌 것이다. 예순은 이 일에 연좌되어 자수궁慈壽宮의 노비가 되어 허드렛일하는 처지가 되고 말았다. 예순은 자신의 신세를 한탄하며 자탄시自歎詩 한 수를 지었다. 그 시는 명작이기도 하거니와 그 안에 담긴 의미가 매우 비통하여 읽는 사람으로 하여금 동정의 눈물을 흘리게 하였다.

이제 옷 위에 누런 먼지 가득하건만 祇今衣上活黃塵
어째서 청산은 사람을 허락지 않나. 何事靑山不許人
궁 안에 사지육신 가둘 순 있겠지만 圓宇只能囚四大
금부가 원유遠遊하는 나를 금하긴 어렵다네. 金吾難禁遠遊身

예순이 억울하게 노비의 처지로 전락하여 허드렛일까지 하게 된 것은 정말 큰 불행이었다. 그러나 이 일이 한편으로는 예순에게 다행스러운 일이었는지도 모른다. 예순은 자색이 뛰어나고 매사 영리하여 궁에 있는 동안 여러 궁인에게 신임을 받게 되었다. 그래서 궁인들이 무슨 일이 생겨 궁중을 출입할 때면 반드시 예순을 데리고 다녔고, 그러면서 당시 궁 안에서 큰 세력을 지녔던 김상궁-김상궁의 이름은 '개똥이'였다.-과도 인연을 맺게 되었다.

김상궁은 예순을 한 번 본 후로 그녀를 특별히 사랑하고 아끼어 자기 양딸로 삼았다. 김상궁의 집에서 함께 생활하게 되니 예순과 김상궁의 정은 마치 친모녀의 정과 다름이 없었다. 따라서 예순의 말이라면 김상궁이 들어주지 않는 것이 없을 정도였으니 예순은 비록 허드렛일하는 노비였으나 궁중에서 크나큰 세력을 가지게 되었다. 그리하여 예순은 인조반정에서도 직간접적으로 많은 공을 세워 큰 힘을 보탤 수 있었다. 만약 예순이 역할을 하지 않았다면 반정은 당연히 성공하지 못했을 것이고 더 나아가 반정파 사람들은 삼족이 멸하는 큰 화를 입었을 것이다.

예순이 반정에서 큰 역할을 한 것은 바로 반정이 발생하기 몇 개월 전인 계해년 정월이었다. 이귀 등의 반정 음모가 미리 누설되어 한유상韓惟翔이 긴급히 장계를 올렸고 이로 인해 반정 계획은 모두 수포로 돌아가고 반정파들도 목숨이 위태로워지는 위기에 처했었다. 이귀는 딸에게 부탁하여 자신의 처지를 김상궁에게 전하여 아비 목숨을 애걸케 하였고, 거짓으로 아들 형제-이시백李時白 · 이시방李時昉-를 데리고 광해군 앞으로 나아가 변명의 상소를 올렸다.

"전하께서 신에게 이천伊川에서는 음식을 하사하셨고 곡산谷山에서는 술을 하사하셨으며, 장성長城에서는 삼베를 상으로 내려 주셨고 숙천肅川에서는 또 비단을 내려 주셨습니다. -그전에 광해군이 이귀에게 그러한 사은賜恩을 베푼 적이 있었다.- 이 때문에 천지가 무궁하도록 성은을 잊기 어려운 바이옵니다. 신을 낳은 사람은 아비요, 신을 살리시는 이는 전하이시온데 이제 모반 반역의 악명을 쓰게 되었사오니 신의 부자를 속히 죽여 주시옵소서……."

이러한 상소를 보고 광해군이 반신반의하던 중에 자신이 가장 신임하는 김상궁이 강력하게 변명하며 말하되 "이귀는 이 세상의 무명 인물로 가련한 인생입니다. 또 김자점은 일개 서생인즉 족히 신경 쓸 바가 못 되옵니다." 하고 아뢰니 광해군은 그저 웃으며 듣고만 있었다. 그리고 마침내 반정을 주도했던 사람들은 참화를 면할 수 있었다.

또 한번은 이런 일이 있었다. 반정을 일으키기로 한 바로 그날에 이유성李惟聖이 그 내용을 박승종朴承宗에게 말하였다. 이 말을 들은 승종이 궁 안으로 들어가 광해군에게 고변하였으니, -그때의 사실로 말하자면, 처음에 이후원이 이유홍李惟弘의 아들 이문以紋에게 반정에 동참하기를 권유하였다. 그것은 유홍이 강계江界에 귀양 갔을 때 부사府使 김류와 서로 친했기 때문이었다. 그래서 이문이 자신의 삼촌 이유성에게 말하였고 유성은 김신국金藎國에게 또 김신국은 박승종에게 말한 것이었다.- 대신들과 금부의 당상관들은 모두 궐하闕下에 모여 곧 닥쳐올 화를 두려워하며 처분을 기다리고 있었다. 그러나 민첩하고 약삭빠른 김자점은 술과 뇌물로 김상궁을 매수하였고 이귀는 자기 딸 예순을 시켜 자신이 역모에 가담하지 않았음을 김상궁에게 극구 변명하였다. 이 말을 들은 김상궁은 광해군에게 또 거짓을 고하였고, 광해군은 김상궁의 말을 곧이듣고 박승종이 올린 고변장을 무시하고 넘겨 버렸다. 그리고 그날 광해군은 별다른 의심 없이 궁인들과 함께 태평하게 연회를 즐겼다. 날이 저물어 대궐 문을 닫게 되니 대신과 금부 관원들은 대궐 문밖 비변사備邊司로 물러나 명을 기다리고 있다가 시간이 흘러 깊은 밤이 되자 별안간 반정군이 궁궐을 습격하였다. 이에 궁궐 안의 모든 것이 다 흐트러지고 망가졌으며 결국 인조 일파의 반정이 크게 성공하였다.

반정 후에 이예순은 어찌 되었는지에 관한 기록은 전하는 것이 없어서 잘 알 수 없다. 그러나 예순은 당시 여인의 몸으로 정치에 크게 관여한 인물이었음은 분명한 사실이다.

11

규중의 참모, 이후재의 부인 조씨趙氏

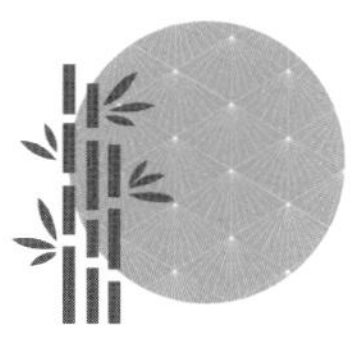

완남군完南君 이후원李厚源의 형 이후재李厚載의 부인 조씨趙氏는 풍옥헌風玉軒 조수륜趙守倫의 딸이자 창강滄江 조속趙涑의 누나이다. 조씨는 어릴 때부터 재주가 많고 의지가 있어 늠름한 여장부의 모습을 지니고 있었다. 또한 여러 경서經書와 사기史記에 능통하여 해박한 지식을 가지고 있음은 물론이고 행동이 매우 민첩하여 여느 남자를 능히 압도할 만하였다. 엄격하기로 유명한 남편도 조씨에게 여러 일의 자문을 구하였으며 시부모 역시 집안일을 전부 조씨에게 일임할 정도로 믿음직한 모습을 보였다.

광해군 4년 임자년(1612년)에 무옥誣獄 사건이 발생하였는데, 이 사건으로 조씨의 아버지 풍옥헌이 억울하게 죽임을 당하였다. 조씨는 아버지가 비명횡사하게 된 것을 매우 원통하게 여겨 일주일 동안 물 한 모금도 입에 대지 않고 울부짖으며 통곡하다가 급기야는 기절까지 하였다. 극적으로 다시 깨어나기는 하였으나 그녀의 얼굴을 본 주변 사람들이 모두 안타까워 눈물을 흘릴 만큼 조씨는 피폐해졌다. 조씨는 정신을 차리고 삼년상을 치렀다. 그러고는 아버지의 원수를 갚기 위해 이를 갈며 의지를 다졌고 동생 창강과 함께 여러 가지 은밀한 모의를 꾸미기 시작하였다.

조씨는 먼저 시동생 이후원을 시켜 김류金瑬, 홍서봉洪瑞鳳, 이서李曙 등 여러 사람과 결탁하여 계해반정癸亥反正[19]을 일으키게 하고 몰래 세운 계획을 그들에게 가르쳤다. 또한 자신은 집 안의 사당 속에 숨어서 비밀리에 군복 수백 벌을 만들어 반정군에 제공하였다. 이에 조씨는 반정 사건의 엄연한 여성 참모인 동시에 군수품 조달의 책임자라고 할 수 있다. 여러 남성 정객政客들은 반정 사건의 표면에서 공을 세웠으나 이면에서 이러한 공을 세운 여성 정객이 있었음을 잊어서는 안 될 것이다.

남편 형제와 친정 아우가 반정의 공신이 된 것 역시 조씨의 지도를 받은 덕분이었다. 그러므로 반정 사건 이후에도 여러 공신이 모여 어떤 일을 의논할 때면 반드시 먼저 조씨에게 자문하였고 또 조씨가 계책을 세운 일이면 무엇이든 실패한 일이 없을 정도였다. 이

•••

19 계해반정(癸亥反正): 조선 광해군 15년 계해년(1623년)에 서인(西人) 일파가 광해군 및 집권파인 대북파(大北派)를 몰아내고 인조를 즉위시킨 정변으로, 인조반정을 말한다. 『해동염사』 '제2편-10' 참조.

에 많은 사람이 조씨를 흠모하고 우러러보았으며, 조씨의 덕으로 이후원과 조속 역시 여러 공신에게 대우를 받았다.

조씨 집안의 노비 중에 '은세'라는 자가 있었다. 은세는 평소 재간이 있고 은근히 능청스러운 데가 있었으며 사리에 무척이나 밝았다. 조씨가 은세에게 어떤 일을 시키면 시킨 일보다 한층 더 처리하였고 이를 본 사람들은 모두 '그 주인에 그 종이다.'라며 칭찬하였다. 정묘호란 때 조씨가 가족을 데리고 충청도로, 또 병자호란 때는 호남으로 피난을 가게 되었다. 그때 조씨는 피난을 떠나기 전 은세를 불러 산천의 험난함과 평탄함, 도로의 멀고 가까움, 여관이 어디 있는지 등을 일일이 일러 주고 어떻게 행동해야 할지를 가르쳐 주었다. 그리하여 조씨의 지휘를 받은 은세는 난리 중에 천 리나 되는 먼 길을 왕복함에도 큰 곤란에 빠지지 않을 만큼 사소한 실수 하나 없이 일을 처리하였다.

조씨에게는 형迵이라는 이름의 아들 하나가 있었다. 어느 날 조씨가 조속에게 물었다. "이 아이가 우리 집안 조상이 이루어 놓은 일을 지켜 갈 만해 보이는가?" 창강이 대답하였다. "비단 그럴 만해 보일 뿐 아니라 후대에 복록福祿 역시 무궁할 것 같습니다." 그 말에 조씨는 아이를 그만 낳기로 하였다. 그리고 지씨池氏와 나씨羅氏 양갓집 두 여자를 택하여 남편의 첩으로 삼았다. 조씨의 아들 이형은 정말로 아들 여덟 형제를 낳았고 모두 다 현달하였다. 그 후에 손자 이십여 명을 낳았으니 지씨와 나씨가 그들을 정성스럽게 보육하였다. 그 후 조씨는 자기 손자인 녹천鹿川 이유李濡 때 이르러 운명하였다. 조씨의 비석에 그녀의 일생이 자세히 기록되어 있어 세상 사람들이 조씨의 훌륭함을 널리 알 수 있었다.

12

이기축의 부인 정씨鄭氏

비단결 같은 금강이 굽이굽이 감돌아 흐르고 수려한 봉황산鳳凰山이 병풍같이 둘러싼 충남의 명도名都 공주公州에서 지금으로부터 320여 년 전 선조 말년 즈음에 일개 여장부가 응애응애 소리를 지르며 탄생하였다. 그 아이는 공주의 부호로 유명한 이방吏房 정모鄭某의 귀한 딸로, 어려서부터 재질이 비범하여 문필에 능란하고 지감이 있었으며 인물 또한 어여뻐서 부모가 특별히 애지중지하였을 뿐만 아니라 온 고을 사람들이 모두 칭찬하였다.

정씨가 방년의 나이에 이르자 마치 꽃향기를 맡은 벌 떼 모양으로 이곳저곳에서 아전의 아들이며, 집안 좋고 인물 구수한 촌 양반의 아들이며, 심지어 군수나 관찰사의 아들까지도 장가들겠다는 요청이 넘쳐났다. 정씨의 부모는 속으로 기뻐하면서 그중에 제일 좋은 곳을 골라 출가시키려고 하였다. 그러나 정씨는 무슨 까닭인지 청혼이 들어오면 모두 거절하였다. 양반이든 부호이든 미남자든 전부 거절하며 자기 부모에게 말하기를 "저는 언제든지 제 눈에 들고 제 마음에 맞는 사람이 아니면 비록 청춘홍안青春紅顔이 반백발이 될지라도 결코 시집가지 않겠어요." 하고 맹세하였다. 이에 정씨의 부모도 어찌하지 못하고 다만 딸의 동정만을 살필 뿐이었다.

그러던 어느 해 가을이었다. 추수가 임박한 때에 그 이방 집에서 머슴살이하던 사람 하나가 뛰쳐나가 새로 머슴을 구하게 되었다. 하루는 어떤 떠꺼머리총각이 그 집을 찾아와서 머슴살이하기를 청하였는데, 키는 구척장신에 얼굴은 꺼무튀튀한 것이 마치 숯가마에서 금방 나온 듯하였다. 그 집 주인들은 그를 보고는 깜짝 놀랄 지경이었으나 신체가 장대한 데다 힘이 세고 일도 잘하리라 싶어 집에다 두고 일을 시켰다. 실제로 그 총각은 몸집이 장대한 만큼 힘이 천하장사여서 쌍수산성雙樹山城[20] 같은 곳으로 나무하러 가면 남들처럼 낫이나 도끼를 가져가지 않고 그냥 맨손으로 가서 큰 나무를 마치 무 배추 뽑듯이 쑥쑥 뽑아서 짊어지고 오니 온 고을 사람들이 모두 입을 헤벌리고 놀랐다. 그러나 그 사람됨이 과묵하고 우직한 까닭에 종일토록 누구와 실없는 말 한마디를 하지 않았으며 남이

20 쌍수산성(雙樹山城): 백제 시대 도읍지인 공주를 방어하기 위해 축성된 산성. 백제 당시에는 웅진성이라고 불렸으나 고려 시대 이후에는 공산성, 조선 인조 이후에는 쌍수산성으로 불렸다.

시키면 시키는 대로 일만 할 뿐이라 그 근본도 내력도 성명도 도무지 알지 못하였다. 다만 기축년에 태어난 까닭에 이름을 '기축己丑'이라고 부를 뿐이었다. 그리하여 남들이 별명 짓기를 '바보 장사'니, '바보 기축'이니 하며 조롱하였다. 그 집 주인과 심지어 하인들까지도 그가 일은 잘한다고 칭찬할지언정 사람으로는 하우불이下愚不移[21] 바보로 취급하였다.

한편 그 집 주인 딸 정씨는 마음속으로 기축을 특별히 사랑하고 흠모하여 무슨 음식이든지 맛난 것이 있으면 잘 챙겨 먹이고 의복이 해지면 다른 옷으로 바꾸어 주었다. 그러나 누가 보든지 그 처녀가 총각을 사람으로서 불쌍히 여겨서 그리하는 것이지 그를 남달리 사랑해서 그리하는 것이라고는 짐작이나 했으랴! 그러나 천만 뜻밖에도 정씨는 기축을 벌써 자기 남편 될 사람으로 인정하고 좋은 시기를 정하여 정식으로 혼인하리라고 결심까지 하고 있었다. 물론 기축과 다른 비밀 관계가 생긴 것은 아니었다.

정씨의 부모는 그러한 사정도 모르고 하루는 어떤 집안과 약혼하려고 정씨에게 다시 의사를 물어보았다. 얼마 전까지만 해도 자기와 맞는 사람이 아니면 혼인하지 않겠다던 정씨는 아주 대담하게도 부모에게 말하였다. "저는 벌써 남편 될 사람을 선택해 놓았어요. 다만 혼례를 올리는 것이 문제이지, 다른 집안과의 약혼은 문제

···

21 하우불이(下愚不移): 사람됨이 못나고 어리석어 그 기질을 변하게 할 수 없는 사람을 낮춰 부르는 말.

가 되지 않아요." 부모는 깜짝 놀라며 말하였다. "네가 미쳤느냐! 남편을 정하다니, 부모도 모르게 무슨 남편을 정한단 말이냐! 정하였다면 대체 어떤 놈이란 말이냐?" 정씨는 엄연한 안색으로 대답하였다. "대단히 죄송하다는 말씀 올립니다. 소녀의 남편 될 사람은 다른 사람이 아니라 집에서 머슴 노릇을 하는 기축입니다. 남들이 흉을 보든 말든 그 사람과 혼인을 못 하게 된다면 차라리 약을 먹고 죽거나 금강에 가서 빠져 죽겠습니다." 부모는 하도 어이가 없어서 아무런 말도 못 하고 있다가 다시 별의별 말을 다 하였으나 이미 죽기까지 결심한 정씨는 절대로 부모의 말을 듣지 않았다. 일이 이같이 되고 보니 부모 또한 딸을 죽일 수도 없고 하여 다만 집안의 운을 한탄하며 결국 혼례를 치르게 하였다.

그러나 집안사람과 동네 사람들 보기에 하도 창피하여 부모는 딸 부부를 집에 두기가 꺼림칙하였다. 이에 약간의 돈을 변통해 주고 먼 지방으로 가서 죽든지 살든지 다시는 부모 앞에 나타나지도 말라고 하였다. 정씨 부부는 할 수 없이 부모의 집을 떠나 북으로 북으로 방랑하며 떠돌다가 마침내 서울의 새문밖 평동平洞에 이르렀다. 정씨는 원래 지인지감이 있어서 자기 손으로 일을 이렇게 만든 것이기에 조금도 부모를 원망치 않고 도리어 장차 돌아올 행복을 기대하며 술장사를 시작하였다. 정씨 부부는 마치 옛날 사마상여司馬相如와 탁문군卓文君처럼[22] 부인은 직접 술을 따르고 기축은 이런저런 심부름을 하였다. 남이 보면 기축은 영락없는 술집 더부살이같이 보였다. 그러나 부인 정씨는 조금도 기축을 업신여기지 않고 오히려 공경하며 부지런히 장사하니 불과 일 년 만에 밑천이 상당히 모이게 되었다.

그 당시 국왕 광해군은 모후 인목대비 김씨를 서궁에 가두고 자기 아우 또한 무참하게 죽이는 등 여러 가지 악행을 일삼았다. 또 조정의 고관대작은 모두 대북 일파가 차지하여 서인 일파는 꼼짝도 못 하는 지경이었다. 이에 서인 중에 김류, 최명길, 이귀, 장유 등 여러 불평객은 광해군을 들어내고 인조를 왕으로 세워 서인 세력을 다시 회복하고자 하여 혹 강가의 정자로 혹 절간으로 혹 산속으로 모여 다니며 음모를 벌이고 있었다. 서울에서 산수가 제일 좋고 가장 으슥한 곳은 창의문彰義門 밖이었기 때문에 이들은 매일 놀이하러 가는 척하며 그곳으로 모여들었다.

하루는 이들이 시회詩會를 벌이는 척하며 홍제원弘濟院[23] 솔밭으로 모였다. 그때 기축의 부인 정씨는 일찍부터 여러 사람이 반정 음모를 꾸미는 것을 짐작하고 항상 그들의 동정을 살피고 있었다. 그 모임이 있던 날 정씨는 좋은 술과 안주며 떡이며 갖은 음식을 특별히 장만하여 기축에게 한 짐을 잔뜩 지워 주고 또 『통감通鑑』 제4권에

···

22 사마상여(司馬相如)와 탁문군(卓文君)처럼: 한나라 때의 문장가인 사마상여가 일찍이 임공(臨邛)에 살던 청춘과부 탁문군을 보고 한눈에 반하여, 탁문군을 데리고 밤중에 도망쳐서 성도(成都)에서 살았는데, 사마상여의 집이 워낙 가난하여 살길이 막연하자, 목롯집을 차려 놓고 탁문군에게는 술을 팔게 하고 사마상여 자신은 그릇 닦는 일을 하면서도 행복하게 살았다고 한다. *『한서(漢書)』「사마상여전(司馬相如傳)」 참조.

23 홍제원(弘濟院): 중국 사신이 우리나라에 올 때나 돌아갈 때 유숙하던 공관으로, 지금의 서울 홍제동에 있었다.

서 한나라 곽광霍光이 창읍왕昌邑王을 폐한[24] 구절을 표시하여 주며 말하였다. "이 음식을 짊어지고 저기 무악재를 넘어서 홍제원으로 가면 그 뒤쪽 솔밭에 어떤 선비 예닐곱 명이 모여서 무슨 이야기를 하고 있을 거예요. 당신은 아무 말도 하지 말고 그냥 '저는 촌사람으로 글을 배우고자 하여 약간의 음식을 차려 가지고 왔습니다.' 하면서 그들에게 음식을 권하여 먹이셔요. 그러고는 이 책을 펴서 표시한 곳을 물어보셔요. 만일 누가 보냈느냐 하거든 우리 집에서 제가 보냈다고 하고 돌아올 때 그분들과 같이 우리 집으로 오셔요."

기축은 원래 우직한 사람인 까닭에 자기 부인이 앉으라면 앉고 누우라면 눕는 등 행동거지 하나하나를 모두 부인이 시키는 대로 하는 사람이었다. 그날도 부인이 시키는 대로 그곳을 찾아가서 아무 말 없이 부인이 당부한 그대로 말하니 여러 선비가 크게 놀라고 의아해하며 그 음식을 받아먹었다. 그러고는 서로 수군거리며 말하였다. "대체 그 여인이 누구란 말인가. 그 여인은 귀신이 아니면 이인異人이니 우리가 찾아가 보는 것이 좋겠네!" 이에 그길로 기축을 따라 그 집으로 갔다.

정씨는 그 선비들을 흔연히 맞아들여 조용한 방으로 모시고 말하였다. "제가 비록 아는 것은 없으나 선비님들의 큰 뜻을 짐작한

•••

24 한나라 …… 폐한: 곽광(霍光)은 한나라 무제 때의 명신으로 무제의 유조(遺詔)를 받고 나이 어린 소제(昭帝)를 보필하였으나 소제가 후사 없이 죽자 무제의 손자인 창읍왕(昌邑王)을 세웠다. 그런데 창읍왕이 음란하고 무도하다 하여 폐위시키고 다시 선제(宣帝)를 세웠다. 이후로 20여 년 동안 국정을 좌지우지하였다. *『한서(漢書)』「곽광전(霍光傳)」 참조.

지 오래입니다. 그런데 선비님들이 모일 곳이 없어서 산골짜기나 절간으로 다니시니 그러다 남들에게 발각되어 거사가 낭패를 보면 어찌합니까! 우리 집이 비록 누추하오나 조용하고 술맛도 좋으니 무슨 모임이 있으면 안심하시고 이곳으로 오십시오. 또 제 남편 기축은 비록 못생기긴 하였으나 우직하고 힘이 천하장사라 선비님들이 시키시면 무엇이든지 몸을 아끼지 않고 잘 해낼 것입니다. 그러니 믿고 써 주시면서 장차 대사를 이룬 뒤에 잊지나 마옵소서." 여러 사람은 부인 정씨의 지감이 탁월하고 기축의 용력이 빼어난 것에 탄복하였다. 그 후로는 매사를 의논할 때면 반드시 그 집에서 모였고 반정에 대한 여러 가지 계획도 정씨와 함께 나누었다. 선비들 중에 이서李曙는 기축을 특별히 친애하여 형제같이 지냈으니, 훗날 인조가 어명으로 기축을 이서의 종제從弟로 삼아 이씨 성을 내리고 기축起築으로 이름을 고쳐 주었다.

기축은 힘이 장사였기에 장단長湍 부사 이서의 부하로 있으면서 여러 반정 공신과 소식을 주고받는 역할을 맡았는데 매일 장단에서 서울까지 왕래하느라 타고 다닌 말의 허리가 꺾일 정도였다. 그 뒤 반정을 행할 때는 이서가 이끄는 군대의 선봉장이 되어 연서역延曙驛[25]에 이르니 인조가 크게 기뻐하며 친히 어포御袍를 벗어 입혀 주기도 하였다. 당시 창의문을 도끼로 패서 깨뜨린 사람은 세상에

•••

25 연서역(延曙驛): 조선 시대 한양에서 의주로 가는 첫 번째 역이자 한양으로 들어오는 마지막 역으로 현재 서울 은평구 역촌동에 있었다.

서 흔히 원두표元斗杓라고 하지만 사실은 이기축이 앞장서서 깨뜨린 것이었다. 반정 뒤에 이기축은 정사靖社 3등 공신에 오르고 완계군完溪君으로 봉작되었으며 부인 정씨는 정경부인이 되었으니, 전날 정씨 부부를 천시하고 박대했던 부모 친척들이 모두 기뻐하며 비로소 정씨의 지인지감에 탄복하였다.

그 뒤 병자년(1636년)에 기축은 인조를 모시고 남한산성에 가서 호병胡兵과 싸우면서 많은 적병을 죽였다. 또 세자가 심양瀋陽에 볼모로 잡혀가는 치욕을 당하였을 때는 팔장사八壯士[26]의 한 사람으로서 세자를 호종하여 심양까지 갔다. 그러던 중 병이 나서 먼저 고국으로 돌아와 죽고 말았다. 그의 시호는 양의襄毅이다.

•••

26 팔장사(八壯士): 조선 후기 인조 때 병자호란(丙子胡亂)이 끝난 뒤 봉림대군(鳳林大君)이 심양에 볼모로 끌려갔을 때 호종하였던 여덟 명의 장사.

13

고려 윤관의 애첩, 여진의 곰미인

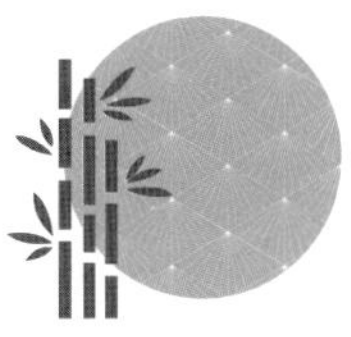

윤관尹瓘은 고려 예종 때의 유명한 장수이자 재상이다. 그는 일찍이 대원수가 되어 부원수 오연총吳延寵, 녹사 척준경拓俊京 등과 함께 대병을 거느리고 북쪽으로 여진女眞을 쳐서 구성九城을 빼앗고 공험진公嶮鎭에 승첩의 기념비를 세운 뒤 도성으로 돌아와 그 공으로 추충좌리평융척지진국공신推忠佐理平戎拓地鎭國功臣이 되었다.

윤관은 여진을 토벌하는 도중에 투항한 여진 추장의 딸을 맞아 첩으로 삼았는데, 그는 당시 여진에서 미인으로 이름이 높던 여인으로 이름은 곰[熊]이었다. 곰미인은 윤관에게 특별한 총애를 받고 일국 명재상의 첩이 되었으니 개인의 부귀로 말하자면 남부러울 것이 없었을 것이다. 하지만 남의 나라에 사로잡힌 몸이 되어 고향,

친척과 멀리 이별하고 이역만리에서 외로운 생활을 하였기에 마치 옛날 왕소군이 오랑캐 땅[胡地]에 시집간 것[27]과 같은 한을 품고 항상 남모르는 눈물을 흘리며 꽃다운 세월을 보냈다. 그러나 윤관의 특별한 사랑에 정을 붙이고 적지 아니한 위안을 받았다.

윤관은 노년에 벼슬을 하직하고 고향인 파주坡州로 돌아가 한운야학閑雲野鶴의 생활[28]을 하였는데, 곰미인은 그곳까지 윤관을 따라가서 함께 살았다. 윤관이 세상을 떠난 뒤 곰미인은 다시 마음 붙일 곳이 없어서 항상 눈물로 세월을 보내다가 결국에는 이 세상을 비관한 채 연못에 빠져 죽고 말았다. 이에 후세 사람들이 그 연못의 이름을 곰못[熊淵]이라 하고 그녀가 빠져 죽은 곳을 낙화암落花巖이라 하였다.

...

27 왕소군이 오랑캐 땅[胡地]에 시집간 것: 『해동염사』 '제1편-18. 각주 26' 참조.

28 한운야학(閑雲野鶴)의 생활: 한가로운 구름과 산야의 학이라는 뜻으로 덕이 높은 은군자가 속세 밖에서 초연히 생활하는 것을 비유적으로 일컫는 말이다.

14

양사기의 첩

양사기楊士奇는 조선 명종 때 사람으로 당시 명필로 유명한 봉래蓬萊 양사언楊士彦의 아우이다. 자는 응우應遇, 호는 죽재竹齋로 벼슬이 부사에까지 이르렀다. 그의 첩은 이름이 무엇인지 세상에 전하지는 않지만 시를 잘 짓기로 유명하여 당대는 물론이고 지금까지도 세상 사람들에게 회자되고 있다. 양사기의 첩이 지은 시 중에 명작으로 세상에 전하는 시 두 편이 있다. 한 편은 〈규원閨怨〉이요, 또 한 편은 남편이 황해도 안악에 가 있을 때 지어 보낸 것이다.

〈규원閨怨〉

가을바람 우수수 오동 가지 흔들고　　　西風摵摵動梧枝

아득한 하늘엔 기러기 느릿느릿 날아가네. 碧落冥冥雁去遲
푸른 창가에 비스듬히 기대 잠 못 이루는데 斜倚綠窓仍不寐
눈썹 같은 초승달 서쪽 연못에 지네. 一眉新月下西池

〈남편이 안악에 가서 돌아오지 않음에 부친 시[夫君往安岳未還寄詩]**〉**

시름겨워 먼 길 바라보며 사립문 닫지 않으니 愴望長途不掩扉
밤은 깊어 바람 이슬이 비단옷을 적시네. 夜深風露濕羅衣
양산관楊山館[29]에는 고운 꽃이 수천 그루 楊山館裡花千樹
날마다 그 꽃들 보느라 돌아오지 않으시나요. 日日看花歸未歸

29 양산관(楊山館): 양산은 황해도 안악의 별칭이며, 양산관은 양사기가 머물던 관소(館所)이다.

15

송상현의 애첩 한금섬韓金蟾

금섬金蟾은 본래 함흥咸興의 이름난 기녀로 송상현宋象賢[30]의 애첩이 되어 동래東萊까지 가서 함께 있었다. 비록 천한 기녀 출신이었지만 시문에 능하고 기개가 있어 평소 다른 기첩들처럼 화려한 복색이나 사치 생활을 하지 않고 두어 칸 초가에서 담박한 살림을 하며 공청公廳에는 발도 들여놓는 일이 없었다. 이에 당시 사람들이 모두 희세의 현첩이라고 칭찬하였다.

선조 25년 임진년(1592년)에 왜구들이 크게 침입하여 일본 장수

30 송상현(宋象賢): 조선 중기의 문신으로 자는 덕구(德求), 호는 천곡(泉谷)이다. 1576년 문과에 급제하여 동래 부사가 되었는데, 임진왜란 당시 동래성으로 쳐들어온 왜적에 맞서 싸우다가 전사하였다.

소 요시토시宗義智[31]가 동래성을 함락시키자, 부사 송상현은 최후까지 불굴의 기개로 열렬히 싸우다가 대세의 그릇됨을 깨닫고 갑옷 위에 관복을 입고 북쪽으로 도성을 향하여 재배한 뒤 다음과 같은 글을 썼다.

외로운 성에 달무리 졌는데	孤城月暈
여러 진은 베개를 높이 하고 있구나.	列鎭高枕
임금과 신하의 의리가 중하니	君臣義重
아비와 자식의 은정은 가볍다네.	父子恩輕

송상현은 이 비분 통탄한 글을 그의 부친에게 부치고, 장차 죽음에 임해서는 심기가 평소와 조금도 다름없이 태연자약하게 그의 부하들에게 말하였다. "내 허리 아래에 팥알만 한 사마귀가 있으니 내가 죽거든 그것을 참고하여 시체를 수습하라!" 그러고는 적을 대하여 의리로 꾸짖다가 마침내 적에게 해를 입고 순절하였다. 이에 종자 신여로申汝櫓, 애첩 금섬, 계집종 금춘今春 또한 공의 뒤를 따라 죽었다. 일본군 역시 공의 절의에 감복하여 시체를 거두어 동문 밖에 장사 지내고 묘표를 만들어 세우니, 그날 밤부터 밤마다 불빛 같은 붉은 기운이 공중으로 떠올라서 두어 해가 되도록 흩어지지 않았

•••

31 소 요시토시(宗義智): 일본 대마도주로서 임진왜란 발발 전 조선을 방문하여 도요토미 히데요시(豊臣秀吉)의 외교사절을 수행하였다. 고니시 유키나가(小西行長)의 사위로 임진왜란 당시에는 일본군 최선봉으로 싸웠다.

다. 이 사실은 『국조명신록國朝名臣錄』 등 여러 기록에 명확히 기재되어 누구나 의심치 않았다. 아울러 금섬은 당시 이름 높았던 진주의 논개論介와 평양의 계월향桂月香[32]에게 뒤지지 않는 명기로 널리 알려지게 되었다.

당시 일본군에게 포로로 잡혀갔다가 돌아온 수은睡隱 강항姜沆의 일기를 보면, 사실 금섬은 죽지 않고 일본군에게 잡혀갔다가 강항이 귀국할 때 같이 돌아왔다고 한다. 이제 그 기록의 대강을 말하면 다음과 같다.

금섬은 당시에 송상현이 죽은 줄도 모르고 일본군에게 잡혀서 본국으로 호송되었는데 그 뒤 강화조약이 성립되고 조선의 포로를 돌려보내게 되자 금섬 또한 여러 사람과 같이 돌아오게 되었다. 그러던 중 중도에서 송상현이 임진년 당시에 이미 순절하였다는 소식을 듣고 자신의 처지를 비관하여 자살하려 물에 몸을 던졌으나 뱃사공이 붙잡아 뜻한 대로 죽지를 못하였다. 그때 마침 강항도 그 배를 같이 타고 왔는데 송상현의 애첩 금섬이 같이 탄 줄을 몰랐다가 초량진草梁鎭에 도착할 때쯤 비로소 금섬인 줄 알게 되었고, 또 금섬이 물에 빠져 죽으려는 정경을 보고 친히 만류하며 금섬이 죽으려는 까닭을 물었다. 이에 금섬이 다음과 같이 대답하였다. "부사께서 순절한 것을 제가 전혀 알지 못하였고 일본군에게 잡혀간 후 도

•••

32 계월향(桂月香): 『해동염사』 '제5편-12' 참조.

요토미 히데요시의 집에 있었으나 히데요시 또한 이런 사실을 숨기고 가르쳐 주지 않았기에 생전에 부사를 다시 만나 뵐 수 있을까 하여 구구한 목숨을 부지한 채 이때까지 살았던 것입니다. 이제 부사께서 순절하신 사실을 알고 나니 삼강三綱의 의리가 엄연한 터에 죽지 않고 무엇하겠습니까!" 금섬의 말을 들은 강항이 위로하고 달래며 말하였다. "그대가 아무리 지금 자결한다고 한들 누가 그대를 깨끗이 죽었다고 하랴! 그리고 오늘 우리 일행의 부녀자들 중에는 물론 몸을 깨끗이 보중한 분이 많으나 그것을 누가 보증할 수 없는 것인즉 자기 양심에 부끄러운 일이 없다면 천감天鑑이 밝고 밝으니 옥석이 저절로 분간될 것이오. 그러니 행여라도 경솔하게 죽을 필요는 없소." 금섬은 그 말을 듣고 시를 한 편 지어서 자기 뜻을 표하였다. 그 뒤에 금섬은 송상현의 집으로 돌아가서 자신이 절개를 지킨 이야기를 하지 않았으나 강항의 일기와 거기에 기록된 금섬의 시를 통해 그 정상을 잘 알게 되었다.

〈그대와 나[大樹殘花]〉

큰 나무가 회오리바람에 쓰러지던 날	大樹飄零日
쇠잔한 꽃도 광풍을 맞았네.	殘花受狂風
광풍은 결국 저절로 멈췄으나	狂風終自息
떨어진 꽃은 진흙 속에 묻혔다네.	花落埋泥中
뉘 알리오, 진흙 속 꽃이	誰識泥中花
벌과 나비에 희롱당하지 않았음을.	不爲胡蝶嬲

비록 본래 뿌리로 돌아간다 해도	縱然歸根蔕
다만 여러 꽃의 비웃음만 살 뿐이라네.	徒爲衆芳笑

16

조원의 첩, 시인 이옥봉李玉峰

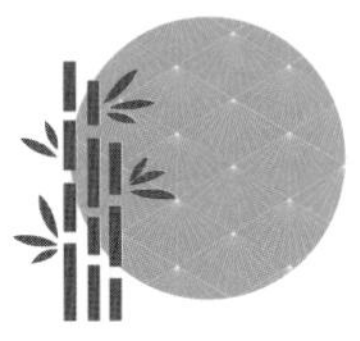

조선의 여성 시인 중에 허난설헌과 백중伯仲을 다투던 사람으로 선조 때의 이옥봉李玉峰을 꼽을 수 있다. 이옥봉은 어려서부터 자색이 수려하고 자질이 비상하여 시문과 노래에 모두 능수능란하였으니, 당시 문장 명사들이 모두 혀를 내두르며 감탄하였다. 그러나 가인박명이라 할지 옥봉은 불행히도 종실 이봉李逢의 서녀로 태어났기에 남의 정실부인이 되지 못하고 임천林川 조씨趙氏 가문 운강雲江 조원趙瑗[33]의 첩이 되었다. 게다가 남과 같이 부부간 정의도 좋지 못하여 서로 생이별하였고 슬하에 자녀도 하나 없이 쓸쓸한 생활을 하다가 일찍 죽고 말았다. 남편 조원은 벼슬이 승지까지 이르렀으나 임진왜란 중에 죽었다.

옥봉은 인물이 청초하고 신세가 처량한 만큼 그가 남긴 시 또한 청신清新하고 슬픔이 곡진한 것이 많다. 옥봉이 남편 조씨와 이별한 뒤에 지어 보낸 시는 한 인간의 끊임없는 정한을 묘사한 작품으로 세상 사람들에게 회자되며 몇백 년이 지난 지금까지도 시인 가객의 입에 오르내리고 있다.

요즈음 안부는 어떠하신지요	近來安否問如何
달 밝은 창가에서 제 한은 깊어만 가요.	月白紗窓妾恨多
만일 꿈속의 넋이 자취를 남길 수 있다면	若使夢魂行有跡
문 앞의 돌길은 벌써 모래가 되었을 거예요.	門前石路已成沙

옥봉이 강원도 영월을 지나다가 도중에 단종端宗의 장릉莊陵을 바라보고 지은 감상시感想詩는 매우 비절하고 처량하여 읽는 사람으로 하여금 스스로 애달픈 눈물을 금치 못하게 한다.

천리 긴 여정에 사흘 동안 산을 넘으며	千里長程三日越
슬픈 노래 부르다 노릉魯陵[34]의 구름에 끊어졌네.	哀歌唱斷魯陵雲

•••

33 조원(趙瑗): 조선 중기의 문신으로 자는 백옥(伯玉), 호는 운강(雲江)이다. 조식(曺植)의 문인으로, 1572년 문과에 급제하여 정언·삼척 부사·승지 등을 지냈다. 효성이 지극하였으며 자손의 교육에도 단엄하였다. 저서로 『독서강의(讀書講疑)』, 『가림세고(嘉林世稿)』 등이 있다.

34 노릉(魯陵): 노산군(魯山君)으로 강등된 단종의 무덤을 말한다.

이 몸 또한 왕손의 딸이라　　妾身亦是王孫女
이곳의 두견새 울음소리 차마 듣지 못할레라.　　此地鵑聲不忍聞

옥봉은 일찍이 남편 조씨를 따라 상주尙州-그때 조씨가 상주 목사가 되었다.-에 가 있다가 조씨의 임기가 다하여 서울로 돌아오게 되자 옥봉 역시 함께 도성으로 돌아왔다. 마침 도중에 신임 목사와 서로 만나게 되었는데 그는 원래 조씨의 친한 친구였다. 신구新舊 관원이 절친한 친구 사이에다 타향에서 우연히 만났으니 자연스레 술잔을 기울이며 한바탕 놀게 되었다. 조씨는 옥봉을 불러 신관新官에게 술을 권하게 하고 또 시를 지어 주게 하였다. 옥봉은 남편의 말이 끝나자 즉시 시 한 수를 지어 주고 손에 든 흰 부채를 두드리며 장단에 맞춰 그 시를 읊었는데, 그 소리가 청아하기 이를 데 없어 좌중이 모두 경탄하였다. 이에 옥봉의 시명詩名이 일시에 조야에 가득하였다.

낙양의 재주 있는 사람 진작 부르질 않고　　洛陽才子何遲召
상담부 지어 굴원을 조상하라 하나.　　作賦湘潭弔屈原
손으로 역린을 잡은 것은 위태로운 일인데　　手扮逆鱗危此道
회양에 편히 누운 건 또한 임금의 은혜라네.　　淮陽高臥亦君恩

이 외에도 옥봉의 명작이 많지만 몇 편만 더 소개하고 마치기로 한다.

〈이별의 한[別恨]〉

임 떠난 내일 밤이야 짧고 짧더라도　　明宵雖短短
임 계신 오늘 밤은 길고도 길었으면.　　今夜願長長
닭 우는 소리 들려오고 날이 새려니　　鷄聲聽欲曉
두 빰엔 눈물이 천 갈래로 흐르네.　　雙臉淚千行

〈규정閨情〉

약속해 놓고 임은 어찌 이리 늦나　　有約郎何晩
뜨락의 매화는 시들려 하건만.　　庭梅欲謝時
문득 들려오는 가지 위 까치 소리에　　忽聞枝上鵲
헛되이 거울 보며 눈썹 그리네.　　虛畫鏡中眉

〈이별의 사무침[離怨]〉

깊은 정 쉽사리 전하련만　　深情容易寄
말로 하자니 더욱 부끄럽도다.　　欲說更含羞
임이 만약 내 소식 묻는다면　　若問香閨信
빛바랜 화장으로 홀로 누대에 기댔다 하소.　　殘粧獨依樓

〈가을날의 한[秋恨]〉

붉은 비단 빛 비치어 밤 등불 밝은데　　絳紗遙隔夜燈紅
꿈 깨니 비단 이불 한쪽이 허전하네.　　夢覺羅衾一半空
찬 서리에 새장 속의 앵무새 우는데　　霜冷玉籠鸚鵡語

뜨락 가득 오동잎 갈바람에 지누나.　　滿階梧葉落西風

〈남편이 지방관에 임명되어 집에 오다[夫郎趙瑗受百里之命到家]〉

버들 너머 강 머리에 오마[35]가 울어대니　　柳外江頭五馬嘶
반쯤 깨고 수심에 취해 누각을 내려왔네.　　半醒愁醉下樓時
아리따운 얼굴 야위어 거울 보기 부끄러우나　　春紅欲瘦羞看鏡
매화 핀 창가에서 반달눈썹 그려 보네.　　試畫梅窓却月眉

〈어떤 사람이 찾아옴에 사례하다[謝人來訪]〉

음수飮水[36]는 탁문군의 집　　飮水文君宅
청산은 사조謝眺[37]의 오두막　　靑山謝眺廬
뜨락엔 빗속의 나막신 자국　　庭痕雨裡屐
눈 속에 나귀가 문 앞에 이르렀네.　　門到雪中驢

•••

35　오마(五馬): 옛날 태수(太守)의 수레는 다섯 필의 말이 끌었으므로, 전하여 태수의 별칭으로 쓰인다.

36　음수(飮水): '콩죽을 먹고 물을 마신다[啜菽飮水]'라는 말로 가난한 살림살이를 비유적으로 드러낸다.

37　사조(謝眺): 남제(南齊) 때의 유명한 시인으로 산을 퍽 사랑하여 수려하고 청신한 새로운 산수시를 잘 지었다.

〈봄날에 느낌이 있어[春日有懷]〉[38]

서울이 멀고 멀어 애끓는 사람 章臺迢遞斷腸人
잉어 편에 편지 써서 한수 가로 보냈다오. 雙鯉傳書漢水濱
꾀꼬리 우는 새벽 근심 속에 비 내리고 黃鳥曉啼愁裏雨
푸른 버들 간들거리니 봄이 한창이로세. 綠楊晴裊望中春
옥돌 계단엔 어지러이 푸른 풀 돋아나고 瑤階羃歷生靑草
값진 비파엔 처량하게 흰 먼지만 쌓였네. 寶瑟凄涼閑素塵
작은 거룻배 탄 나그네 누굴 생각하나 誰念木蘭舟上客
광릉나루엔 흰 마름꽃 가득하구나. 白蘋花滿廣陵津

*『지봉유설芝峯類說』, 시화詩話, 『문소만록聞韶漫錄』[39] 참조.

38 봄날에 느낌이 있어[春日有懷]: 이 작품은 전하는 문헌에 따라 작가가 이옥봉 또는 허난설헌으로 되어 있다. 참고로 『난설헌시집(蘭雪軒詩集)』에 같은 제목으로 작품이 수록되어 있다.

39 『문소만록(聞韶漫錄)』: 조선 선조, 광해군 때의 문신 윤국형(尹國馨)의 저술로 임진왜란을 전후하여 국내에서 일어난 크고 작은 일들과 저자 자신이 직접 겪고 보고 들은 이야기들을 사실 그대로 기술한 일종의 수필집이다.

17

서기보의 첩 박죽서朴竹西

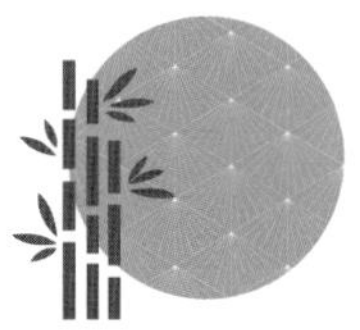

송호松湖 서기보徐箕輔의 첩 박죽서朴竹西는 박종언朴宗彦의 서녀로 본래 강원도 원주 사람이다. 죽서는 어려서부터 영리하기로 유명하였으며 타고난 자질이 비상하여 일고여덟 살 때부터 시를 지을 줄 알았다. 죽서가 여덟 살 때 창 앞에 있는 새를 보고 즉흥시로 지은 오언절구를 보면 참으로 놀랄 만한 천재라고 아니할 수 없다.

창 앞에 우는 새야 말 좀 묻노니	問爾窓前鳥
어느 산에서 자고 이리 일찍 왔느냐.	何山宿早來
산중의 일을 너는 응당 알 터이니	應識山中事
진달래꽃은 피었더냐.	杜鵑花發耶

죽서는 장성할수록 글 읽기를 더욱 좋아하여 경사經史·백가百家에 통달하지 않은 것이 없었으니 당당한 명사 문장가들도 모두 죽서를 칭찬하였다. 하지만 죽서 또한 이옥봉처럼 팔자가 기박하여 남의 첩으로 자녀도 없이 일찍 죽었다. 죽서는 『반아당시집半啞堂詩集』을 남겼는데, 서문은 서기보의 재종형 서돈보徐惇輔가 짓고 발문은 죽서의 친한 동무 금원錦園이 지었다. 박죽서의 시집에서 몇 편을 뽑아 여기에 소개하기로 한다.

〈늦은 봄 감회를 읊다[暮春書懷]〉

꽃 지는 봄 날씨 흡사 초가을 같고　　落花天氣似新秋
고요한 밤 은하수 맑게 흐르는 듯　　夜靜銀河淡欲流
한스러운 건 기러기만도 못한 내 신세　　却恨此身不如雁
해마다 임 계신 원주에 가지 못하네.　　年年未得到原州

〈감회가 일어[有懷]〉

비낀 해 서산 넘고 동산에 달 떴는데　　斜暉西盡月生東
홀로 등불 앞에 누우니 온갖 일 공허하네.　　獨臥燈前萬事空
천지에 밤들자 모두 적막하건만　　天地夜來俱寂寞
어찌하리 이 마음속 번뇌를.　　如何煩惱此心中

〈마음을 달래다[遣懷]〉

그리운 임 만나지 못해 홀로 다락에 기대니　　相思不見獨依樓

촛불 그림자 부질없이 시름만 돋우누나.	燭影空添一段愁
만약 사람살이에 잠시라도 이별 없다면	若使人生無暫別
신선과 봉후 따위는 구하지 않으리.	不求仙子與封侯

〈**임에게 드림**[寄呈]〉

거울 속 병든 이 몸 누가 가여워하리	鏡裏誰憐病已成
약도 필요 없고 놀랄 필요도 없네.	不須醫藥不須驚
다음 생애에 만약 그대가 나처럼 된다면	他生若使君爲我
오늘 밤 상사의 정을 응당 알게 되리라.	應識相思此夜情

18

김덕희의 첩 금원錦園

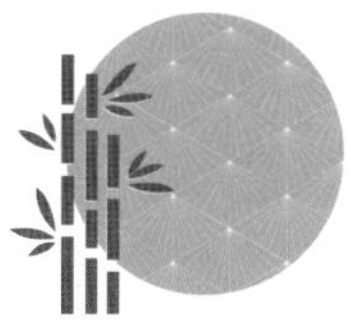

금원錦園은 시랑侍郎 김덕희金德喜의 첩으로, 앞에서 살핀 박죽서와 같은 시대(순종·철종 대), 같은 고향(강원도 원주) 사람이었다. 그는 어려서부터 타고난 자질이 남들보다 뛰어나 나이 열넷에 이미 문장이 대성하였다. 금원은 문재文才도 특출하였거니와 성격이 표일飄逸하여 옛날 황진이처럼 명산대천 구경을 좋아하여 서쪽으로 관서 일대와 북쪽으로 사군四郡[40] 및 동쪽으로 내외 금강산과 관동팔경 등을 모두 유람하였다. 그러므로 그의 시에는 각지의 명승지를 구

…

40 사군(四郡): 조선 세종 때 서북 방면의 여진족을 막기 위해 압록강 상류에 설치한 국방상의 요충지로 여연(閭延)·자성(慈城)·무창(茂昌)·우예(虞芮)의 네 군을 말한다.

경하면서 쓴 작품이 많다. 금원의 아우 경춘瓊春은 주천 군수 홍 아무개의 첩으로, 그 또한 타고난 자질이 비상하여 경사에 능통하고 시문에 능란하여 당시 금원과 쌍벽을 이루었다.

〈용산에 배를 띄우고[龍山泛舟]〉

뱃노래 소리에 일엽편주 노를 저으니　櫓歌聲裏棹扁舟
기운 해에 구름 노을이 멀리 흐르는구나.　斜日雲霞遠欲流
안개 물결 자욱한 삼십 리 길　一色烟波三十里
강가 버들 드리운 곳엔 모두 이름난 누대로다.　近江垂柳盡名樓

〈제천 의림지堤川義林池〉

연못가 수양버들 푸른 가지 드리우니　池邊楊柳綠垂垂
암담한 봄 시름을 마치 아는 듯　黯黮春愁若有知
나뭇가지 위 꾀꼬리 쉬지 않고 우니　上有黃鸝啼未已
임 보내는 서글픈 맘 견디기 어렵네.　不堪惆悵送人時

〈용산 삼호정龍山三湖亭〉[41]

서호의 좋은 경치 이 누대에 있으니　西湖形勝在斯樓
마음 내키는 대로 올라 즐겁게 노네.　隨意登臨作遨遊

•••

41　용산 삼호정(龍山三湖亭): 조선 후기 헌종 때의 문신 김덕희(金德喜)의 별장 일부로 용산에서 마포로 넘어가는 삼개고개에 있던 정자이다. 이곳은 금원을 비롯하여 운초·죽서·경춘 등 당시 여성 시인들의 공간이기도 하였다.

양쪽 언덕 비단인 양 봄 풀 우거졌고　　兩岸綺羅春草合
강물은 금빛 옥빛으로 석양 따라 흐르네.　　一江金碧夕陽流
구름 드리운 좁은 길로 돛단배 사라지니　　雲垂短巷孤帆隱
꽃 지는 낚시터엔 먼 피리 소리 시름겹네.　　花落閑磯遠笛愁
끝없는 이 풍광 몽땅 거두어들이니　　無限風烟收拾盡
단청 난간에는 비단 줌치[42]가 빛을 발하네.　　錦囊生色畵欄頭

〈통군정[43]에서 개시[44]의 불빛을 보며[統軍亭觀開市擧火]**〉**

변방의 경치 이 누각이 으뜸이니　　關河形勝最斯樓
마이산[45]이 푸르게 다가와 압록강 누르네.　　馬耳靑來鎭鴨頭
여섯 섬 별처럼 흩어져 포구로 통하고　　六島星羅通極浦
온갖 산 바둑알처럼 놓여 서쪽 고을 감쌌도다.　　萬山碁置擁西州
맑은 모래 늙은 나무 사이에 낡은 성가퀴　　晴沙古木中荒堞
짙은 안개 찬 구름 속 끝없는 가을　　暝霧寒雲六漠秋
걸음 옮겨 난간에 기대자 봉화는 사라지고　　徙倚欄干烽點罷
강 가득한 파수 불빛에 태평세월 헤아리네.　　滿江戍火太平籌

…

42　비단 줌치: 원문의 금낭(錦囊)은 시를 넣어 두는 비단 주머니를 말한다.

43　통군정(統軍亭): 평안도 의주군에 있는 조선 시대의 누정(樓亭). 서북 방위의 거점이었던 의주읍성에서 제일 높은 압록강 기슭 삼각산(三角山) 봉우리에 자리 잡은 북쪽 장대(將臺)로서 군사 지휘처로 쓰였다. 통군정에 올라서면 사방의 절경이 한눈에 들어와 예로부터 관서팔경(關西八景)의 하나로 꼽혔다.

44　개시(開市): 조선 시대 의주 압록강의 난자도(蘭子島)에서 열린 중국과의 공무역을 하던 시장인 '중강개시(中江開市)'를 말한다.

45　마이산(馬耳山): 의주 객관 북쪽 압록강가의 통군정에서 보이는 산의 이름이다.

〈금강산 유점사金剛山楡岾寺〉

하늘가 벼랑에 매달린 암자 한 채	懸崖天畔一禪菴
산 북쪽 맑은 종소리 남쪽까지 울리네.	山北淸鍾響在南
피어오른 흰 구름 산골짝 열고 나오니	打起白雲開出洞
떠오른 밝은 달 연못에 고요히 잠겼네.	招來明月靜沈潭
불현듯 한세상 삶 꿈인 줄 깨달아	惺惺頓覺浮生夢
고요히 고불古佛 이야기에 귀 기울이네.	寂寂如聞古佛談
오십삼존五十三尊[46] 있는 맑은 이 세계	五十三尊淸淨界
백겁으로 통하는 지혜가 밝아지리.	靈通百劫慧燈參

…

46 오십삼존(五十三尊): 유점사에 큰 종과 53불이 안치되어 있는데, 신라 남해왕 때 53불이 월지국(月氏國)으로부터 쇠 종을 타고 와 안창포(安昌浦)에 정박했다가 다시 유점사에 와서 머물렀다는 전설이 전한다.

19

김이양金履陽의 첩 김운초金雲楚

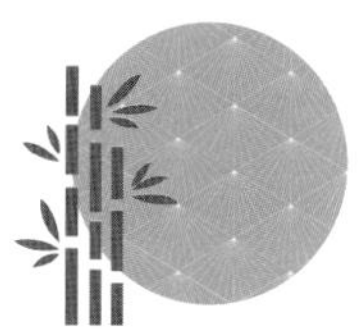

김운초金雲楚는 평안도 성천成川의 명기 김부용金芙蓉의 별호別號이다. 운초는 어려서부터 재주가 절륜하여 관서 지역에서 시를 잘 짓기로 유명하였다. 그뿐만 아니라 서울에서도 한때 명성이 쟁쟁하였으니, 앞에서 살펴본 박죽서, 김금원 그리고 이화사李花史의 소실 경산瓊山과 모두 동시대 여인으로 당시 세상 사람들이 '네 명의 이름난 첩[四名妾]'이라 칭하였다. 운초의 시도 매우 많으나 참고로 몇 편만 소개한다.

〈압구정에서 감회가 일어[押鷗亭有懷]〉

강가 정자의 주인이 누구던가 江亭誰是主

사람은 떠나가고 강물만 출렁이네. 人去水空波
높이 나는 새 하늘가로 사라지고 高鳥天邊沒
너른 초원은 들판 너머로 펼쳐졌네. 平蕪野外多
장사치들은 멀리 갈 돛배에 근심하건만 商人愁遠帆
어부들은 맑은 노랫가락 뽑는구나. 漁子放淸歌
기막힌 경치 예나 지금이나 같거늘 幻境如古今
아침에 저녁을 근심해 무엇하리오. 朝將奈暮何

〈중양절에 남산에 올라[重陽登南山]〉

늘 남산이 보고 싶었건만 每欲見南山
집안일로 한가할 새 없었네. 家私未得閒
묵은 언약 없었건만 구름이 다가와 雲來無宿約
답답한 마음 강물에 띄워 보냈지. 水去有情關
단풍잎에 시도 지어 보고 紅葉題詩後
국화꽃 마주하여 담소도 나누며 黃花對笑間
제맛 농어회에 술까지 얼큰하니 酒酣鱸膾美
조금이나마 얼굴 시름이 가셔지네. 聊可解愁顔

〈수양산에서 단풍을 감상하며[首陽山賞楓]〉

이랴이랴 말 달려 동쪽 성문을 나가 驅馬出東城
동쪽 성문으로 몇 리쯤 東城幾里許
가던 길을 일단 멈췄네 行行且止止

단풍잎이 가장 많은 곳에. 紅葉最多處

〈시와 술을 좋아하는 손님께[諷詩酒客]〉

술이 지나치면 성품을 해치고 酒過能伐性
시가 공교로우면 사람을 궁핍게 하니 詩巧必窮人
시와 술로 벗을 삼더라도 詩酒雖爲友
너무 소원하지도 친하지도 마셔요. 不疎亦不親

〈장난삼아 짓다[戱題]〉

연꽃이 연못 가득 붉게 피었으니 芙蓉花發滿池紅
사람들은 내 얼굴보다 연꽃이 예쁘다 하겠지. 人道芙蓉勝妾容
아침에 내가 연못가를 지나가는데 朝日妾從堤上過
사람들은 어째서 꽃을 안 보고 날 보나. 如何人不看芙蓉

〈길을 가다 느낌이 있어[道中有懷]〉

버들개지 흩날릴 때 유경柳京을 이별하고 柳絮飛時別柳京
송홧가루 떨어진 뒤 송경松京을 지나누나. 松花落後過松營
송홧가루 버들개지 비록 이리저리 나뒹굴지만 飛花落絮雖飄蕩
날마다 먼 길 떠도는 뜨내기 나보다는 낫구나. 猶勝浮生日遠征

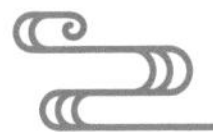

20

김성달의 첩 이씨李氏

고성 군수를 지낸 김성달金盛達의 첩 울산 이씨李氏 또한 시를 잘 지었다. 이씨가 금곡별업金谷別業을 지나다가 다른 사람의 시에 차운한 다음의 두 수는 매우 청신한 작품으로 세상 사람들로부터 많은 칭찬을 받고 있다.

맑은 밤 달빛은 빈 뜰에 가득한데 淸宵月色滿空庭
외로운 오동에 이슬지는 소리 누워서 듣네. 臥聽孤梧露滴聲
누대는 그대로이거늘 인간사는 변하고 臺榭依然人事變
흰 구름과 흐르는 물은 고금의 정이로세. 白雲流水古今情

누대는 적막하고 빈 뜰 잠겼는데	樓臺寂寞鎖空庭
오열하는 앞개울의 얕은 물소리	嗚咽前溪淺水聲
번화했던 멋진 일 물을 곳 없으니	勝事繁華無處問
대숲에 우는 새가 가장 정이 많도다.[47]	竹林啼鳥最多情

•••

47 누대는 …… 많도다: 본서에서는 이 작품을 이씨의 것이라고 하였지만, 『대동시선(大東詩選)』에는 〈차모씨태고정운(次母氏太古亭韻)〉이라는 제목과 함께 김성달과 이씨 사이에서 태어난 딸의 작품으로 되어 있다. 이는 앞선 이씨의 작품에 차운한 것이다.

제3편

열녀, 정부, 효녀

01

고조선 백수광부白首狂夫의 아내

우리나라 최초의 여성 음악가 여옥麗玉·여용麗容

여옥麗玉은 위만 조선 시대에 패하浿河-지금의 대동강-에서 사공 노릇을 하던 곽리자고霍里子高의 아내였다. 집안이 미천하고 가난하였기에 나룻배 사공에게 시집갔지만, 자신의 이름처럼 얼굴이 옥같이 고왔고 또 음악에도 뛰어났는데 그중에서도 특히 공후箜篌라는 악기의 대가였다.

하루는 여옥의 남편 곽리자고가 새벽 일찍 일어나 평소처럼 강으로 가서 배를 젓고 있었다. 배가 강 중류에 이를 무렵 곽리자고가 강가 쪽을 바라보는데 갑자기 어떤 노인 하나가 하얗게 센 머리를 풀어 헤치고 강가로 달려오더니 배로 건너 달라는 말도 없이 그냥 깊은 물을 막 건너려고 뛰어들었다. 보아하니 노인은 술에 취한 사람 아니면 미친 사람 같았다. 그런데 그 노인의 아내가 뒤쫓아 와서 노인을 붙잡으며 물이 위험하니 제발 건너가지 말라고 애를 쓰며 만류하였다. 그러나 그 미친 노인은 성난 황소처럼 인정사정없이 제 아내를 뿌리치고 강을 건넜다. 물은 점점 깊어지고 물결 또한 심하다 보니 늙고 약한 노인의 아내는 더는 쫓아가서 말릴 수도 없었으며, 다만 멀리서 애를 태우며 밖으로 나오라고 소리칠 뿐이었다. 하지만 노인은 계속 들어갔고 결국 무정한 물결에 떠밀리다 얼마 지나지 않아 물속의 원귀가 되고 말았다. 이 얼마나 가련하고 비참한 일인가! 노인의 아내는 강가에 혼자 앉아 목메어 울다가 몸에 지니고 있던 공후를 타며 슬프게 노래 한 곡조를 부르더니 그 역시 남편의 뒤를 따라 물에 빠져 죽고 말았다.

그 모든 광경을 목격한 곽리자고는 집에 돌아가서 자기 아내에게 그 이야기를 전하였다. 원래 다정다감한 여성 음악가인 여옥은 곽리자고의 말을 듣고는 자기가 그 일을 당한 듯이 슬퍼하며 밥도 먹지 않고 노래를 지어 공후에 맞추어 연주하였다. 그 노래가 바로 고대 비곡悲曲으로 널리 알려진 〈공후인箜篌引〉이란 작품으로 이 노래는 멀리 중국에까지 전파되었다.

임이여 그 물을 건너지 마오. 公無渡河
임이 기어코 물을 건너는구나. 公竟渡河
강물에 휩쓸려 죽었으니 墮河而死
이제 떠나간 임을 어이할꼬. 當奈公何

여옥은 이 노래를 지어 다시 이웃에 사는 여용麗容에게 전하였는데, 여용 역시 당시의 이름난 여성 음악가였다.

*『고금주古今注』[1] 참조.

•••

1 『고금주(古今注)』: 중국 진(晉)나라의 최표(崔豹)가 찬술한 책으로 여복(輿服), 도읍(都邑), 음악(音樂), 조수(鳥獸) 등에 대해 고증하는 내용으로 이루어져 있다.

02

제후際厚와 백운

제후際厚는 신라 진평왕 때 사람 백운白雲의 아내이다. 진평왕 당시 두 대관이 한마을에 살았는데, 두 집안이 한날한시에 각각 아들과 딸을 낳았으니 남자아이의 이름은 백운이요, 여자아이의 이름은 제후였다. 이에 양가 부모들은 그 두 남녀 간에 장래 혼인을 약속하고 그들을 곱게 길렀으며 그 두 아이도 비록 나이는 어렸지만 유달리 서로 사랑하며 잘 성장하였다.

백운은 장성하여 국선國仙에까지 뽑혔으나 열다섯 살이 되던 해에 불행히 눈이 멀어 맹인이 되고 말았다. 그러자 제후의 부모가 전날의 혼약을 깨고 딸을 무진茂榛 태수 이교평李佼平과 다시 혼인시키려 하였다. 제후는 부모의 명령을 감히 거역하지 못하였으나 마음이 너무나 안타까웠다. 그래서 무진으로 가게 된 날 은밀히 백운을 찾아가서 다음과 같이 말하였다. “당신과 나는 생일이 같을 뿐만 아니라 우리 둘은 이미 혼인을 약속한 지 오래입니다. 그런데 지금 부모께서 다른 곳으로 시집을 가게 하니 그 명령을 따르지 않으면 불효가 될 것입니다. 하지만 부모를 떠나 무진으로 가면 죽고 사는 문제는 온전히 나에게 달린 것입니다. 만약 당신이 정말로 신의가 있다면 나를 찾아서 무진으로 오십시오.”

이렇게 백운과 약속한 제후는 무진으로 가서 교평을 만나 “혼인은 인륜대사이니 좋은 날을 가려서 예를 올리는 것이 좋겠습니다.” 하였다. 이에 교평도 제후의 말을 옳게 여겨 그러자며 승낙하였다. 얼마 지나지 않아 백운이 어두운 눈으로 길을 더듬어 무진 땅을 찾아가니, 제후가 몰래 백운을 따라 나와 함께 손을 잡고 백운의 집을 향해 길을 떠났다. 그렇게 가던 중 한 산골에 이르렀는데 난데없이 불량한 협객이 달려들어 제후를 빼앗아 달아났다.

그때 백운의 친구 중에 김천金闡이라는 자가 있었는데, 김천은 어려서부터 용력이 남보다 뛰어나고 말타기와 활쏘기를 잘하였을 뿐만 아니라 의협심이 강하여 남의 일이라도 의리에 어긋나는 일이라면 자기 몸을 희생할지라도 용감하게 싸우는 사람이었다. 김천은 그 소문을 듣고 크게 분개하여 그길로 달려가 한칼에 그 불량한 협객을 죽이고 제후를 찾아 백운과 재회하게 해 주었다. 이에 세상 사람들이 모두 김천의 의기를 칭찬하였고 나라에서도 그 세 사람의 신의를 가상하게 여겨 각각 삼급三級의 벼슬을 내려 주었다.

03

가실과 설씨薛氏

신라 진평왕 때 율리栗里라는 마을에 사는 빈한한 설씨薛氏 집안에 한 처녀가 있었다. 그는 비록 집안이 가난하고 신분이 미천하였으나 얼굴이 아름답고 말씨와 행실이 단정하여 보는 사람마다 칭찬하지 않는 이가 없었다.

그때 처녀의 늙은 아버지 설 노인이 정곡正谷이란 곳으로 수자리[2]를 살러 가야 했다. 설씨 처녀는 차마 늙고 병든 아버지를 멀리 보낼 수가 없었다. 게다가 여자의 몸으로 함께 모시고 갈 수도 없어 혼자 어찌할 바를 모르고 조그마한 여린 가슴을 태우고만 있었다.

···

2 수자리: 국경을 지키는 일. 또는 그런 병사.

이 소문을 들은 사람 중에 가실嘉實이라는 젊은이가 있었는데 그는 사량부沙梁部에 사는 총각으로 일찍부터 설씨 처녀를 몹시 사랑하고 있었다. 이에 가실은 설 노인의 집으로 찾아가서 자기가 대신 수자리를 살러 가겠다고 말하였다. 이 말에 설씨 부녀는 매우 기뻐하였다. 그래서 설 노인은 가실에게 수자리에서 돌아오는 날 자기 딸과 혼인시켜 주겠다고 약속하였다. 설씨 처녀 역시 가실에게 매우 고마워하며 거울 하나를 가져다 두 조각을 내어 한쪽은 자기 품에 넣고 다른 한쪽은 가실에게 주며 말하였다. "이것을 언약의 징표로 삼아 훗날 다시 만날 때 서로 맞추어 보기로 합시다." 가실은 한 손으로는 거울 조각을 받아 넣고, 한 손으로는 타고 왔던 말을 설씨 처녀에게 주며 말하였다. "이 말은 천하의 양마良馬이니 훗날 반드시 쓰일 날이 있을 것이오. 지금은 내가 그냥 걸어서 갈 테니 그동안 이 말을 잘 먹여 주오." 그러고는 작별하였다.

이렇게 두 사람이 헤어진 뒤로 기약한 3년의 세월이 어느덧 지나가고 또 3년이 더 지나도록 가실은 돌아오지 않았다. 그러나 설씨 처녀는 조금도 마음이 변하지 않은 채 가실이 돌아오기만을 기다렸다. 한편 설 노인은 돌아오지 않는 가실을 기다리다가 자기 딸을 헛되이 늙게 하고 싶지는 않았다. 그리하여 거의 강제로 딸을 다른 사람에게 시집보내기로 결정하였다.

마침내 새로 정한 잔칫날에 이르렀다. 설씨 처녀는 가실을 기다리게 해 달라며 몇십 번이나 눈물과 말로 아버지에게 간청하였으나 설 노인은 부탁을 들어주지 않았다. 설씨 처녀는 결국 일이 이런

지경에 이르자 도망을 가려고 결심하였다. 그러나 그런 뜻도 쉽게 이루기가 어려워 애끊는 아픔을 참을 수 없어 집 뒤곁에 있는 마구간으로 갔다. 그곳에서 가실이 맡겨 두고 간 말을 쓰다듬으며 "이놈아, 네 주인은 어이하여 여태 못 오느냐!" 하며 눈물을 흘렸다.

그때 문안으로 어떤 사내가 뛰어 들어왔다. 그의 옷은 모두 해어지고 얼굴도 몹시 여위었다. 사람들은 그가 누구인지 알아보지 못하였고 설씨 처녀 역시 알아보지 못했다. 그러나 그는 분명 가실이었다. 수자리 6년 동안 온갖 고생을 겪고 돌아온 가실은 "나를 모르오? 나는 정곡으로 수자리 살러 갔던 가실이오."라며 떠나던 날 정표로 가져갔던 거울 조각을 내어 설씨 처녀에게 주었다. 설씨 처녀는 그 거울 조각을 받아 쥐고 한편으로는 기쁘고 한편으로는 놀라 소리치며 그를 붙들고 울면서 어쩔 줄을 몰랐다. 설 노인은 면목이 없었지만 그래도 가실을 반갑게 맞이하였다. 그러고는 다시 좋은 날을 택하여 혼례를 치르게 하였다.

뒷날 역사상 이름난 여러 사람이 이 설씨 처녀의 신의 있는 사랑을 칭송하였다. 특히 고려 이규보李奎報의 〈파경합破鏡合〉[3]이라는 긴 시가 유명하다.

*『동국통감東國通鑑』

...

3 이규보(李奎報)의 〈파경합(破鏡合)〉: 작가에 대한 착오가 있는 듯하다. 현전하는 이규보 문집인 『동국이상국집(東國李相國集)』에는 설씨와 가실에 관한 작품이 존재하지 않는다. 한편 조선 시대 이광사(李匡師)의 〈파경합〉이라는 5언 228구 장편의 작품이 전하기도 한다.

04

신라 미인 도화랑桃花娘과 비형

도화랑桃花娘은 신라 25대 진지왕 때 사량부의 여인으로 비록 한미한 집에서 태어났으나 어려서부터 특별한 지조가 있고 얼굴이 예뻐서 요조한 태도가 마치 봄바람에 피어난 복사꽃[桃花] 같아 그 부모가 딸의 이름을 도화랑이라 지었다. 원래 꽃이 피면 반드시 나비가 오는 법! 도화랑은 이팔방년에 이르러 어느 청년과 사랑을 하게 되었고 그와 백년가약을 맺었다. 이에 따뜻한 사랑의 보금자리 속에서 달콤한 청춘의 꿈을 꾸며 봄바람 가을 달빛 같은 좋은 시절을 한가롭게 보내고 있었다.

그러나 형산荊山의 백옥白玉은 어두운 밤에도 빛이 나고 깊은 계곡의 난초는 십 리까지 향기가 진동하듯, 도화랑의 아리따운 외모에 대한 소문과 향기로운 이름은 급기야 구중궁궐에까지 들어가게 되었다. 당시 신라의 군주 진지왕은 음탕하기 짝이 없는 임금으로 아방궁阿房宮[4] 같은 금전옥루金殿玉樓를 화려하게 지어 놓고 천하의 미인을 다 모아서 아침저녁으로 꽃 같은 삼천 궁녀를 품속에 끌어안고 인간의 모든 향락을 누리고 있었다. 이렇게 화려한 생활을 하고 있었음에도 도화랑의 소문을 듣고는 정신이 황홀하고 마음이 산란하여 마치 한무제漢武帝가 이부인李夫人[5]을 사모하고 당현종唐玄宗이 양귀비楊貴妃에게 홀리듯이 온갖 힘을 다하여 도화랑을 궁중으로 불러들였다.

당시 진지왕은 일국의 군왕이었고 도화랑은 일개 미천한 민간의 여자였기에 보통 여자 같으면 감히 왕명을 거역하지 못하였을 뿐 아니라 오히려 영광으로 생각했을 수도 있다. 그러나 정조가 백옥같이 깨끗하고 절개가 소나무·대나무보다 더 굳은 도화랑은 부귀에도 유혹되지 않고 위세와 무력에도 굴하지 않았다. 끝까지 자신은 남편이 있는 몸이며 '열녀는 두 지아비를 섬길 수 없다.'라고 반항하였다. 그러니 아무리 미인 앞에서는 군주의 체면도 염치도 모르는 진지왕이라 하더라도 도화랑을 어찌하지는 못하고 다만 만일에 남편이 죽게 되면 그때는 궁중으로 들어와서 자신과 백년가약

…

4 아방궁(阿房宮): 진시황제가 세운 궁전으로, 장대함과 화려함을 갖춘 궁전의 의미로 통용된다.

5 이부인(李夫人): 한무제(漢武帝)의 후궁으로 얼굴이 아름답고 춤을 잘 추었는데 일찍 죽자 무제가 감천궁(甘泉宮)에다 부인의 초상을 그려 놓고 늘 그리워하였다고 한다.

을 맺자며 그녀를 놓아주었다.

그런데 인생의 일장춘몽과도 같은 이때의 이별이 어찌 영원한 이별이 될 줄을 누가 알았으랴. 불행히도 진지왕은 그해에 병마에 걸려서 마음속으로 사모하던 도화랑을 다시는 만나 보지도 못하고 인생의 무상함을 한탄하며 만고의 정한을 품고 흰 구름같이 저세상으로 떠나고 말았다. 그 이듬해에는 도화랑의 남편도 무슨 기이한 인연이 있는 듯이 왕의 뒤를 따라서 불귀의 객이 되고 말았다. 훗날 백년가약을 맺자던 왕도 죽고 일신을 의탁하던 남편마저 이 세상을 떠나자 가련한 신세가 된 박명한 가인 도화랑은 밤낮으로 고적한 빈방을 지키고 무정한 세월을 비탄하며 하루하루를 지낼 뿐이었다.

사랑에 맺힌 혼은 죽어서도 흩어지지 않고 전생의 가약은 후생에도 인연이 이어진다고들 한다. 도화랑의 남편이 죽은 지 10여 일이 지난 어느 날 밤이었다. 도화랑은 적적한 빈방에서 처량하게 반짝이는 외로운 등불을 벗 삼아 잠자코 앉아 있었다. 그런데 문밖에서 갑자기 가마 소리가 요란하게 나더니 진지왕이 살아 있을 때와 같이 오색이 영롱한 용포를 입고 찬란한 금관을 쓰고 완연히 방 안으로 들어왔다. 그러고는 도화랑의 손을 반갑게 잡으며 다음과 같이 말하였다. “네가 전날 나와 약속하기를 너의 남편이 죽으면 나에게 몸을 허락한다고 하지 않았느냐. 그래서 내가 이제 왔느니라.” 도화랑은 그것이 꿈인지 생시인지 분간하지 못하였다. 그러나 전날에 자기가 임금 앞에서 약속한 일이 있었기에 진지왕을 반갑게 맞이하였다. 왕은 도화랑과 환락의 꿈속에서 일주일 동안 재미있게 생활하였다. 그러다 하루아침에 진지왕은 사라지고 다만 오색구름이 지붕을 에워싸고 신비스러운 향기만 방 안에 가득할 따름이었다. 도화랑은 그달부터 태기가 있어서 열 달 만에 아들을 낳았으니 그가 바로 신라에서 귀신을 부리기로 유명한 비형鼻荊이다.

당시 신라의 왕 진평왕은 진지왕의 조카였는데 비형의 소문을 듣고 신기하기도 하고 또한 반갑기도 하여 도화랑과 비형을 궁중으로 데려다 부양하였다. 비형은 점점 자라서 나이 열다섯이 되자 지혜가 남보다 출중하고 힘 또한 절륜하였으므로 진평왕이 특별히 사랑하였다. 그러나 비형은 밤중만 되면 남모르게 밖으로 나갔다가 새벽 종소리가 나면 슬며시 돌아오는 이상한 버릇이 있었다. 진평왕은 그것을 이상하게 여겨 용맹한 군사를 시켜서 비형의 뒤를 따라가 엿보게 하였다. 그랬더니 과연 비형은 월성月城 서편에 있는 큰 천변에 가서 여러 귀신의 무리와 함께 놀고 있었다. 진평왕은 그 보고를 듣고 깜짝 놀라 비형을 불러 사실을 물었고 이에 비형은 숨기지 않고 대답하였다. 진평왕은 그 말을 듣고 더욱 신기하게 여겨 비형에게 귀신들을 데리고 당시 신라의 유명한 사찰인 신원사神元寺의 북대천에 다리를 놓게 하였다. 그러자 비형은 정말로 여러 귀신을 데리고 하룻밤 사이에 큰 다리를 놓았다. 그리하여 그 다리를 귀교鬼橋라 불렀다.

진평왕은 다시 비형에게 물었다. "귀신 중에 조정에 나와서 사람과 같이 일할 만한 귀신이 있느냐?" 그러자 비형은 "길달吉達이라는 귀신이 있는데 그는 무엇이든지 시키면 시키는 대로 다 잘합니다." 라고 대답하였다. 그러고는 이튿날 길달을 진평왕 앞에 데리고 와 선보였다. 진평왕은 비형의 말대로 길달에게 벼슬을 주고 여러 일을 시켰더니 길달은 정말 충직하고 부지런하여 어떤 일이든 다 잘 해냈다. 이를 기특하게 여긴 진평왕은 어명으로 그때 각간角干 벼슬의 임종林宗에게 길달을 양아들로 삼게 하고 다시 흥륜사興輪寺의 누문樓門[6]을 짓게 하였으니 유명한 길달문吉達門이 그것이다.

그러나 그 후 길달은 여우로 변신하여 도망쳤고 이에 비형이 크게 노하여 여러 귀신을 시켜 길달을 잡아 죽이게 하였다. 그 일로 귀신들 모두 비형을 무서워하여 그 후로는 모든 귀신이 비형의 이름만 들어도 멀리 도망갈 정도였다. 이에 당시 사람들이 시가詩歌를 지어[7] 비형을 찬미하였는데, 그 시구는 소위 귀신을 쫓는다고 하여 훗날까지도 경주 부근의 사람들은 그 시구를 문밖에 붙이곤 하였다 한다.

···

6 누문(樓門): 중층 누각 건물 아래 설치한 출입문.

7 시가(詩歌)를 지어: 일반적으로 〈비형랑사(鼻荊郎詞)〉라 불리며, 그 가사는 다음과 같다. "성스러운 임금의 혼이 아들을 낳았으니, 비형랑의 집이 여기로다. 날뛰는 온갖 귀신의 무리들아, 이곳에 함부로 머물지 말라[聖帝魂生子 鼻荊郎室亭 飛馳諸鬼衆 此處莫留停]."

05

도미의 아내

백제에도 유명한 미인이자 열녀가 있었으니, 바로 도미都彌의 아내이다. 그녀는 비록 천한 신분의 아내였으나 외모는 나라 안에서 제일이었으며 절개와 품행이 빼어나 세상 사람들이 흠모하였다.

당시 백제의 임금 개루왕蓋婁王은 주색에 빠져 지낸 극악무도한 임금으로 도미의 아내가 천하 미인이라는 말을 듣고 야심이 불같이 일어나 그 아내를 빼앗고자 도미를 궁으로 불러들였다. 그러고는 다음과 같이 말하였다. "부인에게 무엇보다 중요한 것은 바로 정결이다. 그러나 만일 아무도 없는 어둑한 속에서 감언이설로 잘 꼬드긴다면 아무리 철석같은 간장肝腸을 가진 여자라도 마음이 동하지 않을 자가 없을 것이다. 듣자 하니 네 아내가 천하의 미인이지만 절개가 갸륵한 까닭으로 누구든지 말조차 붙여 볼 수가 없다고 하던데, 만일 나 같은 일국의 군주가 재물과 보화를 많이 주며 궁중에서 총애한다면 어찌 되겠느냐?"

도미는 임금의 말이 너무나도 천만뜻밖이요, 또 황송한 까닭에 아무 대답도 못 하고 한참 있다가 어렵게 말을 꺼냈다. "황송합니다만, 사람의 마음은 알 수 없사오나 소신이 알기에 신의 아내 같은 사람은 비록 죽을지언정 다른 마음이 없을 것 같습니다." 왕은 도미의 말을 듣고 그의 아내를 한번 시험해 보고 싶었다. 그리하여 도미를 잡아 궁중에 가두고는 근신을 골라 왕의 복색과 거마를 갖추어 밤중에 도미의 집으로 가게 하고 먼저 사람을 보내 임금이 간다는 통지를 하고 다음과 같은 말을 전하였다. "임금님께서 네가 어여쁘다는 소문을 듣고 항상 마음속으로 사모하고 있다가 이번에 네 남편과 내기하여 너를 차지할 수 있게 되었다. 내일 너를 데려다가 궁인으로 삼을 것이니 이제부터 너는 비록 네 남편에게도 다시는 몸을 허락하지 말고 꼭 임금이 하라는 대로 복종해야 한다." 그러고는 그의 정조를 범하려고 하였다.

영리한 도미의 아내는 그 말을 듣고 조금도 놀란 기색 없이 태연자약하게 대답하였다. "대단히 황송한 말씀을 올립니다. 임금께서 저 같은 천한 계집을 그렇게 생각하시고 정중히 말씀하시니 어찌 감히 따르지 않을 수 있겠습니까. 그러하오나 지금은 의복이 매우 누추하여 귀중하신 옥체를 가까이할 수 없으니 잠깐 방에 들어가 기다리시면 의복을 다시 차려입고 오겠습니다." 그러고는 집으로 들어가 시비侍婢를 대신 단장하여 잠자리 시중을 들게 하였다.

후에 그 사실을 알게 된 임금은 크게 노하여 결국 도미에게 큰 죄를 씌워 두 눈을 뽑은 다음 작은 배에 태워서 강에 띄워 버렸다. 그러고는 도미의 아내를 잡아다가 강제로 간음하려 하자, 도미의 처는 또 이렇게 임기응변의 말을 하였다. "제 남편이 나라에 죄를 짓고 이미 죽게 되었으니 저는 혼자 살 수 없고 어떤 남자든지 반드시 다시 얻어야 살 수 있습니다. 그런데 임금께서 저를 그렇게 총애하시니 어찌 감히 거역하겠습니까. 그러나 지금은 달거리 중이라 몸이 매우 불결하오니 며칠만 더 기다려 깨끗이 목욕한 다음 모시겠습니다." 왕은 그 말을 굳게 믿고 그렇게 하라고 하였다.

이에 도미의 아내는 남모르게 도망칠 수 있었다. 그렇게 도망을 가다 강어귀에 이르렀는데 배가 없어 도저히 강을 건너갈 수가 없었다. 그녀는 낙심하고 강가에 앉아서 하늘을 바라보고 통곡하였다. 그러자 뜻밖에 배 한 척이 풍랑에 떠내려오다가 도미의 아내 앞으로 왔다. 도미의 아내는 그것을 천우신조로 생각하고 허둥지둥 배에 올라타서 그야말로 바람 부는 대로 배 가는 대로 정처 없이 가다가 천성도泉城島라는 섬에 이르렀는데 뜻밖에 두 눈이 먼 자기 남편이 그곳에 있었다. 부부는 그렇게 재회할 수 있었고 서로를 부여잡은 채 한바탕 통곡하였다. 그러고는 배를 같이 타고 고구려의 산산蒜山 밑까지 이르니 고구려 사람들이 그들을 불쌍하게 여겨 의복과 음식을 주어 구제하였다. 결국 부부는 그곳에서 유랑 생활을 하였으며 다시는 백제로 돌아오지 못하였다.

06

지리산녀智異山女

지리산은 삼신산三神山 가운데 하나인 명산으로 방장산方丈山이라고도 불린다. 명산인 만큼 지리산 부근에는 옛날부터 미인들이 많았다. 동경東京-지금의 경주- 상인과 연애하다가 결국 죽어 같이 묻히고 훗날 〈망동경望東京〉이라는 슬픈 노래를 세상에 전하게 하였던 월명月明[8]이 바로 이 지역 사람이다. 또한 조선 시대에 소설 〈춘향전〉의

…

8 월명(月明): 경상도 함양 사근역(沙斤驛)에서 역녀로 일하던 처녀로, 경주에서 행상을 온 총각 삼돌이와 사랑에 빠져 혼례를 올리고 살았다. 그런데 어느 날 삼돌이는 모친이 위독하다는 기별을 받고는 월명을 남겨 두고 경주로 돌아갔다. 월명은 매일 수지산 꼭대기에 가서 하염없이 삼돌이를 기다리다가 몸이 쇠약해져 병이 들어 죽고 말았다. 참고로 월명의 기사는 『신증동국여지승람(新增東國輿地勝覽)』「경상도 · 함양군」〈고적(古跡)〉에 보인다.

주인공으로 이름을 널리 알린 남원의 춘향春香은 누구나 다 아는 이 지역의 미인이다.

하지만 그보다 훨씬 이전인 삼국 시대에 전라도 구례현 산촌에 한 미인이 살고 있었는데, 그 집이 지리산 밑에 있어 세상 사람들은 그를 '지리산녀智異山女'라고 불렀다. 지리산녀는 외모가 경국지색이었고 성품 또한 매사에 신중하였으며 유한幽閒하고 정정貞正한 덕과 고결高潔하고 청정淸淨한 지조가 있었다. 비록 집이 가난하였으나 조금도 허튼 뜻이 없어 부인의 도리를 충실히 지키며 살아갈 뿐이었다.

당시 백제 임금이 지리산녀에 대한 소문을 듣고 크게 흠모하여 수많은 보물과 큰돈을 주며 자기 후궁으로 삼고자 하였다. 그러나 그녀는 금은보화를 하찮게 여기고 임금의 제안을 단 한마디로 거절하였다. 그리고 〈지리산〉이라는 노래를 지어 죽음도 두려워하지 않는 뜻을 드러내자 백제 왕이 더는 그녀를 귀찮게 하지 않았다고 한다.

〈지리산〉의 내용은 자세히 전하지 않아 알 수 없으나 그곳의 전설에 따르면 대개 다음과 같다.

지리산의 갈까마귀 머리 희면 희어졌지
송죽 같은 이내 절개 어이하면 변할쏘냐.
섬진강의 흐르는 물 흘러가면 흘러갔지
강 가운데 박힌 돌을 어찌하여 굴릴쏘냐.

만승 지위 높다 해도 필부의 마음 못 뺏으리
백운산의 구름 따라 이 몸 한번 죽고 싶어라.

07

<봉황가鳳皇歌>를 지은 안귀손의 부인 최씨崔氏

문경새재 물푸레낭건
말채 쇠채로 다 나아간다.

앞집 총각아 말 몰지 마라
뒷집 큰 아기 한심난다.

문경새재 박달낭건
북바디집으로 다 나아간다.

황경나무 북바디집은

큰 아기 손목을 다 녹인다.

이런 노래-아리랑 조-를 들어 본 적 있는가? 우리나라에서 제일 험준한 고개로 유명하고 또 위의 노래 내용처럼 물푸레나무와 박달나무가 많기로 유명하고 또 봄철에 구슬프게 우는 두견새가 조선에서 제일 많기로 유명한 새재[鳥嶺]가 있는 문경은 경상도의 '서촉西蜀'이라 할 만큼 궁벽한 땅이다. 중국에서 서촉은 매우 궁벽한 땅이지만 산천이 수려하여 예전부터 탁문군, 설도薛濤[9], 왕소군 같은 미인들이 배출되었다. 이와 마찬가지로 우리나라 문경에서도 예로부터 유명한 여성 문인들이 많이 탄생하였는데 그중에서 조선 세종 때 참판 벼슬까지 한 최치운崔致雲[10]의 딸을 소개하고자 한다.

최씨는 어려서부터 성품이 차분하고 항상 몸가짐이 조심스러웠으며 머리가 비상하여 불과 열 살 남짓에 시서詩書와 경사經史에 능통하였다. 또한 글을 지으면 사람들을 놀라게 할 만한 글귀를 지으니 주변 사람들이 모두 그를 신동이라며 칭찬하였다. 최씨는 나이 방년에 이르러 문경 가은리에 사는 안귀손安貴孫과 혼인하였다. 최씨는

...

9 설도(薛濤): 중국 당나라 때의 기녀이자 시인. 원래는 장안의 양갓집 규수였으나 아버지를 따라 촉(蜀) 땅으로 이주하였다가 패가하여 가기(歌妓)가 되었다. 시문에 뛰어나 원진(元稹)·백거이(白居易) 등 당대의 시인들과 교제하였다.

10 최치운(崔致雲): 조선 전기의 문신으로 자는 백경(伯卿), 호는 경호(鏡湖)·조은(釣隱)이다. 1417년 문과에 급제하고 집현전에 들어가 학문을 연구하였으며, 평안도 도절제사 최윤덕(崔潤德)의 종사관이 되어 야인(野人) 정벌에 공을 세우기도 하였다. 왕명으로 『무원록(無冤錄)』을 주석하고 율문(律文)을 강해하는 등 학문 정비에 기여하였다.

어릴 때부터 효성이 지극하고 예의범절을 잘 지켰기에 혼인해서도 시부모를 효성스럽게 잘 모셨으며 살림살이도 법도를 갖춰 잘하니 사람들이 그를 모범적인 부인이라고 칭송하며 우러러보았다.

하지만 가인박명이라고 남편이 사직司直 벼슬을 지내다가 불행히도 일찍 죽었으니 그녀는 마치 봄철의 꽃이 서리를 맞는 것처럼 불운에 빠지게 되었다. 그녀는 남편을 위하여 친히 애도문을 지어 읽었는데 그 글은 참으로 명문인 데다 의미 또한 매우 슬퍼 듣는 사람마다 눈물을 흘리지 않는 자가 없었다. 그 글은 지금까지도 전해 내려오는데 다음과 같다.

봉새 황새 함께 날며	鳳凰于飛
봉새와 어울려 즐겼는데	和鳳樂只
봉새 가고 아니 오니	鳳飛不下
황새 홀로 울고 있네.	凰獨哭只
머리 들어 하늘에 물어도	搖首問天
하늘은 묵묵히 말이 없네.	天默默只
하늘은 길고 바다는 넓고	天長海濶
내 한도 끝이 없다네.	恨無極只

08

강남덕의 어머니

강남덕江南德의 어머니는 조선 선조 때 서울 서강西江에서 뱃사공을 하던 황봉黃鳳의 아내이다. 그들 부부는 한시도 떨어지지 않을 정도로 금실이 좋았으나 가세가 빈한하여 잠실蠶室에 살면서 서해 바닷가로 배를 오가며 소금과 어물 장사를 하여 생활을 유지하였다.

그러던 어느 날 황봉이 배를 타고 서해로 가는 도중 폭풍을 만나 배가 전복되고 말았다. 그렇게 황봉은 행방불명되었고 그의 아내는 황봉이 바다에서 빠져 죽었을 것으로 생각하고 지극히 애통해하며 그날부터 상복을 입고 삼 년 동안 정성스레 아침저녁으로 상식上食을 받들었다. 보통 여자 같으면 삼년상을 치르기도 전에 다른 곳으로 개가할 생각도 하였겠지만 본래 절개가 뛰어났던 황봉의 아내는 삼년상을 치른 뒤에도 굳세게 정절을 지켰으며 그 후 광주리장사를 하며 하루하루 생활을 연명하였다.

그렇게 몇 해를 지내던 어느 날 뜻밖에 어떤 사람이 그녀를 찾아왔다. 그 사람은 무슨 일로 중국에 갔다가 우연히 황봉을 만났는데, 돌아오는 길에 황봉의 편지를 가지고 왔다며 품속에서 편지 한 장을 꺼내 그녀에게 전해 주었다. 황봉의 아내는 너무 놀라 꿈인지 생시인지 분간하지 못하였다. 그러고는 반갑게 편지를 뜯어보았는데 그 편지는 정말로 자기 남편이 보낸 편지였다. 편지에는 몇 년 몇 월 며칠에 바다에서 폭풍을 만나 거친 풍랑에 한없이 표류하다가 우연히 중국의 한 지방에 닿아 다행히 죽지 않고 살았으며 지금은 남의 집에서 삯품팔이하고 있다는 내용이 담겨 있었다.

자기 남편이 죽은 줄로만 알고 있었던 아내는 그 편지를 받고 얼마나 반가웠겠는가! 이에 그녀는 비록 거지가 되어 빌어먹고 가다가 중간에 거꾸러져 죽을지라도 반드시 남편을 찾아가고야 말겠다고 맹세하였다. 그러자 동네 사람들은 중국이 조선에서 거리도 멀고 국경의 경계가 삼엄하여 넘어가기가 어려울 뿐만 아니라 언어와 인정 및 풍속이 다른 만리타국에 연약한 여자의 몸으로 혼자 가는 건 매우 위험하며 자칫 잘못하면 그 뜻을 이루지도 못하고 길 위에서 남모르게 죽을 수도 있다며 강하게 만류하였다. 하지만 그녀는 주변의 말에 전혀 아랑곳하지 않고 혈혈단신으로 밤낮을 가리지 않고 걸어 의주義州까지 가서 아무것도 보이지 않는 캄캄한 밤에 남몰래 압록강을 건넜다.

하루 이틀도 아니고 몇 달을 걸어가며 거지 노릇을 하기도 하고 혹은 과객 노릇도 하였으니 그 고생을 어찌 형언할 수 있겠는가! 발바닥은 모두 부르터서 열 발가락이 마치 콩꼬투리처럼 부풀었으며 의복은 남루하여 마치 귀신같았다. 그러나 그녀는 조금도 고통이라 여기지 않고, '만 리 길을 아낙네가 무슨 일로 왔던가. 삼종三從의 의는 무겁고 일신은 가벼워서라네[萬里婦人何事到 三從義重一身輕].'[11]라는 옛 시 그대로 천신만고를 다 참아 냈고 결국 황봉이 있는 강남江南의 어느 지방에 이르게 되었다.

마침내 그곳에서 반갑게 재회한 황봉 부부는 손을 잡고 고국으로 돌아오게 되었다. 그들 부부는 고국으로 돌아오는 도중에 임신하였고 자기 집으로 돌아온 지 얼마 지나지 않아 예쁜 딸을 낳았다. 황봉의 아내는 자기가 남편을 찾아 강남까지 간 덕분에 아이를 낳았다고 하여 아이의 이름을 '강남덕'이라고 불렀다. 이에 동네 사람들은 그녀의 열렬한 절개에 탄복하여 그 이름을 부르지 않고 그저 '강남덕의 어머니'라고 부를 뿐이었다. 비록 그녀는 뱃사공의 아내에 불과하지만, 그 얼마나 열렬하고 갸륵하지 아니한가!

*『어우야담於于野譚』

•••

11 만 리 길을 …… 가벼워서라네: 조선 중기의 문신 유희춘(柳希春)이 을사사화(乙巳士禍) 때 종성에서 19년 동안 귀양살이를 하였는데, 그의 부인이 홀로 만 리 길을 걸어 종성까지 따랐다. 그 부인은 마천령을 지날 때 시를 짓기를, "걷고 걸어 드디어 마천령에 이르니, 끝없는 동해 바다 거울처럼 평평하네. 만 리 길을 부인이 무슨 일로 왔던가. 삼종의 의리 무겁고 일신은 가벼워서라네[行行遂至磨天嶺 東海無涯鏡面平 萬里婦人何事到 三從義重一身輕]."라고 하였다.

09

천고의 열녀 윤아랑尹阿娘

아랑阿娘은 어느 시대 사람인지 자세히 알 수 없으나 옛날 윤모尹某라는 밀양 부사의 딸로 알려져 있다. 아랑은 얼굴이 천하절색이고 재주 또한 뛰어나 누구나 그녀를 한번 보면 침이 마르도록 칭찬하는 아리따운 처녀였다.

아랑은 이팔방년 시절에 아버지를 따라 밀양 관아에서 생활하였다. 그런데 그때 관아에 통인通引[12]으로 있는 정씨丁氏란 자가 아랑을 사모한 나머지 기회만 있으면 어떤 짓을 해서라도 아랑과 한번 정을 통하려 고심하고 있었다. 하지만 아랑은 당시 부사의 딸일 뿐 아

…

12 통인(通引): 조선 시대에 수령(守令)의 잔심부름을 하던 구실아치.

니라 품행이 단정하고 바깥출입을 함부로 하지 않으니 정씨는 아랑에게 말 한마디 걸어 볼 수조차 없었다. 정씨는 그렇게 외기러기 짝사랑으로 항상 타는 가슴을 두드리며 홀로 고민하다가 결국 흉악한 계책 하나를 떠올렸다. 그것은 아랑의 유모에게 뇌물을 많이 주고 그 유모로 하여금 아랑을 꾀어서 달 밝은 밤 영남루嶺南樓에 달 구경을 가게 하여 그곳에서 아랑을 만나는 것이었다.

아랑은 그놈의 흉악한 계책에 빠진 줄도 모르고 유모를 따라 영남루로 갔다. 밤은 고요하고 바람은 잔잔한데 순진한 아랑은 달빛을 사랑하여 이리저리로 산책하고 있었다. 간악한 유모는 별안간 소변을 보러 간다며 몸을 피했고 그 근처에 숨어 있던 정씨가 돌연 달려들어 아랑의 몸에 더러운 손을 대고 말았다. 그러나 원래 백옥보다도 더 정결한 아랑이 천만번 죽은들 어찌 그놈에게 몸을 허락하겠는가. 아랑은 죽을힘을 다해 저항하다가 나중에는 품속에 있던 칼을 꺼내 그놈의 손이 닿았던 자신의 팔을 잘라 버렸다. 그것을 본 정씨는 어찌할 수 없어 결국 아랑을 칼로 찔러 죽이고 자기의 죄적을 감추려 시체를 영남루 밑 대숲 속에 던지고 달아나 버렸다.

이 같은 아랑의 원통한 사정은 부모도 알지 못하고 다만 하늘만 알 뿐이었다. 아랑은 비록 죽었으나 그 원혼은 의연히 남아 있어 꽃 피고 달 밝을 때나 날 흐리고 궂은 비 올 때면 항상 슬피 울었다. 또한 밀양 부사가 새로 부임해 올 때마다 아랑의 원혼이 귀신으로 나타나 자기의 원통함을 하소연하였다. 그러나 내막을 알지 못한 부사들은 아랑 귀신을 보고 기절하기도 하였으며 죽는 이도 있었다.

이러한 일이 두세 번 일어나자 밀양은 곧 흉지凶地로 여겨졌고 누구도 밀양 부사 되기를 싫어하여 한동안 밀양은 텅 빈 관청이 되고 말았다.

그때 이상사李上舍라는 사람이 있었다. 그는 본래 기개가 있고 담력이 장대하여 무엇이든지 꺼리지 않는 사람이었다. 이상사는 밀양에 관한 소문을 듣고 자청하여 밀양 부사가 되었다. 하루는 이상사가 영남루 동쪽 방에서 향을 피우고 정숙히 앉아 있었다. 밤이 점점 깊어 사오경四五更에 가까워지자 갑자기 음산하고 싸늘한 바람이 불더니 방문이 저절로 스르륵 열렸다. 그리고 머리를 길게 땋아 늘어뜨린 여자가 온몸에 선혈이 낭자한 모습으로 목에 칼이 꽂힌 채 유유히 들어왔다. 그것은 바로 아랑의 원혼이었다.

아랑의 원혼은 땅에 엎드려 울며 다음과 같이 애원하였다. "소녀는 아무개의 딸로 몇 년 몇 월에 원통히 죽었사온데 이 원한을 풀고자 여러 번 이전 부사에게 말씀을 올리려 하였습니다. 그러나 인간과 귀신이 다른 까닭으로 부사들께서는 이런 저의 뜻을 알지 못하고 기절하며 죽기까지 하니 스스로 죄송함을 이기지 못하였습니다. 이번에 비로소 부사님을 뵈옵게 되니 천만다행입니다. 부사께서는 저에 관한 사건을 밝혀내 주시고 살피시어 이 원통한 한을 풀게 하시옵소서." 부사는 크게 괴이하게 여겨 아랑에게 범인이 누구인지, 시체는 어디에 있는지 물었다. 아랑이 대답하였다. "시체는 모처에 있고 범인은 현재 관아에 아전으로 있습니다. 내일 아침 인사를 받으실 때 그중 한 사람의 갓 위에 흰나비가 앉아 있을 것입니다. 그자가 곧 범인입니다." 그러고는 홀연히 사라져 버렸다.

부사는 그것이 꿈인 것 같기도 하였으나 무언가 이상함을 느끼고 그 이튿날 아침 일찍 일어나 혼자 영남루 부근으로 돌아다니며 살펴보았다. 그랬더니 과연 어떤 처녀의 시체 하나가 있는데 죽은 지 오래되어 의복은 비록 다 썩었으나 몸은 조금도 썩지 않고 그대로 있었다. 부사는 더욱 이상하게 생각하고 급히 관아로 가서 여러 아전을 모두 불러 놓고 점고點考하였다. 그런데 과연 난데없이 한 쌍의 흰나비가 공중으로 날아와서 정씨의 갓 위에 앉는 것이 아닌가!

이에 부사는 추상같이 호령하여 정씨를 잡아 꿇리고 곤장을 때리며 전후 죄상을 다 자백하라고 하였다. 그러자 정씨는 모든 사실을 자백하였다. 부사는 그 자리에서 정씨를 때려 죽이고 유모 역시 붙잡아 처형하였다. 그러고는 아랑의 시체를 수습하여 본가로 보내 장사 지내게 하였다. 그리고 그 시체가 있던 곳에는 돌로 비석을 만들어 세우고 아랑의 정신각貞信閣을 지어 그의 정절을 표하여 아랑의 원혼을 달래 주었다.

시간이 흘러 다른 부사가 부임했다. 부임한 지 얼마 지나지 않아 부사는 백일장을 열었고 '영남루에서 달밤에 이상사를 만나 전생의 묵은 원한을 말하다.'라는 문제를 내었다. 백일장에서 열대여섯 살 된 한 아이가 시를 지으려고 하는데 별안간 붓이 벌벌 떨리고 마치 무당에게 신이 내린 것처럼 시구가 물 쏟아지듯 줄줄 나오는 것이 아닌가. 그리고 제출한 시 또한 천하 절창絕唱이어서 그 아이가 장원을 차지하였으나 그 뒤 아이는 집에 돌아오자마자 즉시 죽었다. 세상 사람들은 그 아이에게 아랑의 귀신이 붙어 그 시를 짓게 한 것이며, 또 아랑이 아이와 함께 저승에 가서 혼인하려고 죽게 한 것이라 하였다.

〈영남루에서 달밤에 이상사를 만나 전생의 묵은 원한을 말하다 [嶺南樓月夜逢李上舍說前生寃債]〉

푸른 봄 강물에 칼자국 갈아 없애자 해도 劍痕欲磨春江碧
한 품은 물이 해마다 붉은 꽃같이 쏟아지거니 恨水年年花血瀉
숲의 연기는 성곽 남촌으로 비를 끌어오고 林煙曳雨郭南村
대숲 바람은 사당 북쪽 정자 등잔에 나부끼누나. 竹風吟燈堂北榭
해 질 무렵 패옥 찬 미인이 잠시 머뭇거리니 黃昏環佩乍延佇
도깨비불 반딧불이 처량하게 오르내리네. 走燐飛螢悽上下
가련한 밤 누각 위로 달이 뜰 무렵 樓頭月上可憐宵
강가에서 처음으로 이상사를 만났다네. 江上初逢李上舍
억울한 영혼 처량하게 구천의 원한 품으니 寃魂悽帶九原羞
괴로운 말에 새벽 등잔대엔 찬 기운 감도는구나. 苦語寒生五更架
아랑이 어찌 영남루를 알았으리오 阿娘豈識嶺南樓
천 리 길을 일찍이 아버지 따라왔다오. 千里曾隨大人駕
깊은 규중에서 내칙편內則篇[13] 익숙히 읽었으며 深閨慣讀內則篇

13 내칙편(內則篇): 『예기(禮記)』의 한 편명(篇名)으로 여자의 행실에 관한 교훈이 실려 있다.

곧은 옥같이 어여쁜 자태는 시집가기 전이었소. 貞玉芳姿年未嘉
맑은 밤에 단 한 번 어머니 훈계 어겼건만 淸宵一違母氏訓
달구경이 유모의 속임수란 걸 누가 알았겠소. 玩月那知乳媼詐
부용당 위에서 난간에 기대고 있었더니 芙蓉堂上倚小檻
서쪽 뜰에 꽃 흔들리고 사람 자취 나타났다오. 花拂西園人影乍
칼 머리에 팔 끊어지고 혼은 놀라 흩어져 刀頭驚散斷臂魂
피로 변한 원혼 속절없이 대숲에 묻히니 竹根空埋寃血化
가을바람에도 부모 계신 곳 돌아가지 못하고 西風未返父母國
붉은 원한 오직 단필丹筆[14] 빌리기만 생각했다오. 紫恨惟思丹筆借
대숲의 성근 비는 시퍼런 핏빛 띠었건만 篁林疎雨帶血靑
내 원한 하소연해도 사람들은 놀라기만 할 뿐 我欲啼寃人自怕
서쪽 교외로 몇 번씩 태수의 혼을 보냈으며 西郊幾送太守魂
동헌에 매화꽃 지는 것도 여러 번 보았소. 東閣頻見殘梅謝
이곳에서의 원통함 삼생三生에 흐느껴 호소하니 三生泣訴此地寃
꽃구경하려던 당초 마음에 손가락만 깨문다오. 翫花初心玉指咋
가물거리는 서안의 등불이 마음 환히 비추고 書燈耿耿照心白
조잘거리는 귀신이 피를 토하며 우는 밤 鬼語啾啾啼血夜
상머리의 수주水呪[15]는 소리 없이 적적한데 床頭水呪寂無聲
손안의 단사丹砂로 점치기를 마쳤다오. 手裏丹砂占易罷

...

14 단필(丹筆): 예전에 법을 집행하는 관원들이 죄인의 죄상을 붉은색으로 기록하던 일. 여기서는 죄인을 처벌하는 의미로 사용되었다.

15 수주(水呪): 귀신을 부릴 수 있는 부적과 주술 따위를 말한다.

평두平頭[16]는 아직도 동헌 뜨락에 있으니 平頭尙在雁鶩庭
그대 지닌 서릿발 칼날로 용서치 마오. 子有霜鋩應不赦
은밀하고 긴 귀신의 하소연 원통한 말 마치자 幽脩鬼訴說寃罷
달빛 희미한 매화 뜰엔 꽃 그림자만 아른거리네. 微月梅庭花影亞

•••

16 평두(平頭): 평범한 머리라는 뜻으로, 여기서는 아랑을 해친 아전을 가리킨다.

10

신광철의 아내 심씨沈氏

조선 인조 때 경기도 평택平澤에 신광철申光徹이라는 한 선비가 살고 있었다. 광철은 병자호란이 일어나기 얼마 전 볼 일이 있어 고향인 황해도 평산平山에 갔다가 미처 돌아오지 못하고 불의에 난리를 만나게 되었다. 사납고 무지막지한 청나라 병사들이 각지에 가득한데 어찌 필부 단신인 광철이 그곳을 쉽사리 빠져나올 수 있었겠는가. 당시 광철의 아내 심씨沈氏는 홀로 평택 집을 지키면서 멀리 나간 남편이 돌아오기만을 밤낮으로 기다리고 있었으나 남편의 소식은 묘연하고 난리의 소문만 소란하게 들려왔다.

한편 청나라 군사들은 사면팔방으로 침범하여 민간에까지 와서 노략질을 일삼고 있었다. 마침 그때 심씨의 친정어머니 송씨宋氏는 외아들 하나를 데리고 있다가 아들이 나라의 부름을 받아 남한산성에 가게 되어 의탁할 곳이 없으므로 부득이 딸인 심씨 집으로 와서 외로운 몸을 의지하고 있었다. 심씨는 수시로 생각하였다. '먼 곳으로 간 남편이 돌아오기도 전에 되놈[17]들이 졸지에 들이닥치면 이 한 몸은 주검이 되어도 괜찮다. 하지만 늙으신 어머니는 장차 어찌하면 좋을까?' 심씨는 마음을 졸이며 밤낮을 가리지 않고 하늘을 우러러 지성으로 기도하며 남편이 안전하게 돌아오기를, 가족이 모두 무사하기를 바랐다.

그러나 시간이 아무리 흘러도 남편의 소식은 들리지 않았고 울며불며 피난하는 이웃 사람들은 날로 늘어 갔다. 심씨의 언니 역시 그 집에 와 있다가 일이 날로 위급해짐을 보고 홍주洪州로 피난을 가면서 조용히 심씨를 불러 다음과 같이 말하였다. "매부가 멀리 가서 돌아오지 않고 있는데 네가 남자의 몸도 아니고 연약한 여자의 몸으로 어찌 혼자 이곳에 남아 있을 수 있겠니? 이렇게 있다가는 반드시 되놈들에게 화를 면치 못할 게야. 그러니 나와 같이 가서 어린 것들의 목숨이나마 보전하며 후일을 기다리는 것이 좋지 않겠니?" 이렇듯 간곡하게 권고하였으나 심씨는 다음과 같이 대답하였다. "언니의 말도 일리는 있어. 그러나 남편이 있는 평산은 되놈이 쳐들어오는 길목이라 남편의 생사조차 알 수 없어. 그런데 나 혼자 살겠다고 남편의 소식을 듣기도 전에 피난을 갈 수 있겠어? 내 몸이 죽

---

17 되놈: 예전에, 만주 지방에 살던 여진족을 낮잡아 이르는 말이다.

고 내 뼈가 갈릴지언정 인정상 차마 하지 못할 노릇이야." 그 후로도 언니는 거듭 권유하였으나 심씨는 끝내 듣지 않았다. 심씨의 언니는 길게 탄식하며, "네 뜻이 그와 같이 굳으니 하는 수 없지. 네 아들이나 하나 나를 주어 신씨 집안의 혈육이나 보존하게 해 줘." 이 말을 들은 심씨는 마지못하여 그 둘째 아들을 내주었으니 그 아들의 나이는 겨우 다섯 살이었다. 그렇게 심씨의 둘째 아들은 이모와 외조모를 따라 홍주로 가게 되었다.

당시에 청나라 군사들이 팔도에 흩어져 있는 데다 멀리 간 남편의 소식은 알 길이 없으며 사랑하는 어린 자식은 먼 땅으로 떼어 보냈고 심지어 자신의 안전조차 예측하기 어려웠으니, 심씨의 마음은 과연 얼마나 아팠으며 또 얼마나 많은 눈물을 쏟았을까. 죽을지 살지 앞일을 알 수 없는 심씨는 어머니와 언니에게 어린 아들을 딸려 보내고 텅 빈 집 안에 혼자 남아 남편이 오기를 기다리며 피난 간 가족 일행이 무사하기를 밤낮으로 빌었다. '지성이면 감천'이라는 말처럼 며칠 지나지 않아 죽은 줄로만 알았던 남편 신광철이 적군의 틈을 타서 샛길로 자기 고향을 찾아 돌아왔다. 심씨와 광철은 너무나 반갑고 감격하여 표현할 수 없을 만큼 많은 눈물을 흘리며 부둥켜안고 울었다.

그러나 난리는 위급하고 언니와 늙은 부모, 어린 자식의 안부가 궁금하고 염려되어 이제는 잠시라도 그 자리에 머무를 수가 없었다. 심씨는 광철이 돌아온 그날 바로 길을 재촉하여 홍주로 간 일행을 뒤쫓아 갔다. 그리고 아산牙山 부근에서 가족들을 만났는데 별안간 적군이 달려들어 심씨 일행 앞을 막았고 일행은 사방으로 흩어지게 되었다. 심씨는 젖먹이를 안고 계집종 한 사람과 수풀 사이에 몸을 숨기고 있으면서도 일행을 서로 잃어버릴까 염려하여 머리를 들어 사면을 엿보며 망을 보고 있었다. 그런데 그때 심씨의 어머니 송씨가 불행하게도 되놈에게 붙잡혀 늙은 몸으로 저항하지도 못하고 무참하게도 목숨이 경각에 달려 있었다.

그것을 본 순간 심씨의 눈에서는 알 수 없는 무슨 빛이 번쩍였으며 귀에서는 알 수 없는 무슨 소리가 들렸다. 그 빛은 '분노의 빛'이었고 그 소리는 '구원하라.'라는 소리였다. 심씨는 즉시 안고 있던 아이를 같이 숨었던 계집종에게 주며 "애, 일이 급하다. 시간을 지체할 수가 없구나." 하고는 몸을 나는 듯이 번쩍이며 적군에게 붙잡힌 어머니를 붙들어 안고 통곡하면서 적군을 향하여 다음과 같이 말하였다. "너희가 우리 어머니를 죽이려거든 나를 죽이고 대신 우리 어머니를 살려다오." 이에 적군이 매우 놀라며 마침내 그 어머니를 놓아주었다. 그리고 억지로 심씨를 붙잡아 말에 태우고 어딘가로 향하였는데 심씨는 이미 각오한 바가 있었기에 무지한 놈들에게 깨끗한 절개를 굽힐 리가 없었다.

심씨가 말 위에서 대성통곡하며 적군을 무섭게 꾸짖자 청나라 군사들은 어찌할 줄을 몰랐다. 그러다 심씨의 꾸짖는 소리가 멈추지 않자 결국 청나라 군사들은 심씨를 칼로 난자하여 죽였으니 심씨는 그렇게 말 위의 송장이 되고 말았다. 호병이 물러간 뒤 숨어 있던 일행들은 다시 나와 각기 행방을 찾았으나 심씨는 이미 길 위의 외로운 혼이 되고 말았다. 울어야 무슨 소용이 있겠는가. 한탄한들 어찌 잊을 수 있겠는가. 남편을 위하여 죽음을 각오했던 심씨는 결국 위급한 상황에서 어머니를 위해 대신 죽었다. 심씨의 죽음은 충효의 죽음, 용맹스러운 죽음이었으며 어려운 죽음이었다.

그의 남편 광철은 슬픔을 참지 못하여 심씨의 시체를 거두어 행구行具 속에 넣은 의복과 이불로 싸서 동리 옆에 초빈草殯[18]을 하여 두었다가 난리가 평정되자 아산 선영先塋에 안장하니 그때 심씨의 나이는 아주 젊은 서른한 살이었다. 한창 꽃다운 시절에 이생을 하직한 것이다.

그 후 이 일이 나라에 전하여 들리니 조정에서는 심씨의 절개와 효성을 표창하고 정문旌門을 세워 주었다. 그 문 현판에는 "열녀 가선대부 신광철지처 심씨지려烈女嘉善大夫申光徹之妻沈氏之閭"라고 쓰여 있었다.

···

18 초빈(草殯): 속히 정상 장사를 치르지 못하고 송장을 방 안에 둘 수 없을 때, 한데나 의지간에 관을 놓고 이엉 따위로 그 위를 이어 눈비를 가릴 수 있도록 덮어 두는 일.

11

여장부의 복수, 파랑새와 개성 송씨宋氏

조선 숙종 때 개성에 고준실高俊實이란 청년이 있었다. 준실은 외지를 돌아다니며 장사를 하였다. 한번은 개성의 특산품인 인삼을 가지고 중국으로 가서 팔기 위해 말에다 인삼을 잔뜩 싣고 중국을 향해 길을 떠났다. 그럭저럭 며칠 동안을 가다가 국경 지방인 의주까지 가게 되었고 박춘건朴春建이란 사람의 객줏집에서 며칠 머무르게 되었다.

피차 평소에 잘 알고 있었던 까닭에 준실은 춘건에게 자기가 가지고 간 인삼과 말을 모두 맡겨 두었다. 그러나 소위 '물욕이 과하면 형제 숙질간에도 서로 살육을 한다.'라고, 박춘건은 그 지방에서 물상객주物商客主[19]를 하고 또 고씨와 친한 사이였지만 귀중하고 값비

싼 인삼을 보고는 욕심이 불같이 일어났다. 이에 평소의 친분과 의리를 생각하지 않고 준실을 죽여 그 물건을 빼앗고자 하는 야심이 생겼다. 그리하여 어느 날 밤 춘건은 준실에게 술을 권하여 잔뜩 취하게 하고 그가 잠든 틈을 타서 칼로 목을 찔러 죽였다. 그리고 죄상을 감추기 위해 그 시체를 들어다 압록강에 띄워 버렸고 또 그의 말까지 죽여 감쪽같이 강에다 던지니 그 누구도 춘건이 저지른 사건을 알 수 없었다. 이러한 사실을 아는 건 죄악을 저지른 춘건 자신과 천지신명뿐이었다.

그때 준실의 집에는 준실의 아내 송씨宋氏만이 있었다. 젊은 부부의 사랑하는 정은 한시라도 서로 떨어질 수가 없었지만 장사를 해서 돈을 벌어야 했기에 송씨는 매번 남편과 이별하고 적적한 공방을 지켰다. 이에 '장사꾼은 이익만 소중하게 여길 뿐 이별은 가볍게 여긴다네[商人重利輕別離].'[20]라는 옛사람의 눈물겨운 노래를 부르며 다만 남편이 몸 성하게 무사히 돌아오기만을 손꼽아 기다렸다. 그러나 남의 손에 원통하게 죽고 그 시체까지도 물속에 파묻히게 된 그 남편이 어찌 돌아올 가망이나 있었겠는가.

송씨는 집에서 한 달 두 달 남편이 오기만을 기다렸다. 그러나 도무지 소식이 없어 뜬눈으로 밤을 지새우곤 하였다. 그러다 '낮에 생

···

19 물상객주(物商客主): 장사치를 집에 머물러 묵게 하거나 그들의 물품을 소개하고 흥정을 붙이는 일을 주로 하는 사람.

20 장사꾼은 …… 여긴다네: 당나라 시인 백거이(白居易)의 〈비파행(琵琶行)〉에 나오는 시구절이다.

각한 것이 밤에 꿈으로 나타난다.'라는 말처럼 어느 날 밤 우연히 자기 남편이 평소와 마찬가지로 말을 타고 집으로 돌아오는데 온몸이 피투성이였고 타고 있던 말 또한 유혈이 낭자한 꿈을 꾸었다. 송씨는 깜짝 놀라 잠에서 깬 후 심신이 더욱 산란하여 어찌할 줄을 모르고 있었다.

그런데 어느 날 아침 난데없는 파랑새 한 마리가 자기 머리 위에 와서 앉는 것이었다. 송씨는 약속한 날짜가 지났음에도 남편이 돌아오지 않을뿐더러 꿈에서 본 것과 파랑새가 날아온 것이 이상하여 이리저리 생각하다가 결국 남편을 찾아 나서기로 결심하였다. 이에 집안일을 남에게 다 맡기고 사내 복장을 한 채 국경 방면을 향해 길을 떠났다. 그러다 몸은 피곤해졌고 노자 또한 떨어졌다. 하지만 송씨는 거지 행색을 하고 이 집 저 집 들어가서 밥을 빌어먹으며 결국 의주에 이르렀다.

의주에서 송씨는 여러 사람에게 물었으나 자기 남편의 종적을 도무지 알 수가 없었다. 그러다 하루는 우연히 자기 남편을 죽인 박춘건의 집으로 들어가게 되었는데 뜻밖에도 자기 남편이 가지고 다니던 말채찍이 그 집에 있었고 채찍에는 핏자국이 남아 있었다. 송씨는 춘건을 매우 의심하여 그 근처를 돌아다니며 탐문을 시작하였다. 그랬더니 정말 자기 남편이 몇 달 전에 그 집에 와서 머물렀던 사실이 밝혀졌다. 송씨는 피 묻은 채찍을 증거품으로 가지고 의주부義州府에 가서 부윤府尹에게 고소하였다. 그러나 부윤은 대수롭지 않게 여기고 조사도 하지 않았다. 송씨는 다시 호소할 곳도 없어 밤낮으로 압록강 연안을 돌아다니며 하늘에 부르짖고 통곡만 할 뿐이었다.

그렇게 일주일 동안을 울고만 있었는데 그 정성에 무슨 감흥이 있었던지 하루는 별안간에 강물 소리가 쏴 하고 터져 나오며 남편의 시체가 물 위로 떠오르고 죽은 말까지 따라 나왔다. 송씨는 남편과 말의 사체를 수습하여 다시 순영巡營에 고소하였으나 순영에서도 그 사건을 조사하지 않았을뿐더러 관장 앞에서 발악한다고 도리어 송씨를 벌하려 하였다. 그때 한 번도 보지 못했던 파랑새 한 마리가 송씨의 머리 위로 날아와서 슬픈 소리를 내며 야단치니 관찰사가 매우 놀라 용천 군수에게 명령하여 그 사건을 조사하도록 하였다. 결국 박춘건은 죄상이 드러나 처형되고 말았다.

부인 송씨는 그제야 남편의 원수를 갚고 남편의 시체와 말의 사체를 가지고 고향에 돌아와 장사 지냈다. 세상 사람들이 모두 부인 송씨의 정열을 칭찬하였으며 그 파랑새를 죽은 고씨의 원혼이라고 생각하였다.

12

유 문정공 집안의 충비忠婢

유 문정공柳文正公 집안의 충비忠婢는 조선 명종 때 어진 재상으로 이름난 문정공 유인숙柳仁淑의 사비私婢이다. 남의 집 천한 종이었던 만큼 이름도 알려지지 않았으며 다만 주인에게 충성을 다하였던 까닭에 그저 유씨 집안의 충비라고만 알려져 있다. 그는 여러 대에 걸쳐 유씨 집안의 사비로 있었는데, 을사사화 때 유인숙이 여러 소인에게 모함을 입어 전 가족이 한순간에 살육의 변고를 당하였다. 이에 그 처자와 권속은 모두 관비가 되었고 집안 살림 역시 관청의 소유로 넘어갔으며 노비와 전장田莊은 나뉘어 당시에 소위 공을 세웠다고 하는 여러 간신의 집으로 귀속되었다.

그때 여러 공신 중에 정순붕鄭順朋[21]이 가장 큰 공을 세운 사람으로 인정받아 유씨 집안의 노비를 전부 차지하게 되었다. 그 노비들은 자기의 상전이 죄 없이 원통하게 죽고 자신들도 남의 집으로 가게 된 것을 비통하게 생각하여 눈물을 흘리지 않은 사람이 없었다. 그러나 유독 충비 한 사람만은 전보다도 더 모양새를 꾸미고 얼굴에 기쁜 기색을 띠는 것이었다. 또 자기 동료에게 다음과 같이 말하기도 하였다. "남의 집 종이 되기는 마찬가지인데 너희는 대체 무슨 까닭으로 그렇게 슬퍼하느냐?" 그러고는 정순붕의 집에서 무슨 일이든지 충성스럽고 부지런하게 하니 순붕이 특별히 총애하고 신용하여 항상 옆에 두고 심부름을 시키며 몇 해가 되도록 책망 한 번을 하지 않았다. 그렇게 여러 해 동안을 화평하게 생활하였다.

하루는 순붕이 꿈을 꾸었는데 무서운 귀신이 와서 자기의 머리를 막 짓눌렀다. 순붕은 깜짝 놀라 깨었는데 그 꿈을 꾼 뒤로는 온몸이 아파서 일어날 수가 없었고 눈만 감으면 으레 그 귀신이 보였다. 그렇게 시간이 흘렀고 순붕은 시름시름 앓다 결국 죽고 말았다. 일이 그렇게 되니 온 집안이 불안 증세에 빠졌다. 이에 순붕의 부인이 어떤 무당에게 물어보니 무당은 베개 속에 무슨 요물이 있어서 그렇다고 대답하였다. 부인은 무당의 말을 듣고 베개를 뜯어보았는데 과연 그 안에 죽은 사람의 두개골이 들어 있었다. 이는 필시

•••

21 정순붕(鄭順朋): 조선 중기의 문신으로 호는 성재(省齋)이다. 소윤(小尹)으로서 윤원형(尹元衡) 등과 함께 을사사화를 일으켜 윤임(尹任)을 비롯한 대윤(大尹)을 제거하는 데 앞장섰다. 임백령(林百齡)·정언각(鄭彦慤)과 함께 을사삼간(乙巳三奸)이라 불렸다.

충비가 벌인 일이라 의심하여 충비를 잡아다 심문하였다.

그러자 충비가 먼저 나서서 소리를 지르며 다음과 같이 말하였다. "맞다. 그것은 내가 한 일이다. 우리 유씨 상전이 무슨 죄가 있었기에 너희 집 늙은 놈이 모함하여 그렇게 죽이고 모든 가족까지 멸살시켰단 말이냐! 내가 비록 천한 종이지만 어찌 원수 놈의 집에 와서 종노릇을 하고 있어야 하겠느냐! 내가 그 원수를 갚으려고 별 짓을 다 하며 오랫동안 애를 쓰다가 다행히 너희 집 문객과 사정을 통하게 되어 죽은 두개골을 얻어다가 방해하였다. 그것이 요행히 잘 들어맞아 이 집 주인이 죽게 되었으니 나의 원수는 다 갚은 셈이다. 이제는 죽어도 여한이 없으니 속히 나를 죽여라." 그 말이 끝나자마자 순붕의 자제들은 그 충비를 순붕의 시체 옆에서 때려죽였다. 그리고 이 모든 사실을 비밀로 하였으니 당시에 그 사실을 아는 사람은 아무도 없었다.

그 뒤에 정순붕의 아들 정작鄭碏이 나이 칠십이 넘어서 죽었는데 그가 죽을 때 자기 집 사람에게 이 이야기를 전하였다. 그러면서 그것이 자기 집안의 비밀스러운 일이었기에 지금껏 차마 누구에게도 말하지 못하였으나 그 여자의 의열이 너무도 가상하였기에 그대로 매몰될까 염려하여 이제 죽을 때를 당하여 처음으로 말을 꺼내는 것이라 하였다.

13

호랑이를 때려 죽인 통천의 최씨崔氏

강원도의 관동팔경 중 하나로 유명한 총석정이 있는 통천골에 이시택李時澤이라는 한 농부가 살고 있었다. 그는 명색이 농부지만 자기 소유의 토지가 없고 다른 사람의 토지에서 농사짓는 소작농이었기에 피땀을 흘리고 손톱이 빠지도록 힘써 농사를 지어도 추수 때가 되어 지주에게 소작료를 주고 비싼 조세를 치르고 나면 겨울에 먹을 양식이 없었다. 그래서 이씨는 농한기가 되면 소금 장사를 부업으로 삼아 산촌을 돌아다니면서 소금과 곡식을 맞바꾸어 근근이 생활을 유지하였다.

그날도 역시 소금 한 섬을 등에 지고 인근 마을인 회양군淮陽郡 어느 깊은 산골을 찾아가게 되었다. 그러다가 강원도에서도 크고 험하기로 소문난 장대령長大嶺이란 고개를 넘어가게 되었는데, 초행길이라 길도 잘 몰랐으며 게다가 고개 밑에 이르렀을 때는 이미 해가 다 저물고 있었다. 그러지 않아도 사람이 살지 않는 산골길이라 무시무시하여 등골까지 땀이 저절로 흐르는데 해가 지고 땅이 컴컴해지니 그가 가는 길은 저승길 가는 것보다 더 무서웠고 한 발자국을 떼는 것도 다른 곳에서 몇 발자국을 떼는 것보다 더 힘이 들었다. 그러나 이 고개를 넘지 않고서는 다른 길이 없었으므로 아무리 무섭고 싫어도 그 길을 가지 않을 수 없었다. 이씨는 하는 수 없이 죽을 용기를 내어 한참을 걸었다.

그러다가 산모퉁이에 있는 성황당城隍堂 앞에서 잠깐 쉬고 있었는데 그곳에 웬 자루 하나가 떨어져 있었다. 이씨는 혼잣말로 "이렇게 깊은 산골에 웬 자루가 떨어져 있지?"라며 중얼거렸다. 그러고는 그 자루를 집어 소금 섬 위에 얹고는 또 한참을 갔다. 이럭저럭 고개의 막바지에까지 이르렀다. 이렇게 몇십 리를 아무리 걸어도 사람이라고는 단 한 사람도 만날 수가 없었고 개와 닭의 소리까지도 전혀 들리지 않는 적막한 산중이었는데 놀랍게도 길 한쪽 모퉁이에 조그마한 오막살이집 한 채가 있었다. 그리고 그 집 울타리 틈으로 등불의 빛이 마치 가을철의 반딧불처럼 새어 나오고 있었다. 이씨는 죽었던 목숨이 다시 살아난 것처럼 정말로 기뻤다.

이씨는 염치나 체면을 차릴 것도 없이 마치 자기 집에 찾아 들어가듯이 소금 짐을 집 문 앞에다 내려놓고 주인을 찾았다. "여보시오, 주인장 계십니까?" 이씨가 이렇게 두세 번 외쳐도 아무 대답이 없다가 한참을 외치니 그제야 삼십여 세 되어 보이는 어여쁜 여자 하나가 문을 열고 나오며 고운 목소리로 "누구십니까? 이 밤중에 무슨 일로 찾으십니까?" 하고 대답하였다. 이씨는 "다른 게 아니라 길을 가다가 깊은 산중에서 날은 저물고 잘 곳이 없어서 그러는데 미안하지만 하룻밤 자고 가려고 이렇게 집주인을 불렀습니다."라고 말하였다. 그러자 여인은 조금도 망설이지 않고 "네, 그러시지요. 무엇 어려울 게 있겠습니까? 이 밤중에 더 가시려면 매우 위험합니다."라며 친절히 이씨를 맞아들였고 방까지 치워 주었다.

이씨는 소금 짐을 방문 앞에 가져다 놓고 방 안으로 들어가서 피곤한 다리를 펴고 누웠다. 여인은 저녁밥을 차리느라고 드나들다가 소금 짐 위에 얹혀 있는 자루를 집어 들고는 별안간에 두 눈이 동그래지며 뛰어들어 와서 이씨에게 "여보시오, 이 자루가 손님의 것입니까?" 하고 물었다. 이씨는 속으로 이상하게 생각하면서 "아닙니다. 이 고개 밑에서 누가 떨어트린 것을 주워 왔습니다."라고 대답하였다. 그 말을 들은 여인은 두 눈에서 눈물을 펑펑 흘리며 다음과 같이 말하였다. "이거 참 큰일 났습니다. 이 일을 어찌한단 말입니까. 우리 집 주인이 호랑이에게 물려 간 것이 분명합니다." 여인은 숨 쉴 틈도 없이 다시 말을 이었다. "여보시오, 우리 집 주인이 아까 점심때 저 산 너머 동네의 잔칫집 구경을 갔는데 그 집에 부조하려고 이 자루에다 쌀 한 말을 가지고 나갔습니다. 그런데 아마 돌아오는 길에 고개 밑에서 호랑이에게 해를 입은 모양입니다. 이 일을 어찌하면 좋겠습니까?" 그러고는 목 놓아 울기 시작하였다.

이씨는 한편으로는 무섭기도 하고 한편으로는 불쌍하기도 하여 어찌할 줄을 모르고 그저 말없이 여인을 바라볼 뿐이었다. 여인은 다시 눈물을 거두고 힘 있는 목소리로 다음과 같이 말하였다. "이왕 일이 이 지경이 된 바에야 울기만 하면 무슨 소용이 있겠습니까. 아무리 어두운 밤중이지만 시체라도 찾아야겠습니다. 여보시오, 손님! 오늘 밤 이 집에 와서 주무시게 되었으니 이미 손님이 된 이상 미안하지만 내 부탁을 좀 들어주십시오."

이씨는 가뜩이나 무서운데 무슨 일을 시킬까 싶어 가슴이 덜컥 내려앉아 어찌할 바를 모르고 그저 몸만 벌벌 떨고 있었다. 여인은 마당으로 나가서 싸리나무 홰에다 불을 켜서 오더니 "여보시오, 손님. 어서 나오십시오. 같이 가십시다."라고 하였다. 이씨는 그제야 겨우 목소리를 내어 "이 어두운 밤중에 어디를 가잔 말입니까? 나는 무서워서 못 가겠습니다."라며 자리에 털썩 주저앉았다. 그러자 여인의 얼굴빛이 갑자기 파래지더니 무서운 눈으로 이씨를 한참 노려보았다. 그러고는 독기 있는 어조로 말하였다. "여보시오, 그렇다면 할 수 없지요. 우리 집 주인의 송장을 찾지 못한다면 당신도 죽이고 나도 죽을 수밖에 없지요." 그러더니 여인은 부엌으로 들어가 날이 시퍼런 식칼을 가지고 와서 이씨에게 달려들었다.

이씨는 깜짝 놀라서 무서운 생각도 다 사라지고 다만 그 여자 앞에 엎드려서 그저 사과하였다. "잘못하였습니다. 오늘 하룻밤 댁에 와서 잠시나마 신세를 끼쳤는데 주인댁의 불행한 일을 보고도 가만히 있는 것은 참으로 큰 잘못입니다. 제발 용서하시고 무슨 일이든 시키시면 그대로 하겠습니다." 그러고는 여인이 명령하는 대로 횃불을 잡고 자루가 있었던 고개 밑까지 더듬어 갔다.

그곳에 가 보니 정말 그 근방에서 비린내가 코를 찌르고 새빨간 피가 보기에도 소름이 끼치게 군데군데 떨어져 있었으며 호랑이의 발자국이 이곳저곳에 남아 있었다. 그 광경을 본 여인은 그만 미쳐 날뛰는 사람처럼 핏자국을 따라 머루와 다래 넝쿨이 엉킨 캄캄하고 깊은 산림 안으로 들어갔다. 그 안에는 큰 바위가 있었고 그 바위 아래에 정말로 두 귀가 쭉 찢어지고 무늬가 얼룩덜룩하며 몸집이 산더미같이 큰 호랑이가 송장을 옆에 놓고 으르렁거리고 있었다. 여인은 송장을 보자마자 번갯불같이 호랑이 옆으로 뛰어 들어가 송장을 어깨에 둘러메고 큰길까지 달려 나왔다. 그러자 먹잇감을 잃은 호랑이는 어흥 소리를 내며 여인의 치맛자락을 물려는 듯이 뒤를 따라왔다. 부인은 이씨를 향해 크게 소리 지르며 이렇게 물었다. "당신이 횃불을 가지고 뒤에서 오겠습니까? 송장을 가지고 앞서서 가겠습니까?" 무서워서 정신이 다 빠진 이씨는 얼른 생각해도 두 가지 일 모두 못할 일이지만 피가 줄줄 흐르는 송장을 등에 지고 가기보다는 뒤에서 횃불을 잡고 가는 것이 나을 듯하여 횃불을 잡고 가겠다고 대답하였다.

그리하여 이씨는 횃불을 잡고 내려오는데 뒤를 돌아보니 두 눈이 불덩이 같은 호랑이가 금방이라도 사람을 잡아먹을 듯이 이씨의 뒤를 따라오는 것이 아닌가. 이씨는 그만 혼이 빠져서 황급히, "여보시오, 부인! 내가 송장을 지고 앞서서 가겠습니다."라고 하고는 다시 송장과 횃불을 바꾸어 집까지 왔다.

집에 오자 여인은 이씨를 방 안에 가두고 문을 거적때기로 가렸다. 그러고는 남편의 송장을 가지고 움 안으로 들어가 호랑이가 오기를 기다렸다. 시간이 흐르자 과연 호랑이가 송장 냄새를 맡고 움 앞까지 쫓아와서 머리를 움 속으로 바짝 들이밀었다. 움 안에서 지키고 있던 여인은 들고 있던 도끼로 죽을힘을 다해 호랑이의 머리를 냅다 내리쳤다. 놀라운 열녀의 일편단심! 비록 연약한 여자지만 여인은 기어코 한 번에 호랑이의 대가리를 깨뜨렸다. 호랑이는 벽력같은 소리를 한 번 크게 지르고는 그 자리에서 그만 거꾸러져서 죽었다.

그럭저럭 그날 밤을 새우고 날이 밝은 후 이씨는 소금 짐까지 내버리고 그 집을 떠나가려고 하였다. 여인은 여러 가지의 말로 감사하다는 뜻을 전하고 궤 속에서 인삼 한 뿌리와 벼 한 필을 꺼내 주며 "집 안에 있는 것이 이것뿐이니 이것이라도 받아 주십시오."라고 하였다. 이씨는 한참 사양하다가 그것들을 받아 들고 그 집을 나섰다.

이씨는 죽었다가 다시 살아난 사람처럼 속이 시원하기도 하였지만, 한편으로는 정신이 얼떨떨하였다. 그 집에서 백여 보쯤 걸어 나오다 다시 뒤를 돌아보았는데 자기 남편의 송장을 안고 지붕 위에 올라가 있는 여인이 보였다. 그 여인은 자기 손으로 직접 집에 불을 지르고 무참하게 그 불 속으로 들어가 죽고 말았다.

이 열렬하고 무서운 열녀의 절개. 어떠한가? 옛날 같으면 나라에서 열녀정문이나 열녀비를 세워 주는 것은 물론이고 시와 전기傳記 같은 것이 당연히 있었을 것이다. 그러나 이 일은 산골에 숨어 살던 여인의 일이었기에 세상에 그 사실을 아는 사람이 거의 없고 다만 그 지방 초동목부樵童牧夫의 입에서 일종의 전설과 같이 그 여인의 이야기가 전할 뿐이다. 한편 그 여인은 출처도 내력도 알 수 없고 그저 열녀 최씨崔氏라고만 전해진다.

14

맹인의 딸, 효녀 지은知恩

신라의 서울 경주의 분황사芬皇寺 동쪽에 있는 한기韓岐라는 조그마한 마을에 살림살이가 넉넉하지 못한 연권連權이라는 사람이 살았다. 연권은 집이 그렇게 가난한 중에 병이 들어서 계속 병석에 누워 있었고 그 부인은 원래 맹인이었기에 아무런 벌이도 하지 못하였다. 부부 슬하에는 지은知恩이라는 이름의 딸 하나가 있었으나 나이가 어려 아무것도 알지 못하였다. 연권은 자신의 병을 고칠 방법을 찾지 못하고 신음만 하다가 불행하게도 죽고 말았다.

그리하여 남은 두 목숨은 의지할 곳이 없게 되었다. 나이 어린 딸은 어머니와 자기를 위해 집집이 밥을 빌러 나가지 않을 수 없었다. 한 술 두 술 밥을 모아다가 등불 아래 앉아 같이 먹고 쓰러져 안고 자는 두 모녀의 광경은 참으로 불쌍하였다. 그러다가 지은이는 어떤 부잣집에 들어가 부엌일을 하게 되었다. 그렇게 부잣집에서 벼를 얻어다 방아에 찧어서 돌아와 어머니에게 따뜻한 밥을 지어 드릴 수 있었다. 그러나 어머니는 오히려 "내 딸이 오죽이나 피곤하겠나. 저것이 어디가 아프지는 않은가."라며 딸을 걱정하였고 아픈 가슴을 진정할 수 없었다.

그러던 어느 날 두 모녀가 서로를 걱정하며 맞잡고 울었다. 그 울음소리가 집에서 새어 나와 길에까지 들렸고, 그때 마침 그 앞을 지나가던 효종랑孝宗郎과 낭도郎徒들이 듣고는 그 사정을 자세히 물었다. 그리고 돌아가 그 무리에게 이야기하자 사람들이 지은의 효심에 감복하여 옷과 쌀을 내주니 왕도 그 소문을 듣고 집을 하사하여 일시에 큰 부자가 되었다. 그리고 지은이가 살던 마을을 효양방孝養坊이라고 불러 후세에 그 흔적이 남겨졌다.

* 『삼국사기三國史記』·『삼국유사三國遺事』[22] 참조.

---

22 『삼국사기(三國史記)』·『삼국유사(三國遺事)』: 이 이야기는 『삼국사기』「열전」에 〈효녀지은(孝女知恩)〉의 표제로 실려 있으며, 『삼국유사』「효선(孝善)」에 〈빈녀양모(貧女養母)〉의 표제로 실려 있다.

제4편

투기한 여성, 못생긴 여성

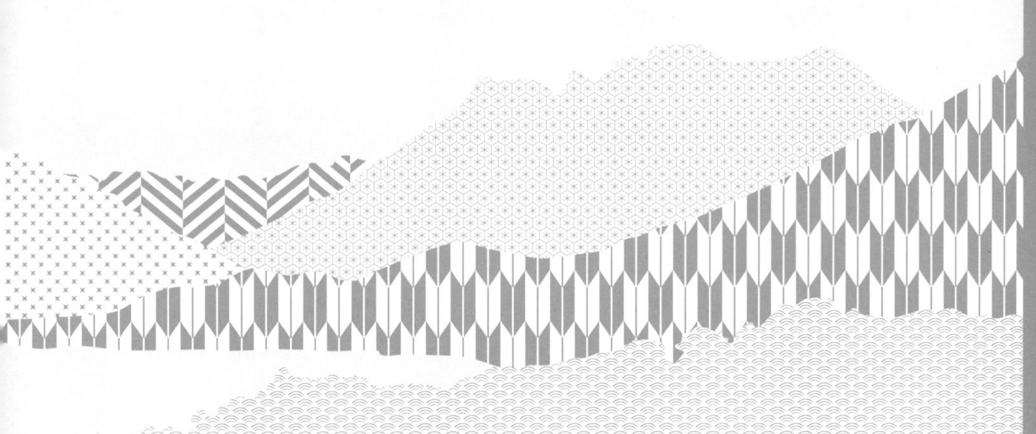

01

애마를 베어 죽인 최 목사 부인

목사牧使 최운해崔雲海는 세종 때의 장상將相으로 위의威儀와 명성이 당당하던 최윤덕崔潤德[1]의 아버지이다. 그 부자는 그렇게 유명한 인물이었지만, 최운해의 후취 부인은 어찌나 질투심이 많았던지 자기 남편이 단 한 번이라도 어떤 여자와 가깝게 지내는 것을 보면 며칠씩 밥을 굶으며 잠도 자지 않고 싸움을 하여 집안에 큰 풍파를 일으켰다.

한번은 운해가 경기도 광주 목사로 부임하여 나가게 되었다. 그

…

1　최윤덕(崔潤德): 조선 전기의 무신으로 자는 여화(汝和), 호는 임곡(霖谷)이다. 병조판서·좌의정 등을 지냈으며, 세종 때 쓰시마섬[對馬島]을 정벌하고 여진족을 토벌하는 등 여러 싸움에서 공을 세웠다.

때 광주에는 관기官妓가 많았는데, 기녀 하나가 얼굴도 예쁘고 노래와 시에도 뛰어나 역대 목사들이 모두 총애하였다. 운해의 부인은 혹여나 자기 남편이 부임 초기부터 그 기녀를 가까이할까 염려하여 여러 하인에게 돈까지 쥐여 주며 항상 목사의 동정을 살펴 자기에게 보고하게 하였다.

하루는 어여쁜 통인 아이가 색동옷을 입고 목사의 책상 앞에서 기다리고 있었는데, 하인이 그 아이를 기녀로 오인하여 쏜살같이 내아內衙로 뛰어 들어가서 부인에게 보고하였다. 부인에게 혹 질투심이 있더라도 다소 지각이 있는 부인 같으면 다시 자세히 알아보고 시비를 걸었을 것이다. 하지만 최운해의 부인은 하인의 말만 듣고도 당장에 질투심이 불같이 북받쳐 올라 얼굴이 붉으락푸르락해지고 노기가 등등하여 품속에 잘 드는 칼을 품고는 내아로 드는 문 안쪽에서 지키고 서 있으면서 목사가 들어오기만 하면 곧바로 사생결단을 내려고 하였다. 어찌나 극성스러운 여자였던지 아침밥도 먹지 않고 나가서 해가 지도록 그대로 지키고 있었다.

한편 운해는 공무를 마치고 내아로 들어오는데 별안간 마음이 섬뜩하고 머리끝이 쭈뼛쭈뼛하였다. 이에 이상하게 생각하고 들여놓던 발길을 다시 접어 뒤로 돌아서는데 갑자기 부인이 칼을 들고 달려들어 그의 관복 자락을 쳐서 끊어 버렸다. 운해는 크게 놀라 다시 객사로 돌아갔고 부인은 그래도 분이 풀리지 않아 소리를 지르고 생트집을 잡으며 "그 늙은 놈의 대가리를 자르지 못한 것이 한이로다!"라고 하였다. 그러고는 다시 마구간으로 달려가서 그 칼로 목사가 가장 아끼는 말을 베어 버렸다.

보통의 남자 같으면 당장 부인을 법으로 다스렸겠지만, 운해는 원래 덕이 있고 너그러운 사람이었기에 아무 말도 하지 않고 며칠을 그대로 있다가 부인의 노여운 기운이 풀어진 틈을 엿보아 다시 내아로 들어갔다. 운해가 아무런 책망도 하지 않고 자기의 문부文簿와 행장을 수습하자 부인이 그 이유를 물었다. 이에 운해가 천연덕스러운 태도로 대답하였다. "요전에 우리 집에서 벌어진 일이 벌써 조정에까지 알려져 말썽거리가 되었소. 그래서 내 벼슬이 갈리게 되어 행장을 꾸리는 것이오." 그러고는 자기 부인에게는 같이 가자는 말도 없이 홀로 하인만 데리고 길을 떠났다. 부인이 허둥지둥 광나루까지 따라왔으나 운해는 전혀 돌아보지도 않고 그대로 서울로 향하였다. 그러자 부인이 더는 따라가지 못하고 무안하게 혼자 강변에 남아 있었다. 그 후로 그 부부는 아주 영영 이별하고 말았다.

* 『청파극담青坡劇談』[2]

---

2 『청파극담(青坡劇談)』: 조선 전기의 문신 이륙(李陸)이 역대 인물들의 일화를 중심으로 엮은 야담집.

02

여승이 되려 했던 김효성의 부인

판중추원사判中樞院事 김효성金孝誠은 오입질을 잘하고 첩을 많이 두기로 유명했으며 그의 부인은 질투심이 많기로 유명하였다. 김효성이 첩을 많이 얻는 것에 대해 부인이 항상 나무랐으나 김효성은 도무지 들은 척도 하지 않았다. 그러자 결국 그의 아내는 머리를 깎고 여승이 되기로 결심하고는 염색한 베 한 필을 사다가 승복을 마름질하고 있었다. 김효성이 밖에 나갔다가 집으로 돌아와 그 광경을 보고 이상히 여겨 묻자, 부인이 이렇게 대답하였다. "당신이 평생토록 다른 계집만 좋아하고 나는 원수같이 여기니 내가 무슨 재미로 이 집에서 살겠어요? 내 차라리 머리를 깎고 여승 노릇을 하는 게 나을 듯하여 결심하고 옷을 짓고 있는 거예요!"

웬만한 남자 같으면 자기 부인이 그렇게까지 한다면 마음을 바꿔 만류도 하겠지만, 본래 풍치 좋고 비위 좋은 김효성은 아무런 내색도 없이 흔연히 말하였다. "나를 위해서는 정말로 잘하는 일이오. 부인이 잘 알다시피 나는 평생 여색을 좋아하는 사람으로서 이 생의 계집이란 계집은 다양하게 관계하여 기녀, 무당, 남의 집 통지기[3], 안잠자기[4], 식모, 비녀婢女 할 것 없이 다 겪어 보았소. 그런데 유독 여승만은 이때까지 가까이해 본 일이 없어 평생의 한으로 생각하였는데, 이제 당신이 여승이 된다면 자연스레 여승까지 관계하게 될 것이니 참으로 다행스러운 일이 되겠구려! 기왕에 여승이 되려거든 다만 한 시간이라도 속히 머리를 깎고 그 옷을 입기를 바라오." 부인은 하도 기가 막혀 아무런 말도 하지 못하고 손에 들고 있던 옷감을 집어 던져 버렸다.

...

3 통지기: 물통이나 밥통 따위를 지키는 궂은일을 도맡은 자라는 뜻에서 여자 종을 낮추어 부르는 말.

4 안잠자기: 남의 집에서 먹고 자며 그 집의 일을 도와주는 여자.

03

평양까지 쫓아간 조태억의 부인 심씨沈氏

숙종 때의 정승 조태억趙泰億의 부인 심씨沈氏도 질투심이 많기로 유명하였다. 조태억은 벼슬이 일국의 정승까지 올라 이 세상에서 임금 외에는 무서운 사람이 없을 만한 지위에 있었다. 하지만 그 부인이 어찌나 질투가 심했던지 호랑이보다 더 무서워하여 평소 외간 여자라고는 감히 가까이하지 못했다.

그러던 중 마침 종형 조태구趙泰耉가 평양 감사가 되어 부임한 후 조태억이 승지로서 왕명을 받들어 평양에 가게 되었다. 평양은 이름이 있는 색향色鄕으로 어여쁜 기녀가 많은 곳이라 어떤 남자든 그곳에 가면 으레 한 번씩은 기녀를 가까이하기가 쉬웠다. 게다가 조태억은 감사의 사촌이요, 또 서울에서는 부인 때문에 평생 다른 여자는 가까이하지 못하였기에 호기심이 발동하여 기녀 하나를 불러 들였다. 그런 일은 본래 은밀한 것이지만, 이른바 '발 없는 말이 천리 간다.'라고 그 소문이 부인 심씨의 귀에 들어가게 되었다. 심씨는 노발대발하여 즉시 행장을 꾸려 평양을 향해 출발하면서, 한편으로는 먼저 자신이 간다는 소문을 퍼뜨리고 가는 길로 그 기녀를 때려죽이겠다고 위협 선언을 하였다.

조태억은 자기 부인의 성격을 알기에 크게 걱정하였고 감사 또한 놀라서 이 일을 어찌할까 고민하며 먼저 기녀를 불러 속히 피신하라고 하였다. 그 기녀는 원래 수단이 능수능란하였던 까닭에 조금도 걱정하는 기색이 없었을 뿐만 아니라 도리어 웃으며 말하였다. "돈만 있다면 피신은 그만두고 먼저 영접을 가서 아무 일도 없게 만들겠어요." 감사는 기녀를 기특히 여겨 돈을 주고 수단껏 일을 잘 무마시키라고 하였다. 또 한편으로는 하인과 음식을 갖추어 중도에서 부인을 환영하며 위문하게 하였다.

심씨 부인이 황주黃州까지 가자, 감사가 보낸 하인이 벌써 와서 기다리고 있다가 문안을 드리고 음식을 대접하였다. 그러나 부인은 그것을 모두 물리치며 말하였다. "내가 나라의 사신 행차도 아니건만 어찌 이렇게 감사의 후대를 받을 수 있겠는가?" 이는 물론 감사가 자기 남편에게 기녀를 만나게 해 준 것에 감정이 상하여 하는 말이었다. 심씨 부인은 중화中和를 지나고 재송원裁松院[5]을 지나면서도 계속해서 기다리며 대접하는 일체를 거절하고 자기가 데리고 온 하인들만 이끌고 갔다.

그럭저럭 평양 근처 장림長林까지 당도하니 때는 마침 양춘가절陽春佳節로 수양버들이 제멋대로 늘어져서 누구나 한 번쯤 구경할 만하였다. 심씨 부인이 가마에서 내려 사방을 돌아보니 산천의 아름다움과 시가의 번화함이 참으로 명불허전의 승지勝地였다. 이에 눈을 돌리고 발을 옮길 때마다 감탄을 연발하였다. 그렇게 구경에 취하여 해가 지는 줄도 모르고 있었는데, 석양 무렵 대동강 백사장으로 어떤 소복단장을 한 미인이 말을 타고 오더니 부인 앞으로 다가와 말에서 사뿐히 내려 엎드리며 꾀꼬리 같은 목청으로 말하였다. "평양 기녀 아무개가 문안을 드립니다." 심씨 부인은 처음에 그 이름만 듣고 노여움이 충천하여 당장에 쳐 죽일 듯이 소리를 질렀다. "네 이년, 나를 왜 보러 왔느냐?" 그러고는 하인에게 그 여자를 자기 앞으로 끌고 오라고 하였다.

그런데 부인이 노한 상태에서 언뜻 살펴보았음에도 그 기녀의 어여쁜 태도는 그야말로 가을 물결 위 연꽃 같고 봄바람에 흔들리는 가는 버들 같아서 여자가 봐도 담뿍 끌어안고 싶을 정도였다. 심씨 부인은 그 기녀를 한참 바라보다가 어찌나 끌렸던지 일시에 노여운 기운이 봄눈 녹듯 다 사라져 버렸다. 이에 다시 화평한 낯빛으로 가까이 오라고 하여 친히 손을 잡고 물었다. "네 나이가 몇이냐?" 기녀는 더욱 애교를 부리며 고운 목소리로 열여덟 살이라고

···

5 재송원(栽松院): 평양부 관아 남쪽 11리 지점에 있던 역원(驛院)으로, 역원 주위에 소나무 몇십 그루가 있었기 때문에 붙여진 이름이라고 한다.

하였다. 심씨 부인이 극구 칭찬하며 말하였다. "평양에 미인이 많다더니 과연 미인이로구나! 내가 처음에는 너를 죽일 작정이었는데, 너를 보니 차마 죽일 수 없어서 그대로 보내는 것이니 어서 가서 영감을 잘 모시도록 해라. 영감은 원체 약질이니 아무쪼록 병이 나지 않도록 보약이라도 달여 드리거라!" 그러고는 자기 남편과 감사는 만나 보지도 않고 그대로 돌아갔다. 조씨 종형제는 그제야 안심하고 그 기녀의 대담함을 칭찬하였다.

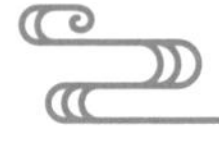

04

병사 김석진의 딸 창암蒼巖

조선 시대의 못생긴 여자 이야기를 하자면 연산군 때의 김창암金蒼巖을 먼저 꼽을 수밖에 없다. 그는 다른 사람들이 못생겼다고 하기 전에 자기가 먼저 못생긴 얼굴로 자처하며 '창암'이라 자호自號하였다. 창암이란, 글자 그대로 얼굴이 검푸른 바윗돌 같다는 뜻이었다.

김창암은 병사兵使 김석진金石珍의 딸이었다. 외모는 비록 여기저기 얽고 검푸르접접하여 마치 오래된 바윗돌 모양으로 험상궂게 생겼지만 이른바 '얽은 구멍에 슬기가 든다.'[6]라고, 타고난 자질이 비

…

6 얽은 …… 든다: 얼굴은 비록 얽었으나 그 마음속에는 슬기가 들었다는 뜻으로, 외양만 보고 사람을 평가할 수 없다는 말이다.

상하고 어려서부터 글 읽기를 좋아하여 불과 십여 세 때부터 시문에 능통하였다. 특히 유교의 예법을 존중하여 집에 있을 때도 항상 『가례家禮』, 『효경孝經』, 『예기禮記』 등의 책을 많이 읽었고 집안을 다스리는 데도 예법을 잘 지켜 모든 사람이 그를 모범적인 부인이라 칭송하였다.

중종 3년 무진년(1508년)에 창암이 우연히 꿈을 꾼즉, 자기가 어떤 큰 바닷속에 있는 높은 산으로 들어갔는데 그 산에는 화초가 만발하였고 안개와 구름이 자욱하였다. 그 안에는 단청이 찬란한 화각畵閣[7] 한 채가 늘어진 버들 속에 우뚝 솟아 있었는데 어여쁜 새들이 처량하게 울고 있었다. 이때 네 여자가 나와 영접하며 말하였다. "부인께서는 어찌 이리 늦게 오십니까?" 그러고는 부축하여 방으로 안내하더니 술을 부어 주며 다음과 같은 노래를 했다.

난선鸞仙 한 쌍이 가고 오지 않으니	鸞仙一雙去不廻
벽도화 피었다가 운대雲臺에 지누나.	碧桃花發老雲臺
어서 돌아오라 동쪽 바다 위로	早歸來兮東海上
거문고 타며 녹엽綠葉 배로 함께 취해 보세나.	瑤琴共醉綠葉杯

이런 꿈을 꾼 지 3일 만에 창암은 이상하게 병이 들어 그만 불귀의 객이 되고 말았다. 그것은 아마도 창암이 인간 세상에서 못생긴

···

7 화각(畵閣): 채색을 한 누각.

여자 노릇을 하는 것을 선계仙界의 여자들까지도 애석하게 여겨 그렇게 데려간 것인지도 모르겠다.

*『창계문견滄溪聞見』

05

임란 의병장 김면의 부인

임진란 때 의병장으로 명성이 혁혁하였던 병사 김면金沔은 두루 잘 알려진 인물이다. 김면이 그렇게 공을 이루고 이름을 날리게 된 것은 물론 열렬한 충의와 절륜한 무용武勇이 있었기 때문이지만, 그보다도 그 부인의 특출한 지모로 말미암은 것이었다. 김면은 원래 소년 시절 집이 매우 가난하여 헐벗고 굶주렸으니 누가 기꺼이 사위로 삼으려 했겠는가! 나이 스물이 훨씬 넘어서도 장가를 가지 못하고 있으니 이웃 사람들이 노총각이라고 조소하였다.

그때 그 근처에 마침 한 처녀가 있었는데, 얼굴이 추하고 못생겨서 역시 나이 스물이 넘도록 시집가지 못하고 그냥 규중에서 꽃다운 청춘을 허송세월하고 있었다. 두 노총각과 노처녀는 우연한 기회에 알게 되어 서로에 대한 동정심도 생기고 마음이 통하여 남달리 사랑을 하다가 정식으로 혼인하여 부부가 되었다. 부인은 비록 외모가 아주 추하고 못생겼지만 옛날 제갈량의 부인 황씨黃氏[8]처럼 지모와 식견이 비상했기에 김면은 자기 아내를 선생처럼 대접하며 아내가 하는 말이라면 추호도 거역하지 않고 따랐다.

하루는 부인이 갑자기 하인을 부르더니 수중에서 은자 석 냥을 꺼내 주며 말하였다. "너는 이 길로 아무 장터로 가거라. 그러면 어떤 사람이 아주 파리하고 비루먹은 말 한 필을 팔 터이니 이 돈을 다 주고 그 말을 사 오너라!" 하인은 부인의 말이 너무도 이상하여 미덥지 않았으나 상전의 분부라 감히 거역하지 못하고 반신반의하며 부인이 일러준 그 장터로 갔다. 그랬더니 과연 부인의 말처럼 그런 말이 있었고 값도 은자 석 냥이었다. 하인이 그 말을 사 가지고 오니 부인이 크게 기뻐하며 자기 손으로 말에게 침도 놓고 또 잘 먹이자 불과 며칠 만에 병이 다 낫고 살이 오르기 시작하여 이내 누가 보아도 그럴듯한 용마龍馬가 되었다. 말을 타고 달리면 빠르기가 비호같아서 한 번에 천 리를 가니 김면이 특히 애지중지하여 훗날 의병장이 되었을 때 그 말을 타고 동분서주하며 군사를 지휘하였다.

김면이 사는 동네 남쪽에는 큰 벌판이 있었는데 해마다 장마가

8 제갈량의 부인 황씨(黃氏): 후한 말기 때의 사람으로 외모는 추했지만 재주가 뛰어나 제갈량을 많이 도와주었다. 제갈량이 죽자 그도 곧 세상을 떠났다.

지면 냇물이 그리로 넘쳐흘러 모래와 돌이 쌓여 곡식을 제대로 심을 수 없었다. 이에 몇십 년을 사황지沙荒地로 방치하고 있었다. 하루는 부인이 김면에게 동네 사람들을 청하라고 하여 술과 밥을 잔뜩 차려 먹이고는 다 함께 힘써서 그 벌판을 개간해 논을 만들자고 하였다. 그러자 사람들이 코웃음을 치며 당치도 않은 일이라고 하였다. 하지만 김면은 부인의 말을 철석같이 믿는 까닭에 사람들에게 강권하여 새로 논으로 개간하기 시작하였다. 얼마 지나지 않아 별안간 비가 내리더니 며칠 동안 계속 쏟아졌다. 그런데 해마다 그 벌판으로 흘러오던 홍수가 뜻밖에도 건너편 둑을 무너뜨리고 물길을 터서 흘러가고, 전날 모래와 돌로 가득하던 그 벌판은 안전지대가 되었다. 이에 개간한 논은 일등 전답이 되어 농사를 잘 짓게 되니 동네 사람들이 모두 탄복하며 부인을 믿게 되었다. 그리하여 그 후로는 부인이 무슨 일을 시키든지 다 따르게 되어 부인이 콩을 심으라면 콩을 심고 팥을 심으라면 팥을 심는 지경에 이르렀다.

선조 24년 신묘년(1951년) 봄이었다. 다른 해에는 부인이 동네 사람들에게 어느 논에는 벼를 심고 어느 밭에는 무슨 곡식을 심으라고 하더니, 그해 봄에는 아무 곡식도 심지 말고 박[匏]만 심으라고 하였다. 다른 사람이 그런 말을 하였다면 물론 듣지 않았겠지만 평소 굳게 믿던 부인이 그렇게 시키니 따르지 않는 사람이 없었다. 그리하여 그 동네는 논에도 밭에도 산비탈에도 모두 박 천지가 되었고, 가을에 박을 따 들이자 집마다 박이 산더미처럼 쌓였다. 부인은 다시 동네 사람들에게 박의 속을 파내 뒤웅박으로 만들게 하고 그 뒤웅박을 소나무를 태운 그을음으로 시커멓게 칠하여 대나무 장대에 꿰게 하였다. 또 한편으로는 무쇠로 뒤웅박을 만들어 흑칠하고 철 장대에 꿰게 하였다. 얼핏 보면 어느 것이 진짜 뒤웅박인지 쇠 뒤웅박인지 분별하지 못하게 되었다. 부인은 쇠 뒤웅박은 모두 모아 따로 광 속에 넣어 두고 진짜 뒤웅박은 동네 사람들에게 집안 식구 수대로 나누어 주며 잘 보관하라고 하였다. 사람들은 무슨 영문인지도 모르고 그저 부인이 시키는 대로 유유히 따를 뿐이었다.

이듬해 임진년 4월, 뜻밖에 왜구들이 침입하여 하루 만에 부산을 함락시키고 파죽지세로 밀고 들어오니 조선 팔도가 무인지경같이 제대로 대항하지도 못하고 사람들은 피난을 가느라 난리였다. 그때 부인이 동네 사람들을 모아 놓고 약속하였다. "지금 왜구들이 창궐하여 팔도가 모두 그 해를 입게 되었으니 누구든지 이 동네에서 한 발짝이라도 옮긴다면 모두 어육魚肉의 변고[9]를 당할 것이오. 하지만 내가 지휘하는 대로 따르면 살 수 있을 것이오." 그러자 동네 사람들이 한 사람도 꿈쩍하지 않고 모두 부인의 명령을 따랐다.

부인은 그제야 감춰 둔 쇠 뒤웅박을 꺼내다가 동구 밖 적군이 들어오는 길가에 벌여 놓고, 동네 사람들에게는 진짜 뒤웅박을 몸에 차게 하여 동구 밖에 진을 치고 적군이 오기를 기다렸다. 며칠 뒤 과연 적군이 그 동네 앞을 지나다가 그 동네가 백여 호나 되는 큰 마을인 것을 보고 분탕질하려고 물밀듯이 떼를 지어 들어왔다. 그

9 어육(魚肉)의 변고: 짓밟고 으깨어져 아주 결딴난 상태를 비유적으로 이르는 말.

런데 길가에 늘어선 쇠 뒤웅박을 보고 이상히 여겨 손으로 들어 보니 그 무게가 30~40근은 족히 될 듯 꽤 무거웠다. 그때 갑자기 동구 밖 산 밑에서 북소리가 나며 오륙백 명이 일제히 쇠 뒤웅박과 똑같은 뒤웅박을 차고 고함을 치며 내달리니 적군이 크게 놀라 "이곳에는 모두 장사들만 사는가 보다. 이곳을 침범하였다가는 도리어 우리가 큰 화를 입을 수도 있겠다!" 하고는 모두 도망쳤다. 김면은 그 기회를 타고 적군을 추격하여 크게 물리쳤다.

부인은 한편으로 동네 사람들을 독려하여 적군을 방어하게 하고 한편으로는 남편을 독려하여 의병을 일으키게 하였다. 당시에 다른 동네들은 적군에게 큰 해를 입었으나 유독 그 동네만은 7년 동안 아무 걱정 없이 안전하게 지내며 화를 면하였으며, 김면은 의병대장으로 여러 차례 큰 공을 세웠다.

*『금계필담錦溪筆談』[10]

참고로 다른 기록에는 이 이야기가 김천일金千鎰의 부인 이야기[11]로 되어 있기도 하다.

···

10 『금계필담(錦溪筆談)』: 조선 후기의 문인 서유영(徐有英)이 저술한 문헌설화집. 단종부터 순조 때까지 제왕과 왕비 · 문신 · 이인(異人) · 양반층 여인 · 기녀 · 하층 여인 · 무인 및 장사(壯士)의 순으로 이들에 얽힌 이야기를 배열하고, 풍속에 관한 잡다한 이야기들을 함께 묶어서 기록하였다.

11 김천일(金千鎰)의 부인 이야기: 김천일 역시 임진왜란 때 활약한 의병장이다. 『계서야담(溪西野談)』에는 이 이야기의 주인공이 김천일의 부인으로 되어 있다.

06

평양의 못생긴 기녀와 박엽

조선 광해군 때 평양에 한 기녀가 있었으니 이름은 전하지 않지만 얼굴이 추하게 생기기로 유명하여 누구나 처음 보면 정이 붙기는커녕 크게 놀라 학질이 떨어질 만하였기에 '학질기瘧疾妓'라 불렸다. 명색이 기녀인데도 인물이 그렇게 생기고 보니 젊은 남성들이 얼굴도 잘 쳐다보지 않음은 물론이고 수령 방백 같은 사람들을 수청 드는 일은 꿈도 꾸지 못하였다.

그러나 '뚝배기보다 장맛이 좋다.'라는 격으로 그 기녀는 비록 얼굴은 그렇게 못생겼지만 시재詩才가 비상하여 어떠한 어려운 운자韻字도 불러 주는 대로 곧바로 시를 잘 지었다. 이에 시를 좋아하는 풍류객들이 간혹 그의 시재에 반하여 사랑하고 같이 노는 일도 있었다. 그때 평양 감사 박엽朴燁은 광해군이 신임하는 절친한 신하로, 권세도 당당하고 사람됨이 호협하였으며 문무를 겸비하여 관서 일대에서는 왕에 비길 정도였다. 박엽은 백성들의 생사여탈生死與奪을 마음대로 하였을 뿐만 아니라 밤낮으로 수백 명의 기녀를 한곳에 모아 놓고 질탕히 놀았다. 이에 평양에서 소위 기녀란 기녀는 제각기 감사에게 곱게 보이려 갖은 재주와 아양을 부렸으며, 감사 또한 여러 기녀를 살펴보아 그중에 얼굴이 좀 예쁘거나 가무나 재주가 뛰어나 한 가지라도 취할 만한 점만 있으면 모두 수청을 들게 하였다.

이처럼 여러 기녀를 총애하였지만 유독 한 기녀만은 얼굴이 못생긴 까닭에 한 번도 돌아보지를 않았다. 아무리 못생긴 기녀라도 남들이 다 호사를 누리는데 자기만 귀여움을 못 받게 되니 동무들 보기에도 겸연쩍고 자기 스스로도 부끄러웠다. 그리하여 어느 날 굳은 결심을 하고 대담하게도 감사 박엽을 찾아가 수청 들기를 자원하였다. 박엽은 그 기녀가 하는 행동이 방자하기도 하거니와 얼굴도 못생겼으므로 수청 들겠다는 언사를 무슨 모욕이나 당한 것처럼 생각하여 노여움이 일어 추상같이 호령하였다. "네 이년, 명색이 기녀라면 얼굴이 예쁘든지 그렇지 않으면 가무나 서화에 무슨 재주가 있다든지 해야 할 것이 아니냐! 너처럼 못생긴 년이 무슨 재주가 있다고 감히 내 앞에 나타났느냐!"

기녀는 조금도 무서워하는 기색 없이 대답하였다. "제가 비록 못생기기는 하였으나 시구는 다소 거칠게나마 지을 수 있습니다." 그러자 박엽이 시험 삼아 운자를 불렀는데, 그 기녀가 즉시 시 한 수를 지어 감사를 깜짝 놀라게 하였다. 이에 그날부터 그 못생긴 기녀도 감사에게 사랑받게 되었다고 한다.

첩은 일찍이 천상 달나라 여인으로	妾曾天上月中娘
인간 세상 귀양 와서 제일가는 창기 되었어요.	謫下人間第一娼
만일 고소대姑蘇臺[12]에 이 몸을 서게 했더라면	若使姑蘇臺上立
서시西施가 오왕吳王을 취케 하지 않았으리.	不教西子醉吳王

...

12 고소대(姑蘇臺): 춘추 시대 오왕(吳王) 부차(夫差)가 고소산(姑蘇山) 위에 지은 누대의 이름이다. 부차가 처음에 월(越)나라를 격파하고 나서 미인 서시(西施)를 얻고는 이 누대를 지어 날마다 서시와 함께 그 위에서 유연(遊宴)만 즐기다가 끝내는 월나라의 침공을 받아 멸망하고 말았다.

제5편

이름난 기녀

01

연자루와 명기 호호好好

전라도 순천은 예로부터 산수가 화려하고 기후가 따뜻하여 중국 강남과 비슷하기에 '조선의 강남'이라 불렸다. 그리고 순천읍성 남문교 근처에는 푸른 옥 같은 푸른 냇물이 굽이굽이 흐른다. 그 냇물 위에 고색창연한 2층 누각이 반공半空에 우뚝 솟아 있었는데 그것이 바로 그 유명한 누각 연자루燕子樓[1]이다.

---

1 연자루(燕子樓): 본래 순천 관아에 있던 누각으로 현재는 죽도봉공원으로 옮겨져 있다. 최초 건립 시기는 정확히 알 수 없으나 고려 시대에 창건되었을 것으로 추정된다. 여러 차례 소실과 중건을 거듭하다가 1978년 현재 위치에 복원되었다.

동서로 도랑물이 푸른 옥빛으로 흐르고 溝水東西碧玉流
밝은 상현달이 옛 서주徐州를 비추네. 七分明月古徐州
술 깨어 오늘 밤 어디인가 했더니 酒醒今夜知何處
애간장 끊어지는 성 남쪽 연자루로구나.[2] 腸斷城南燕子樓

연자루는 경치가 아름답고 또한 위의 시를 통해 짐작할 수 있듯이 그 누각에 담긴 사연이 있다. 이러한 점이 중국 강남의 연자루[3]와 비슷하므로 이 누각 역시 '연자루'로 불리게 되었다.

고려 때의 손억孫億이라는 사람은 원래 풍류를 즐기는 남자였다. 그는 순천 부사로 있을 때 그곳의 명기 호호好好와 이 연자루에서 날마다 정답게 사랑을 나누었다. 그러다가 손억이 부사 임기를 마치고 서울로 돌아가게 되었다. 두 사람은 서로 간의 애틋한 정을 이기지 못하여 눈물을 흘리며 뒷날을 기약하고 이별할 수밖에 없었다. 그 후에 손억이 다시 순천 부사에 제수되어 예전에 사랑했던 호호를 불렀는데 그사이에 많은 시간이 흘러 그녀는 벌써 백발이 흩날리는 춘화노골春花老骨[4]이 되고 말았다.

···

2 동서로 …… 연자루로구나: 이 시는 송도(松都) 출신 문인 한재렴(韓在濂)이 순천에 유배를 왔다가 지은 것이다.

3 중국 강남의 연자루: 중국 강소성(江苏省) 서주(徐州)에 같은 이름의 연자루가 있다. 당나라 정원 연간에 서주 자사(刺使)로 부임한 장음(張愔)이 서주의 명기 관반반(關盼盼)을 사랑하여 첩으로 삼고 이 연자루를 지어 주었는데, 장음이 세상을 떠난 뒤에도 관반반은 연자루에서 십 년 넘게 수절하며 살았다고 전한다.

4 춘화노골(春花老骨): 봄에 피는 꽃과 늙은 사람의 뼈라는 뜻으로, 겉으로는 화려하고 든든해 보이나 오래가지 못할 사물 현상을 비유적으로 이르는 말이다.

두 사람은 서로 반가워하였으나 한편으로는 세월의 빠름과 인생의 허무함을 한탄하였고, 주변 사람들 역시 그 사실을 알고 헤아릴 수 없을 만큼 함께 슬퍼하였다. 그때 통판通判으로 있던 장일張鎰[5]은 시 한 편을 지어 그 사실을 노래하였다.

서리 달빛 처량한 연자루	霜月凄涼燕子樓
낭관이 한번 가고 나니 꿈길만 아득해라.	郎官一去夢悠悠
당시 한자리에 있던 손님 늙었다 꺼려 마오	當時座客休嫌老
누각 위의 아름답던 여인 또한 백발이 되었으니.	樓上佳人亦白頭

이 시는 매우 잘 지어진 시이기도 하고 재자가인才子佳人의 애틋한 사랑 이야기를 그려 낸 것이어서 후대 사람들에게 널리 회자되며 전파되었다. 또한 연자루를 지나가는 사람들이 그 시에 화답하는 시를 짓기도 하여 연자루는 더욱 유명해졌다.

…

5 장일(張鎰): 고려 후기의 문신으로 자는 이지(弛之)이다. 최씨 무신 정권기에 등용되어 문한(文翰)과 대간(臺諫)의 직책을 맡았으며 표문을 작성하고 외교 사신으로 활약하였다. 참고로 장일의 시문은 『동문선(東文選)』 권20에 〈과승평군(過昇平郡)〉이라는 제목으로 실려 전한다.

02

배극렴과 국기 설매雪梅

조선 초기에 설매雪梅라는 기녀가 있었다. 그녀는 당대에 얼굴이 제일 예쁘기로 유명하였고 노래도 잘하고 시도 잘 썼으며 게다가 훌륭한 말솜씨를 가지고 있어 어떠한 풍류남자라도 설매 앞에서는 자신의 풍류적인 면모를 뽐낼 수가 없을 정도였다.

고려 말 우왕禑王은 기녀를 매우 좋아하여 천하의 명기란 명기는 궁중에 다 모아 놓고 마음껏 향락을 즐겼다. 설매 역시 국기國妓로 뽑혀 당시에 유명하던 기녀 연쌍비燕雙飛[6] · 봉가이鳳加伊[7] 등과 함께 우왕의 모든 총애를 받았다. 그러나 고려가 망하고 조선이 세워지면서 고려의 천하가 모두 조선의 수중에 들어가게 되었고 이와 동시에 고려 궁중에 있던 기녀들까지도 조선의 왕을 섬겨야만 했다. 이에 설매도 다른 기녀들과 같이 고려 왕을 섬겼던 예처럼 조선 왕을 섬기지 않을 수 없었다.

설매는 이를 마음속으로 항상 불편하게 생각하였고 달 밝고 꽃 피는 조용한 밤이면 옛날의 고려 왕조를 생각하며 혼자 가엾은 눈물을 흘리곤 하였다. 더군다나 전날 고려에서 고관대작으로 은혜를 후하게 입던 무리가 의리도 염치도 없이 다만 공명과 부귀에 눈이 멀어 날마다 세월을 만난 듯이 의기양양하게 돌아다니는 꼴을 보면 아무리 노류장화路柳墻花[8]의 신분인 설매라 할지라도 그들을 몹시 경멸할 수밖에 없었다. 그래서 설매는 언제나 기회만 있으면 그 무리를 한번 조롱이라도 해 주겠다고 다짐하였다.

태조 원년 임신년(1392년) 7월 16일이었다. 고려의 왕업을 빼앗아 자기 스스로 왕위에 오른 태조는 국호를 조선이라 하며 궁중에 만조백관을 모아 놓고 축하연을 베풀었다. 연회에는 당시 개국공신으로 명성과 세력을 떨친 정도전鄭道傳, 하륜河崙, 남은南誾, 배극렴裵克廉, 조영규趙英珪 같은 여러 인물과 궁궐 내의 명기, 명창들이 모두 모였다. 온갖 풍악이 다 갖추어져 임금과 신하들 모두 질탕하게 놀고 있었다. 설매 또한 여러 기녀와 같이 그 연회에 참여하여 노래와 춤,

···

6 연쌍비(燕雙飛): 『해동염사』 '제1편-21. 각주 35' 참조.

7 봉가이(鳳加伊): 고려 우왕의 제7비. 조영길(趙英吉)의 딸로 어머니는 당시 권신 이인임(李仁任)의 노비였다. 우왕이 천민의 처녀들을 궁중에 끌어들여 풍류를 즐길 때 뽑혀 총애를 받아 헌비(憲妃), 덕비(德妃)의 칭호를 받기까지 하였다.

8 노류장화(路柳墻花): 아무나 쉽게 꺾을 수 있는 길가의 버들과 담장 밑에 핀 꽃이라는 뜻으로 기녀를 비유적으로 이르는 말이다.

그리고 가진 재주를 다 하여 연회를 축하하면서 사람들의 취흥을 돋우었다.

연회에 참석한 정승 배극렴은 원래 풍류남자로 설매의 자색과 가무에 심취하여 해가 지도록 그녀 곁을 떠나지 못하였다. 그는 동료들과 맘껏 술을 먹고 취흥이 올라 급기야는 설매의 손을 잡고 이렇게 희롱하였다. "너 같은 기녀는 노류장화와 같아 오늘은 이씨의 계집이 되었다가 내일은 장씨의 계집이 되어도 무방할 터. 그러니 오늘 밤엔 나에게 몸을 허락하는 것이 어떠하냐?" 보통의 기녀 같으면 한 나라의 정승이 그런 말을 하는 것이 너무도 황송하여 그저 머리를 숙이고 고맙다는 말밖에 못 할 것이다. 그러나 설매는 조금도 어려운 기색 없이 그 말에 거침없이 대답하였다. "네, 황송한 말씀이옵니다. 그러나 고려의 왕씨를 섬기다가 조선의 이씨를 섬기시는 정승께서 이씨의 계집이 되었다가 장씨의 계집이 되었다가 하는 저 같은 천한 여인을 사랑하신다 한들 무슨 거리낌이 있겠습니까?" 설매의 대답에 그 자리에 있던 모든 사람이 낯빛을 잃었으며 배 정승의 얼굴은 딸깃빛보다 더 빨개져서 아무 말도 하지 못하고 그저 돌아갔다.

비록 술자리에서 농담으로 한 말이었지만 설매의 말은 칼보다 더 매섭고 날카로웠다. 후대에 만일 설매 같은 기녀가 있다면 배극렴처럼 무안을 당할 사람이 얼마나 많을까.

03

강릉 기녀 홍장紅粧과 관찰사 박신

강원도 강릉에는 경치 좋기로 유명한 경포대鏡浦臺가 있고 그 경포대 앞에는 주위가 십 리 정도 되는 큰 호수가 있다. 그리고 그 호수의 중앙에는 홍장암紅粧巖이라는 큰 바위 하나가 있는데, 이곳은 조선 초기 관찰사 박신朴信이 강릉 미인 홍장紅粧이라는 기녀와 놀던 곳이다. 박신은 관찰사로 강릉에 갔다가 홍장이 절대가인이라는 말을 듣고 직접 그녀를 찾아가서 일시의 아름다운 인연을 맺었다. 이에 박신은 늘 홍장을 떠올리며 꿈속에서도 잊지 않을 정도였다.

그 후 박신은 각 군현의 순찰을 마치고 돌아오는 길에 다시 홍장의 집을 찾았다. 그러나 홍장은 온데간데없고 빈집만 남아 있었으며 무정한 개는 옛 주인이 정을 둔 남자를 알아보지 못하고 문 앞에서 멍멍 짖을 뿐이었다. 겸하여 의구한 달빛이 창공에 비쳐 박신의 회포를 일으킬 따름이었다. 박신은 낙심하여 아무 말도 하지 못하고 초연하게 홀로 여관으로 돌아갔다.

그때 강릉 부사 석간石磵 조운흘趙云仡[9] 역시 풍류남아로 박신과 매우 절친한 사이였다. 운흘은 박신을 찾아 여관으로 갔다. 그런데 박신은 홍장에게 얼마나 빠져 있었던지 운흘에게 다른 말은 하지도 않고 홍장의 소식부터 물었다. 운흘은 박신을 속이고 놀리고자 하는 마음이 들어 거짓말로 대답하였다. "홍장은 원래 다정한 가인이네. 자네와 이별한 뒤로는 밤낮을 가리지 않고 자네를 생각하다가 상사병에 걸려 수개월 전에 이 세상을 떠났다네." 박신은 자나 깨나 그리워했던 홍장이 죽었다는 말을 듣자 더욱 심회가 비창하여 구곡간장이 끊어지는 듯하여 만사가 다 무심해져 아무 일도 하지 않고 밤낮으로 머리를 싸매고 여관에 누워만 있었다.

그런데 며칠 후 어느 날 밤이었다. 밤은 고요하여 인적이 끊기고 처량한 달빛이 여관 창문에 가득 비치었다. 박신은 지난날의 추억이 떠올라 잠을 이루지 못하고 앉았다 누웠다 하며 전전반측하고 있었다. 그러던 차에 운흘이 찾아와서 능청스럽게 말하였다. "달도 밝고 밤도 고요하니 산책이나 하지 않겠는가? 우리 강릉에는 경포

---

9 조운흘(趙云仡): 고려 말 조선 초의 문신으로 호는 석간(石磵)·서하옹(棲霞翁)이다. 공민왕 때 문과에 급제하여 밀직제학(密直提學)·계림 부윤(鷄林府尹) 등을 지냈으며, 조선 개국 후 강릉 부사에 임명되었다. 그 뒤로 관직에서 떠나 경기도 광주에서 여생을 보냈다. 저서로 『삼한시귀감(三韓詩龜鑑)』이 있다.

대라는 명승지가 있는데 그곳은 참 별천지 선경仙境이라네. 그러니 달이 밝고 바람이 맑은 좋은 밤이면 항상 공중에서 옥퉁소 소리와 선학仙鶴의 소리가 들려오고 천상의 선녀들이 놀러 온다네. 홍장도 이 세상의 절대가인이었으니 혹시 죽은 뒤에 선녀가 되어 서왕모西王母의 동쌍성董雙成 · 허비경許飛瓊[10]이나 사자연謝自然[11] 같은 선녀들과 함께 이러한 선경에 놀러 올지도 모르지 않는가? 만일 자네와 이 세상 연분이 다 끊어지지 않았다면 옛날 유신劉晨과 완조阮肇[12]가 천태산天台山에서 선녀를 만난 것과 같은 기이한 인연이 있을 수도 있지." 박신은 홍장을 잊지 못하고 있었을 뿐 아니라 객지에서 고적한 회포를 삭이지 못하던 중에 운흘의 그러한 말을 들으니 무엇보다도 반갑게 생각하여 흔쾌히 승낙하였다.

두 사람은 여관을 떠나 일엽편주一葉片舟를 타고 경포대로 향하였다. 때는 마침 추칠월秋七月 보름경이었다. 만 리 창공은 잘 닦인 거울처럼 깨끗하였고 반공에 솟은 둥근 달은 창해에 마주 비치어 만경萬頃의 금빛 파도가 출렁출렁하였으며 좌우의 갈대숲에는 흰 이슬이 새로 내려 점점이 옥을 이루었으니 참으로 인간 세상이 아니요, 선

···

10 서왕모(西王母)의 동쌍성(董雙成) · 허비경(許飛瓊): 서왕모는 중국 고대 전설상의 곤륜산에 산다는 여신이며, 동쌍성 · 허비경은 서왕모를 모시는 시녀들이다.

11 사자연(謝自然): 중국 당나라 정관(貞觀) 연간의 여도사(女道士)로, 천태산(天台山)의 사마자미(司馬子微)에게 도술을 배워 신선이 되었다고 한다.

12 유신(劉晨)과 완조(阮肇): 동한 때 유신과 완조가 천태산에 들어가서 약초를 캐다가 선녀를 만나 부부의 연을 맺고 함께 살게 되었는데, 반년이 지나 세상에 나와 보니 아는 사람들은 모두 죽었고 이미 7대가 지났었다고 한다.

경이었다. 운흘과 박신은 맑은 흥이 올라와 배를 타고 마음껏 오르락내리락하였는데 갑자기 자욱한 운무 속에서 이상한 향취가 진동하며 옥퉁소 소리가 은은하게 멀리서 들려오는 것 같기도 하고 혹은 가까이에서 들려오는 것 같기도 하여 어느 쪽에서 들려오는지 알 수 없었다. 박신은 그 소리를 듣고 정신이 황홀하여 의관을 정제하고 운흘에게 "대체 이 밤중에 웬 옥퉁소 소리인가?" 하고 물었다. 운흘은 조금도 서슴지 않고 "아까 말했던 선녀들이 놀러 온 모양인데 아마 자네와 선녀 간에 무슨 인연이 있어서 그 소리가 들리는 듯하네."라고 대답하였다. 박신은 그 말을 듣고 더욱 반가워하며 혼자 생각에 '오늘 밤에 드디어 진짜 선녀를 만나나 보다.' 하고 무릎을 꿇고 향을 피우며 단정히 앉아 있었다.

잠시 후 한 조각 작은 배가 순풍에 돛을 달고 중류로 떠내려오는데, 돛 위에는 채색 붓으로 쓴 다음과 같은 큰 글자가 뚜렷하게 보였다.

신라 태평성대의 늙은 안상安詳[13]	新羅聖代老安詳
천 년 전 풍류를 아직도 잊지 못했도다.	千載風流尙未忘
듣자 하니 사신이 경포에서 논다 하기에	聞道使華遊鏡浦

…

13 안상(安詳): 신라 때의 사선(四仙) 중 한 사람. 사선은 영랑(永郞)·술랑(述郞)·남랑(南郞)·안상이다. 이들은 금강산 일대의 명승을 유람하며 심신을 수련하고 도의를 닦은 것으로 유명하다. 지금도 강원도 각처에 이들과 관련된 유적이 남아 있다.

참지 못하고 목란 배에 홍장을 실어 왔노라. 蘭舟不忍載紅粧

그 위에는 한 백발노인이 선관우의仙官羽衣를 입고 단정히 앉아 있었으며 노인 앞에는 두 명의 푸른 옷을 입은 동자가 호로병을 차고 옥퉁소를 비스듬히 들고 서 있었다. 그 곁에는 이팔방년의 아름다운 여인 하나가 화관을 쓰고 옥패玉佩를 쟁쟁히 울리며 푸른 소매 붉은 단장에 옥잔을 들고 공손히 서 있었는데 그녀의 고운 태도는 참으로 월궁月宮의 항아姮娥[14] 같기도 하고 낙포洛浦의 신녀神女[15] 같기도 하였다. 그녀를 바라본 박신은 너무나 황홀하여서 꿈인지 생시인지 분간하지 못하고 다만 묵묵히 있을 뿐이었다.

한참 있다가 정신을 차리고 다시 바라보니 그 선녀는 전에 자기가 사랑했던 홍장과 똑 닮아 있었다. 박신은 죽은 사람을 다시 만난 것처럼 반가워하며 배 앞으로 선뜻 나가 사례하고 다음과 같이 말하였다. "하계의 속인이 예의를 알지 못하여 천상의 선관이 강림하셨는데도 멀리 영접하지 못하였습니다. 그 죄를 용서하여 주십시오." 그러자 노인은 완연히 웃으며 말하였다. "그대는 무사히 잘 지냈는가? 상계의 선관으로 인간 세상에 귀양 온 지가 벌써 사십 년이 되도록 소식이 없더니 오늘 밤 경포대 호수 위에서 우연히 만나게 되니 이것도 한 기연일세." 그러더니 노인은 곁에 있는 미인을

•••

14 월궁(月宮)의 항아(姮娥): 중국 고대 신화 속 달에 있다고 하는 선녀의 이름이다.

15 낙포(洛浦)의 신녀(神女): 낙수(洛水)의 신녀인 복비(宓妃)를 말한다. 복희씨(伏羲氏)의 딸 복비가 낙수에 빠져 죽어 수신(水神)이 되었다고 한다.

가리키면서 웃으며 말하였다. "그대는 이 여인을 아는가? 이 여인은 원래 옥황상제의 향안香案 시녀로 죄를 짓고 잠시 인간 세상에 귀양 왔다가 죄가 풀릴 날이 머지않아서 지금 천상으로 돌아가는 길이었다네. 그러다 그대와 연분이 있어서 오늘 밤 이곳에서 만나게 된 것이라네." 박신은 더욱 반가워 그 여자를 자세히 바라보았는데 과연 전에 자기가 사랑했던 홍장이었다. 그녀는 구름 같은 머리를 달 아래에 숙여 들고 춘산春山 같은 눈썹을 찌푸리며 무한한 정한을 머금고 있었으니 제아무리 굳센 마음을 지닌 남자라도 한 번에 반하지 않을 수 없었다.

박신은 홍장의 고운 손을 덥석 잡고 눈물을 흘리며 물었다. "너는 나를 버리고 어디로 갔더냐?" 그러자 여인 또한 눈물을 흘리며 답하였다. "첩은 진세와의 인연이 벌써 끊어졌으니 아무리 다정한 사또라도 이제 다시 어찌할 수는 없습니다. 그러나 사또께서 항상 첩을 생각하신다는 소문이 하늘에까지 들려오니 옥황상제께서 특별히 허락하시어 오늘 밤 이곳에서 만날 수 있게 된 것입니다."

박신은 다시 노인 앞에 가서 절하며 "이미 옥황상제의 명령이 있으셨다 하니 홍장과 하룻밤의 인연을 더 맺게 해 주시옵소서."라고 간청하였다. 그러자 노인은 흔쾌히 "이미 옥황상제의 명령이 있었으니 그대가 홍장과 잠시 같이 가는 것이 좋겠다. 그러나 나는 본래 인간의 진연塵烟을 꺼리는 까닭에 같이 갈 수가 없으니 둘이서만 가는 것이 좋겠다."라고 대답하였다. 또 노인은 홍장을 보며 말하였다. "천생의 좋은 인연이니 손님과 같이 가되 날이 밝기 전에 돌아오너라." 박신은 노인에게 사례한 후 홍장과 같이 배를 타고 일진청풍一陣淸風으로 돛을 돌려 상륙한 뒤 여관으로 돌아갔다. 그리고 그날 밤 두 사람의 애타는 정은 마치 칠월 칠석에 견우직녀가 서로 만난 듯하여서 비록 기나긴 가을밤이었지만 밤이 끝나가는 것을 한탄하였다.

그러나 무정한 것은 시간인지라 두 사람이 단꿈을 다 마치기도 전에 어느덧 동창이 밝아 날이 새게 되었다. 박신은 놀라 깨면서 '홍장은 약속한 대로 벌써 갔겠지.'라고 생각하였다. 그런데 눈을 비비고 자세히 보니 홍장은 아직 의연히 남아 아침 단장을 하고 있었다. 박신은 이를 괴이하게 생각하고 홍장에게 이유를 물었다. 그러나 홍장은 아무 대답도 없이 다만 웃을 뿐이었다. 그 뒤 운흘이 들어와 웃으며 다음과 같이 말하였다. "어젯밤에는 얼마나 재미있었소? 나는 죽은 홍장을 능히 살리기도 하고 또 중매도 잘하였으니 단단히 한턱을 내도 되겠소." 박신은 그제야 비로소 운흘에게 속았다는 것을 알고 또한 같이 한바탕 웃으며 다시 술상을 차려 놓고 재미나게 놀았다. 사실 이것은 홍장에게 푹 빠진 박신을 놀리려고 운흘이 장난으로 꾸민 일이었다. 그 뒤에 박신은 서울에 와서 운흘에게 이러한 시를 지어 보냈다.

젊은 시절 관동에 갔을 때	少年時節接關東
경포에서의 맑은 풍류 꿈속에 들어간 듯.	鏡浦淸遊入夢中
누대 아래 목란 배 띄워 또 놀고 싶건만	臺下蘭舟思又泛

홍장이 늙은 나를 비웃을까 꺼려지누나. 却嫌紅紛笑衰翁

그때 박신과 홍장이 서로 만났던 곳에 큰 바위가 있었는데, 그 뒤 사람들이 그 바위를 '홍장암'이라고 불렀다.

04

영흥 명기 소춘풍笑春風

성종 때 함경도 영흥永興에 소춘풍笑春風이라는 명기가 있었다. 성종은 매번 군신들과 같이 주연을 베풀었고 그때마다 소춘풍은 연회에 참석하여 금잔에 술을 따르며 흥을 돋우곤 하였다. 그날도 어김없이 소춘풍은 명을 받아 차례로 술을 따르고 있었다. 그러나 감히 임금의 앞에는 나아가 술을 올릴 수 없어 영상 앞에 가서 잔을 들고 노래하였다.

유비군자有斐君子를 호구好逑로 가리올 제
순舜도 계시건마는 어디라 사뢰오리
진실로 상국 고요相國皐陶야 내 임인가 하노라.[16]

그때 무관 출신의 병조판서가 속으로 '처음에는 영상에게 잔을 올렸으니 이제는 필시 장신將臣에게로 오겠지.'라고 생각하며 자기 차례를 기다리고 있었다. 그러나 소춘풍은 문형文衡을 잡고 있던 이조판서에게 가서 잔을 올리며 다음과 같이 노래를 불렀다.

당우唐虞를 어제 본 듯 한당송漢唐宋을 오늘 본 듯
통고금通古今 달사리達事理하는 명철사明哲士를 어떻다고
저 설 데 역력歷歷히 모르는 무부武夫를 어이 좇으리.

이 노래를 들은 병조판서가 매우 분노하자, 소춘풍은 그 기색을 살펴 병판 앞에 나아가 잔을 부어 권하며 다음과 같이 노래하였다.

전언前言은 희지이戱之耳라 내 말씀 허물 마오
문무 일체文武一體인 줄 나도 잠깐 아옵거니
두어라 규규무부赳赳武夫를 아니 좇고 어이하리.

성종이 이것을 보고 감탄하여 그녀에게 명주 비단과 호랑이 가

…

16 유비군자(有斐君子)를 …… 하노라: 『해동염사』 본문과 차천로(車天輅)의 『오산설림(五山說林)』에는 해당 부분이 '순(舜)이 계시지만 감히 그 이름을 직접 부를 수는 없거니와, 요(堯)가 바로 나의 좋은 짝이로다[舜雖在而不敢斥言, 若堯則正我好逑也].'라고 되어 있다. 하지만 요·순의 관계를 고려할 때 해당 부분의 표현은 오류가 있는 것이 아닌가 한다. 한편 『고시조 대전』(고려대학교 민족문화연구원, 2012)에 작가 미상의 작품이 있는데, 본문의 내용에 더 적합하다 판단되어 해당 작품으로 노랫말을 바꾸었다.

죽 그리고 후추를 상으로 내렸다. 춘풍의 혼자 힘으로는 운반할 수 없어 궁중에서 일하고 있던 장사들이 그것을 다 날라다 주었다. 이 일로 소춘풍의 이름이 온 나라 안에 퍼지게 되었다.

이 밖에도 소춘풍의 시조 한 수를 더 소개하고자 한다.

제齊도 대국大國이요 초楚도 역대국亦大國이라
조그만 등국騰國이 간어제초間於齊楚하였으니
두어라 하사비군何事非君인가 사제사초事齊事楚하리라.

이러한 일화와 시를 통해 소춘풍이 시를 얼마나 잘 짓는 여인이었는지 알 수 있다.

05

장성 명기 노화蘆花와 노 어사

성종 때 전라도 장성長城에 노화蘆花라는 명기가 있었다. 노화의 자색과 재주는 그 당시 가장 빼어나 고을 수령마다 모두 그녀에게 빠졌으며 사객詞客[17]들 또한 그녀 옆에 오래 머물러 제대로 일을 하지 않으니 그 폐해가 여간 적지 않았다. 이에 당시 장성의 수령을 제수받은 노씨盧氏가 그 소문을 듣고 부임하기 전부터 기어코 그 기녀를 죽이겠다고 언명하였다.

그 소문이 널리 퍼져 노화 부모의 귀에까지 들어가게 되었다. 노

17 사객(詞客): 시문(詩文)을 잘 짓는 사람. 혹은 그런 일에 종사하는 사람을 의미한다.

화의 부모는 매우 걱정하여 밥도 잘 먹지 못하고 잠도 잘 자지 못하였다. 그러나 정작 노화는 조금도 겁을 내는 기색 없이 태연자약하였다. 노화의 부모는 노화를 보고 울면서 "얘, 이번에 오는 어사御史가 너를 꼭 죽이겠다고 하니 이 일을 어찌하면 좋단 말이냐!" 하였다. 그러자 노화는 오히려 웃으며 큰 소리로 다음과 같이 말하였다. "저에게 꾀가 하나 있으니 부모님은 아무런 걱정 마세요." 이에 노화는 과부의 복색을 하고 자기 조카에게는 주막집 종의 행세를 하게 하였다. 그러고는 어사가 어느 곳까지 왔는지를 알아보고 이웃 고을 길가의 주막집을 빌려서 술청 하나를 깨끗하게 내고 어사가 그곳을 지나가기를 기다렸다.

며칠 지나지 않아 어사는 정말로 그 주막에 와서 하룻밤을 묵게 되었다. 노화는 그 어사가 올 것을 미리 알아차리고는 소복을 맵시 있게 차려입고 머리를 수수하게 빗은 다음 일부러 어사의 물을 긷는 척하며 어사가 있는 방 앞을 자주 왔다 갔다 하였다. 원래 얼굴이 천하절색인 노화가 그렇게 소복을 차려입으니 그야말로 달 속의 상아嫦娥 같기도 하고 눈 속의 매화 같기도 하여 아무리 심지가 굳은 남자라도 그녀를 한 번 보면 반하지 않을 수가 없었다. 어사는 노화를 한 번 보고 두 번 보며 그만 정신이 황홀하여 그녀에게 빠지고 말았다. 어사는 한참 동안 어떻게 하면 그녀에게 말이나 붙일 수 있을지를 고민하다가 결국 그 집 종을 불러서 "얘, 저 여인은 누구냐?"라고 물었다. 그 가짜 종은 이미 노화와 말을 맞추어 두었기에 마치 〈춘향전〉에서 방자가 이 도령을 놀리듯이 시치미를 딱 떼고,

"네, 저 여인은 이 집 주인의 딸인데 불행히도 몇 개월 전에 과부가 되어 지금 친정에 와 머무는 중입니다요."라고 대답하였다. 어사는 "네가 그 여인을 불러올 수 있겠느냐?"라며 또 물었다. 종은 "저 여인은 비록 천인이나 지조가 여간 굳지 않아 불러올 수 없습니다요." 라고 대답하였다. 어사는 조용하게 "네가 만약 불러온다면 내가 상금을 많이 주마." 하고 꾀었고 종은 "그 일은 정말 어려운뎁쇼." 하며 머리를 긁적긁적하고 갔다.

어사는 저녁을 먹고 '혹 이놈이 여인을 불러오려나.' 하며 여인을 기다렸다. 어느덧 깊은 밤이 되었다. 종이 자박자박 걸어와 어사가 있는 방으로 들어오더니 "그 여인이 하는 말이 '데려다 살 거라면 오늘 저녁에 와서 뵈어요.'라고 합니다." 하고 어사에게 말하였다. 어사는 그 말이 정말로 반가워 "데려다 살다 뿐이겠니. 어서 가서 내 말을 전하고 여인을 데리고 오너라."라며 재촉하였다. 종은 또 쫄랑쫄랑 나가더니 마침내 그 여인을 데리고 왔다. 어사의 방에 들어온 노화는 시치미를 딱 떼고 다음과 같이 말하였다. "제가 시골의 천한 계집으로 서방님 같은 양반과 한번 인연을 맺은 후에는 다른 사람과 살 생각이 없고 평생을 서방님에게 바치고 싶으니 그 허락을 해 주셔야 저도 서방님의 말씀을 따르겠습니다." 이에 어사는 "그러다 뿐이겠느냐."라며 흔쾌히 허락하였다. 그러자 노화는 "서방님의 한때 말씀만으로는 믿을 수 없으니 서방님이 정말 그런 의향이 있으시다면 제 팔뚝에 서방님 함자를 새겨 주셔요. 그러면 제가 서방님 말씀을 따르겠습니다. 그러나 그렇게 하지 않으시면 죽어도 서방님 말씀을 따를 수 없습니다."라고 말하였다. 어사는 등불 아래에서 노화의 얼굴을 보니 욕망의 불이 활활 타올라 아무 생각 없이 "네 말대로 하겠다."라며 노화의 팔뚝에다 자기 이름을 새기고야 말았다. 어사는 그녀의 정체를 모르고 자기가 죽이기로 한 노화에게 빠져들고 있다는 것을 정작 깨닫지 못하였다. 원래 남자를 잘 상대할 줄 아는 노화는 자기를 죽이려 드는 어사를 유혹해야 하는 밤이라 갖은 수단을 다 써서 어사를 홀렸다. 그리고 어사는 그만 노화에게 정신이 팔려 반드시 그녀를 데리고 가기로 맹세하고 주막을 떠났다.

노 어사는 그 이튿날 장성에 도착하여 출두하였다. 그리고 첫 번째 업무로 노화를 죽이고자 그녀를 잡아들였다. "그 요망한 년을 보기만 하면 그년에게 환장한다고 하니 내 눈에 보일 것도 없이 단번에 때려 죽여라."라고 호령하였다. 노화는 소리를 버럭 지르며 말하였다. "말씀이나 한마디 아뢰고 죽겠습니다." 어사는 노화를 보기조차 싫어 붓과 종이를 주며 하고 싶은 말을 써서 올리라고 하였다. 노화는 붓과 종이를 받아 시 한 수를 써 올렸다.

노화의 팔 위에 누구 이름이 새겨 있나	蘆兒臂上刻誰名
눈 같은 피부에 먹이 배여 글자가 선명하다오.	墨入雪膚字字明
천원강 물이 말라버릴지언정	寧使川原江水盡
내 마음 끝내 처음 맹세 저버리지 않으리.	此心終不負初盟

어사는 그 글을 보고 크게 부끄러워 그만 노화를 내보내고 그날로 다른 고을로 가 버렸다. 이후 어사가 성종 앞에서 그 일을 보고하였더니 성종이 크게 웃고 특명으로 노화를 어사에게 하사하니 그 후부터 장성에서 기녀의 폐단이 없어졌다.

* 『동야휘집東野彙輯』, 『동아수록東雅隨錄』 참조.

06

개성 명기 황진이黃眞伊

황진이黃眞伊의 모친 진현금陳玄琴은 개성 아전의 딸로 자색이 매우 뛰어났다. 현금이 열여덟 살 때 병부교兵部橋 다리 밑 개천에서 빨래를 하고 있었는데 풍채 좋고 화려한 행색의 어떤 소년이 그 다리 위를 지나가다 현금의 어여쁜 자태를 보고 정신이 황홀하여 차마 지나가지를 못하고 머뭇머뭇하였다. 소년은 현금에게 추파를 던지며 손짓하기도 하고 웃기도 하고 심지어 노래도 하며 백방으로 현금의 마음을 얻으려 하니 현금 또한 자연스레 마음이 움직여 그 소년을 바라보았다. 그러나 현금은 아직 순결한 처녀의 몸이었고 남의 이목이 많아 아무런 말도 하지 못하고 다만 침묵한 채 빨래만 할 뿐이었다. 그러자 소년 또한 어찌하지 못하고 어디론가 종적을 감추고 말았다.

그러나 한번 가슴속에 사랑의 싹이 돋기 시작한 현금은 소년에게 마음이 끌려 다른 여자들은 빨래를 다 하고 집으로 돌아가는데 자기 홀로 남아 여전히 빨래를 하며 그 소년이 다시 지나가기를 기다렸다. 그렇게 해가 저물었다. 개천가에는 저녁연기가 떠오르기 시작하고 다리 위에는 황혼의 장막이 희미하게 깔렸다. 현금은 넋을 잃은 사람처럼 빨랫방망이를 잡고 우두커니 혼자 앉아 있었다. 그 순간 다리 위에서 아까 봤던 그 소년이 홀연히 다시 나타나더니 점점 현금에게로 다가왔다. 그러고는 현금에게 물을 청하였다. 현금은 속으로 반가워하며 물 한 바가지를 깨끗이 떠서 주었다. 소년은 감사히 받아서 반쯤 먹다가 다시 현금에게 주고 웃으며 말하였다. "너도 한번 마셔 봐." 현금이 그 물을 받아서 마시려고 보니 그 물은 자기가 떠 준 물이 아니었다. 바가지에는 뜻밖에 향기 좋은 술이 담겨 있었다. 현금은 깜짝 놀라며 그 소년이 비범한 사람인 것을 깨닫고 결국 정을 허락하게 되었다.

한편 소년은 현금에게 이름도 가르쳐 주지 않고 그대로 떠나 버렸다. 그 뒤 현금은 열 달 만에 예쁜 딸을 낳았고 그 아이가 바로 황진이였다. 현금이 황진이를 낳을 때 3개월 동안이나 온 집 안에 향기가 가득하였고 또한 이상한 인연으로 황진이를 잉태하였기에 세상 사람들은 그 소년을 신선이라 하였고 황진이를 선녀라고 여겼다. 하지만 그것은 원래 황진이가 천하 미인인 까닭에 호사가들이 지어낸 말일 것이다. 그 소년은 누구라고 이름이 세상에 전하지는 않았으나 이른바 황진사黃進士라 하는 개성의 명문가 자제였다.

황진이는 어려서부터 인물이 천하절색일 뿐 아니라 문필 또한 뛰어났다. 나이 16세에 이르자 황진이가 아름답다는 소문이 전국에 퍼지게 되니 누구나 그녀를 한번 만나 보기를 원하지 않는 사람이 없었다. 그중에서도 이웃집에 사는 한 청년이 황진이를 특별히 사랑하여 갖은 수단을 다 써서 그녀를 만나 보려고 애를 썼으나 황진이가 비록 사생아일지라도 상당한 가문의 자제였기에 도저히 만나 볼 기회를 얻지 못하였다. 청년은 홀로 가슴만 태우다가 결국 병이 들어 애달피 죽고 말았다. 청년의 상여가 마침 황진이의 집 앞을 지나게 되었는데 이상하게도 상여꾼의 발이 땅에 딱 붙어 떨어지지 않았다. 그러자 여러 사람이 모두 놀라고 당황하여 어찌할 줄을 몰랐다. 그때 어떤 사람이 황진이에게 청년이 죽은 사정과 또 상여꾼의 발이 땅에 붙은 이야기를 전하였다. 황진이는 크게 동요하여 혼자 생각하였다. '내가 여자로 세상에 태어나서 남을 살리는 좋은 일은 하지 못할지라도 나로 인해 남의 집 아까운 청년이 죽게 되었다면 참으로 가여운 일이다. 그러니 나의 잘못이 어찌 없다고 할 수 있겠는가. 이후에도 나의 미천한 미색 때문에 병을 얻어 죽을 사람이 또 몇 사람이 있을는지 알 수 없는데 그까짓 구구한 정조나 가문이 무슨 소용 있겠는가. 차라리 내가 예법에 얽매인 생활에서 벗어나 여러 사람을 즐겁게 하는 것이 낫겠다.' 진이는 모친에게 이러한 사정을 자세히 이야기하였다. 그러고는 소복 차림으로 상여 앞으로 나아가 그 청년의 시체를 끌어안고 어루만졌다. 그러자 상여꾼의 발이 땅에서 떨어져 무사히 청년의 장례를 치를 수 있었다. 그날로부터 황진이는 기녀가 되었다. 황진이는 원래 머리가 비상했던 까닭에 기녀가 된 지 얼마 지나지 않아 노래와 춤 그리고 모든 음악을 섭렵하였고 한순간에 그녀의 이름이 천하에 널리 알려지게 되었다.

그때 유수留守 송모宋某는 풍류를 즐기는 남자로 화류계의 백전노장이었다. 그는 황진이를 보고는 과연 명불허전의 절세미인이라 칭찬하고 극히 사랑하며 관대하게 대하였다. 그의 첩 역시 관서의 명기였는데 그녀가 문틈으로 황진이를 엿보고 놀라 가로되 "이 세상에 어찌 저러한 미인이 있을 수 있단 말인가. 주상이 저것을 사랑하면 나는 자연히 무색해질 것이야."라며 머리를 풀고 맨발로 뛰어 나서서 괜히 시비를 거니 유수가 놀라 일어나고 좌객들도 흩어져 집으로 돌아가 버렸다. 그 후에 유수는 모친의 환갑잔치를 열었는데 그 잔치에 경향京鄉의 명기와 명창이 다 모이고 인근 수령 방백도 모두 참석하였다. 다른 기녀들은 화려하게 화장하고 갖은 치레를 다 하였는데 유독 황진이만은 어떠한 단장도 하지 않고 수수한 차림으로 참가하니 진이의 천연스러운 아름다움에 그 자리에 참석한 모든 사람이 놀라 진이만을 바라보고 있었다. 더욱이 옥이 굴러가는 듯한 청아한 목소리로 공중이 떠나가게 노래를 부를 때는 그야말로 요지瑤池의 서왕모西王母가 〈백운요白雲謠〉[18]를 부르는 것 같고 월궁의 항아가 〈월광곡月光曲〉을 부르는 것 같았다. 진이가 선녀인지 신녀神女인지 분간하지 못하고 자못 정신이 황홀하여 매혹되지 않은 사람이 없었다. 그때 그 자리에 참석했던 악공 가운데 칠십여 세의 노인으로 나라 안에서 가야금의 일인자였던 엄수嚴守라는 사람이 있었다. 엄수는 황진이를 보고 칭찬하여 말하기를 "내가 오십여 년간을 화류장에서 놀았지만 저러한 미인은 처음 보았다. 마치 선녀 같다."라고 하더니 급기야 진이의 노래를 듣고는 놀라 일어나 "이것은 분명 선계의 노래이다. 어찌 인간 세상에 이러한 곡조가 있겠느냐?"라고 하였다. 이 몇 가지의 일만 보더라도 황진이가 얼마나 아름다웠는지, 또 그 노래가 얼마나 훌륭했는지를 짐작할 수 있다.

황진이는 조선뿐만 아니라 중국에까지 이름이 알려져 명나라의 사신이 와서 조선의 사정을 물을 때에 무엇보다도 먼저 황진이의 소식을 물었다. 한번은 명나라 사신이 오는 길에 개성에 들렀는데, 사신을 구경하는 남녀가 인산인해를 이룬 중에 황진이 또한 그 속에 섞여 있었다. 그러자 명나라 사신이 멀리서 보고 통사에게 "천하의 절색을 조선에 와서 처음으로 보았네."라고 하였다.

황진이는 비록 기적妓籍에 이름이 올랐으나 천성이 고결하여 속류의 기녀들처럼 사치를 좋아하지 않았다. 그러므로 관부의 연회석이라도 결코 옷을 갈아입거나 특별한 화장을 하지 않고 자기 집에서 평소에 입던 의복을 그대로 입고 갔다. 또한 시정의 천한 사람은

---

18 백운요(白雲謠): 주나라 목왕(穆王)이 곤륜산(崑崙山)에서 서왕모와 잔치할 때, 서왕모가 목왕의 장수를 기원하며 불렀던 노래.

비록 천만금을 준다 하여도 교류하지 않았고 이름난 선비들을 상대하였다. 아울러 글 읽기를 좋아하였는데 특히 당나라 시를 즐겨 읽었다.

당시 개성에는 이름이 높은 학자 서화담徐花潭-본명은 서경덕徐敬德이다.- 선생이 있었다. 황진이는 평소에 그를 사모하였고 한번은 그 인물됨이 어떠한지 시험하고자 하였다. 이에 화담 선생을 찾아가서 그와 함께 수학하기를 청하였는데 화담 선생은 조금도 거리끼는 빛이 없이 승낙하였다. 황진이는 선생에게 얼마 동안 공부를 하다가 어느 날 밤 집으로 돌아가지 않고 선생의 방에서 같이 자며 공부하기를 청하자 선생은 또한 허락하였다. 이렇게 수년 동안을 같이 있는 중에 황진이는 별의별 방법을 다 하여 선생과 허물없이 지내고자 하였으나 선생은 조금도 곁을 주지 않았으니 황진이는 크게 경탄하며 말하였다. "선생은 참으로 성인이십니다." 그러고는 그 뒤에도 다른 뜻을 두지 않고 더욱이 선생을 경모하였고 항상 화담 선생에게 "개성에는 박연폭포朴淵瀑布와 선생님과 저, 이렇게 삼절三節이 있습니다."라고 하였다.

한편 개성에는 지족암知足庵이라는 절에서 30년 동안을 참선하며 공부한 만석선사萬錫禪師가 있었다. 그는 평소에 도학이 서화담 이상이라고 자칭하는 사람이었다. 황진이는 그 스님을 시험하려고 지족암을 찾아가서 자기가 여성이지만 같이 수도하기를 바란다고 청하였는데 스님은 불가하다며 단호하게 거절하였다. 황진이는 스님의 태도가 너무 냉정하여 말을 붙이기조차 어려운 것을 보고 혼잣말로, "오냐, 소위 새침데기 골로 빠진다[19]고 네가 아무리 도도한 척해도 나의 묘계에는 빠지고야 말 것이다." 하였다. 그리고 돌아와서 며칠 있다가 다시 소복 차림으로 과부의 복색을 하고 지족암으로 갔다. 그러고는 그 스님이 있는 옆방에 침방을 정하고 죽은 남편을 위하여 백일 불공을 드린다는 거짓말을 하고 밤마다 불전에 가서 불공을 드렸다. 또 자기 손으로 축원문을 지어 청아한 목소리로 처량하게 읽으니 그야말로 천사의 노래와도 같고 선녀의 음률과도 같아 돌부처 금부처까지도 녹아 사라질 정도였다. 그러니 어느 누가 감히 그 소리에 귀를 기울이지 않을 수 있었겠는가. 이렇게 하루 이틀이 지나자 처음에는 노래를 건성으로 들었던 스님도 점점 마음이 움직여 30년 동안 옆에 있는 사람도 보지 않고 꼭 감았던 눈을 번쩍 떴다. 스님은 황진이를 한 번 보고 두 번 볼수록 참선하던 깨끗한 생각이 점점 사라지고 불같은 사바의 욕망이 일어나기 시작하여 불과 며칠 만에 황진이에게 먼저 말을 걸었다. 그러자 황진이는 능수능란한 수단으로 스님을 마음대로 가지고 놀았고 결국 스님은 파계하고 말았다.

황진이는 산수 유람하는 것을 좋아하였는데 강원도 금강산이 천하의 명산이란 말을 듣고 그곳을 유람하고자 하였으나 동행할 사람이 없어서 가지 못하고 있었다. 그때 마침 서울에서 온 손님 중에

•••

19 새침데기 골로 빠진다: 시시덕이는 힘을 들여 고개를 넘는데 새침데기는 꾀바르게 골짜기로 빠져나간다는 뜻으로, 겉으로 떠벌리는 사람보다 얌전한 척하는 사람이 오히려 나쁜 마음을 품는 경우가 많다는 것을 비유적으로 이르는 말이다.

이씨라는 한 청년이 있었는데, 그는 원래 재상의 아들로 인물이 청초하고 성격 또한 호탕하여 산수 유람을 좋아하는 사람이었다. 황진이는 이씨에게 조용히 말하였다. "제가 듣건대 중국 사람들도 고려국에 태어나 금강산을 한번 보기를 바란다고 합니다. 그러니 우리는 조선 사람으로서 우리나라에 있는 금강산을 구경 못 한다면 그 어찌 수치가 아니겠습니까? 제가 당신을 만나 보니 동무가 되어 함께 유람을 가고 싶은데 당신의 생각은 어떻습니까?" 이씨는 황진이의 제안을 승낙하였다. 이에 두 사람은 하인이나 행장은 일절 없이 황진이는 대나무 지팡이, 짚신, 베치마 차림으로, 이씨는 해진 옷, 부러진 갓 차림으로 금강산 유람을 떠나게 되었다. 그리하여 내금강·외금강의 일만 이천 봉과 여러 명승 고찰을 낱낱이 찾아가 구경하고 서로 시도 짓고 노래도 부르니 그 운치는 평범한 사람으로서는 맛볼 수 없는 것이었다. 그러나 유람 도중에 고생인들 어찌 없었겠는가. 배고픔과 목마름이 심해지고 노독路毒까지 생기자 얼굴이 파리해져서 차마 볼 수 없을 지경에 이르렀다. 그러다 유람 중 두 사람은 서로 길을 잃게 되었고 황진이는 이씨를 찾아다녔으나 결국 이씨의 종적은 묘연하였다.

황진이는 할 수 없이 밥을 빌어먹으며 내친걸음에 지리산까지 유람하였다. 돌아오는 길에 나주를 지나게 되었는데 때마침 나주 목사가 연회를 베풀어 인근 고을의 명기와 명창이 가득 모여 있었다. 황진이는 낡고 떨어진 의복으로 행색이 초라하였으나 연회 자리로 뛰어들었고 이에 그 자리에 있던 모든 사람이 다 놀랐다. 비록 황진이는 거지 같은 행색을 하고 있었으나 원래 골상이 비범한 까닭에 목사도 범연히 보지 않고 자리를 허락하였다. 그러자 황진이는 한 손으로 이를 잡으며 노래를 불렀는데 옥같이 고운 목소리가 하늘을 찌를 듯하고 고저와 장단이 모두 절조에 들어맞아 당시 사람의 노래로는 도저히 따를 자가 없었다. 이에 모든 사람이 눈을 비비고 쳐다보며 경탄하였다.

그때 선전관宣傳官 이사종李士宗은 풍류 호객으로 황진이의 꽃다운 이름을 듣고 그녀와 한번 놀고 싶어서 개성까지 갔다. 사종은 직접 황진이의 집으로 가지 않고 황진이의 집 근처 천수원天壽院[20] 개천가로 가서 수양버들에 말을 매어 두고 모래사장에 누워 두어 곡조 노래를 부르고 있었다. 그때 황진이가 바람결에 그 노래를 듣고 말하였다. "이 노래의 곡조가 매우 비상하니 이것은 보잘것없는 촌사람의 노래가 아니다. 필시 어떤 절창의 노래일 것이다. 내가 듣건대 서울의 풍류객 이사종이 당대의 절창이라 하던데 아마 그 사람이 왔나 보다." 그러고는 사람을 보내 알아보게 하니 정말로 노래를 부른 사람은 이사종이었다. 황진이는 즉시 이씨를 자기 집으로 맞아들여 수일 동안을 같이 놀다가 서로 뜻이 맞아 6년을 같이 살기로 약속하였다. 이를 위해 자기의 세간살이를 모두 팔아 이씨의 집으로 가서 3년을 살았는데 이씨의 돈은 한 푼도 쓰지 않고 자기

•••

20 천수원(天壽院): 조선 시대 개성 동쪽 천수사(天壽寺) 자리에 세워진 역원(驛院). 이곳은 개성에서 남쪽으로 내려가는 교통의 요지였다.

돈으로 생활하였다. 그리고 3년 뒤에는 이씨가 다시 집 한 채를 지어 황진이를 살게 하고 또한 황진이가 자기에게 한 것과 똑같이 하니 그 모습을 본 사람들은 모두 이 둘을 부러워하였다. 이렇게 서로 3년을 더 살다가 약속한 6년이 지나자 황진이가 이씨에게 말하였다. "우리가 약속한 기한이 다 되었으니 이제 그만 헤어집시다." 그렇게 황진이는 고향으로 돌아갔고 이씨는 비록 안타까운 생각이 들었으나 어찌하지 못하였다. 이것은 참으로 황진이 같은 여성 기인이 아니고서는 할 수 없는 일이었다.

청산리青山裏 벽계수碧溪水야 수이 감을 자랑 마라
일도창해 到蒼海하면 다시 오기 어려워라
명월明月이 만공산滿空山하니 쉬어 간들 어떠리.

이 시조는 황진이가 지은 시조로 몇백 년이 지난 지금까지도 세상에 잘 알려져 있다. 그런데 이 노래를 지은 이면에 또한 재미있는 이야기가 있다. 그때 왕족 중에 벽계수碧溪水라 하는 이 모 씨는 원래 행동이 방정맞은데도 불구하고 자칭 '천하 정남貞男'이라 하였다. 이씨는 "세상 사람들이 황진이를 한 번만 보면 모두가 유혹당한다고 하나 그것은 다 의지가 박약한 까닭이다. 만일 내가 황진이를 만난다면 유혹되지 않을 뿐 아니라 당장에 그년을 축출하고 말겠노라."라고 하였다. 황진이는 그 말을 듣고 이씨를 시험하고자 사람을 시켜서 이씨가 만월대滿月臺까지 구경 오게 하니 때는 마침 10월 중이었다. 유리처럼 맑은 하늘에 씻은 거울 같은 달이 밝고 만산에 나뭇잎이 우수수 떨어져 누구나 감개한 회포가 일어나는 가을이었다. 황진이는 소복 차림으로 숲속에 숨어 있다가 연연히 나와서 벽계수의 말고삐를 휘어잡고 앞에 쓴 노래를 한 곡조 불렀다. 그러자 이씨는 달빛 아래에서 황진이의 어여쁜 자태를 보고 청아한 노래를 들으니 스스로 심신이 황홀하여 정신을 못 차리고 말에서 떨어지고 말았다. 그 모습을 본 황진이가 웃으며 말하길 "당신은 어찌하여 저를 쫓지 못하고 도리어 말에서 떨어지기까지 하십니까?" 하였다. 그러자 이씨가 크게 부끄러워하였다. 원래 그 노래 속 '벽계수'는 '푸른 시냇물'이라는 뜻이지만 실상은 사람 이름을 의미하며 '명월明月'은 황진이의 자字이므로 앞의 시조는 그때의 상황을 노래한 것이다.

황진이는 비록 화류계에 몸담았으나 항상 비분강개한 뜻이 있고 다른 사람에게 얽매이거나 굽히지 않는 기개가 있었다. 그래서 항상 달 밝고 고요한 밤이나 잎 떨어지는 구슬픈 가을날이 되면 남모르게 선죽교善竹橋나 망월대에 가서 한바탕 통곡하기도 하고 몇 곡조의 노래도 부르며 고려조의 옛일을 회상하고 슬퍼하였다. 한번은 황진이가 꿈을 꾸었는데 어떤 백마를 탄 장수가 고려 때 활 쏘던 연무장練武場으로 와서 한참을 돌아다니다가 말 머리를 멈추고 차마 그 자리를 떠나지 못하는 것을 보고 깨었다. 황진이는 꿈에서 보았던 그 장수는 분명 고려 시절의 어떤 장군이라 생각하고 창연히 눈물을 흘리며 이러한 노래를 지었다.

오백 년 도읍지都邑地를 필마匹馬로 돌아드니
산천山川은 의구依舊한데 인걸人傑은 간 데 없다.
어즈버, 태평연월太平煙月이 꿈이런가 하노라.[21]

황진이는 이 같은 일생을 살다가 나이 사십 즈음에 불행히 병이 들어 세상을 떠났다. 황진이는 죽을 때 집안사람을 불러 다음과 같은 유언을 남겼다. "내가 평생에 남과 사귀어 놀기를 좋아하였으니 죽은 뒤에도 고적한 산중에 묻지 말고 사람들이 많이 지나가는 큰 길가에다 묻어 주게. 또 음률을 좋아하니 곡을 하지 말고 풍악을 울려 장례를 치러 주게나." 황진이가 죽자 집안사람들은 그녀의 유언대로 해 주었다. 천하 호객 백호白湖 임제林悌가 평안 도사로 부임하는 길에 친히 제문까지 지어서 황진이의 무덤에 절을 하다가 조정의 탄핵까지 받은 일도 있었다. 그러나 시간이 흘러 현재 황진이의 무덤은 그 위치를 찾을 수가 없다. 마지막으로 황진이의 시조 두 편을 더 소개하려고 한다.

청산靑山은 내 뜻이요 녹수綠水는 임의 정情이
녹수는 흘러간들 청산이야 변할쏘냐
녹수도 청산을 못 잊어 울어 예고 가더라.

···

21 오백 년 …… 하노라: 『해동염사』에서는 이 시조의 작가를 황진이라 하였으나, 일반적으로 이 작품은 길재(吉再)의 것으로 알려져 있다.

산은 옛 산이로되 물은 옛 물 아니로다
주야晝夜로 흐르니 옛 물이 있을쏘냐
인걸人傑도 물과 같도다 가고 아니 오노매라.

07

고경명과 공주 관아의 어린 기녀

고경명高敬命은 유명한 유학자이며 임진왜란 당시에 의병장으로 적군과 싸우다가 삼부자가 모두 전사한 유명한 충신이기도 하다. 그만큼 경명은 엄격하고 점잖은 사람이었지만 그의 소년 시절에는 참으로 재미있고 향기로운 사랑을 하기도 하였다.

경명은 나이 열대여섯 살쯤 아버지를 따라 충청도 공주 관아에 머물렀다. 경명은 그곳에 있던 어떤 나이 어린 기녀와 사랑에 빠져 지내다가 서울로 과거를 보러 갔다. 시험을 막 치르고 방榜이 붙기를 기다리고 있는데 갑자기 그의 집에서 아버지의 병환이 위급하다는 기별이 왔다. 경명은 방이 붙기를 기다릴 여유도 없이 허둥지둥 행장을 수습하여 본집으로 내려가는 길에 예전에 사랑했던 기녀의 집을 찾았다. 그런데 그 기녀는 감사의 아들과 놀고 있어 잠시도 시간을 낼 수가 없었다. 경명은 기녀의 모친에게 여차여차하게 된 자신의 사연을 이야기하고 잠시 딸을 데리고 오라고 하였다. 기녀는 원래부터 감사의 아들보다 경명을 더 사모하였기에 모친의 말을 따라 감사의 아들에게 핑계를 대고 그 놀음을 물리고 뛰어나왔다. 정이 남달리 깊었던 청춘 남녀가 오랫동안 떨어져 있다가 다시 만나게 되니 그 기쁘고 반가운 마음이야 어찌 다 형언할 수 있겠는가. 울며불며 손을 맞잡고 잠시도 서로 떨어지지를 못하고 달게 하룻밤을 지내게 되었다.

그때 두 사람의 정분으로 말하면 그곳에서 백년해로라도 하고 싶었으나 경명은 아버지의 병환이 위급하다는 소식을 듣고 집으로 돌아가는 길이라 어찌하지 못하고 다만 애를 끊는 듯한 슬픔의 이별시 한 수를 지어 그 기녀의 치맛자락에 써 주었다.

말 세워 둔 강 머리에 이별 짐짓 더딘데	立馬江頭別故遲
버드나무 가장 긴 가지가 미워라.	生憎楊柳最長枝
아리따운 여인 연분 적어 새 교태 머금건만	佳人緣薄含新態
탕자는 정이 많아 뒷기약을 묻는구나.	蕩子情多問後期
복사꽃 오얏꽃 떨어지니 한식 절기요	桃李落來寒食節
자고새 날아가니 해 질 무렵이로다.	鷓鴣飛去夕陽時
남포에 풀 무성하고 봄 물결 일렁이니	草長南浦春波濶
마름꽃 캐려는데 임 생각만 난다오.	欲採蘋花有日思

그때 마침 감영에서 큰 연회를 베풀고 있었던 감사가 그 기녀를 데려오라고 성화같이 독촉하였으나 기녀는 경명과 떨어지지 못하여 자꾸 시간을 지체하였다. 그러자 감사가 크게 노하여 그 기녀를 잡아들여다가 추상같이 호령하여 즉시 볼기를 때리라며 형틀에 묶게 하였다. 그런데 그 순간 바람결에 기녀의 치맛자락이 휘날렸고 그 속에 먹이 채 마르지 않은 이상한 글씨가 보였다. 감사는 괴이하게 여겨 그 치마를 벗겨 오게 하여 자세히 보았더니 글씨도 천하 명필이거니와 시 또한 일품이었다. 감사가 깜짝 놀라 기녀에게 내막을 물으니 기녀는 감히 숨기지 못하고 울면서 자신의 사연을 자백하였다. 감사는 더욱 놀라 급히 경명을 부르고자 하였으나 그때 그는 벌써 길을 떠나고 없었다. 감사는 다시 하인을 시켜 급히 말을 달려 좇아가서 경명을 데려오게 하였다. 그러고는 경명의 뛰어난 재주와 인물됨을 칭찬하며 말하였다. "그대 부친의 병환은 그다지 위급하지 않은 모양이니 여기서 조금만 기다리고 있으면 곧 사람을 보내 이틀 내로 부친의 소식을 가져오라 하겠네. 자네는 비록 나이가 어리지만 나의 친구가 되어 주겠나?" 그러고는 경명을 극진히 대접하여 밤이 깊도록 함께 풍류를 즐겼다.

그러던 중 밤중에 관인이 와서 문을 두드리며 경명을 급히 찾았다. 그러고는 경명이 과거에서 장원 급제를 하였다는 소식을 알려주었다. 감사는 크게 기뻐하여 자기가 직접 응방應榜[22]할 준비를 해주었다. 또한 경명의 부친이 회복되었다는 소식을 전해 주었다.

경명은 그길로 본가로 돌아가 아버지를 뵙고 돌아오는 길에 감영에 들렀다. 감사는 기뻐하며 크게 연회를 베풀고 그 기녀를 불러서 경명과 만나게 해 주었다. 경명의 이야기를 들은 사람들은 모두 나이 어린 경명이 장원으로 급제한 것을 부러워하였으며 또 그 감사의 아량과 사람 보는 눈에 탄복하였다.

•••

22 응방(應榜): 방방(放榜) 행사에 응하는 것으로, 과거 합격자를 호명하고 합격자의 숙배를 받고 상사(賞賜)하는 자리에 임금이 친림(親臨)하는 것을 말한다.

08

진주 명기 논개論介

진주를 일컫는 사람은 반드시 촉석루矗石樓를 언급하고 촉석루를 일컫는 사람은 또 반드시 의롭게 죽은 기녀 논개論介를 말한다.

논개의 성은 주씨周氏로 전라도 장수 출신의 양갓집 여인이다. 재색이 뛰어났으나 집이 가난하여 의탁할 곳이 없어 기녀가 되었다가 병사兵使 황진黃進을 따라서 진주로 오게 되었다. 진주는 원래 영남 제일의 고을로, 북으로는 비봉산이 우뚝 솟아 있고 남으로는 남강이 흐르며 그 강 위에는 천하 험지이자 절경인 적벽이 깎은 듯이 둘러 있다. 그리고 서남으로 곤양, 사천, 남해 등 여러 고을이 둘러 있어서 수륙의 중요지인 까닭에 옛날부터 국가에서 중요한 땅으로 여겼다. 이런 이유로 감영과 병영을 두고 다른 곳보다 성을 특별히 견고하게 쌓았으며 성을 지키는 관헌도 주요한 무장을 두어 지키게 하였다. 그리하여 임진왜란 때 일본군이 여러 차례 진주성을 침입하였으나 목사牧使 김시민金時敏에게 참패를 당하여 죽은 자가 수만에 달하였다. 그러나 앞서 말한 것과 같이 진주는 영남의 요충지이기 때문에 일본도 그곳을 점령하지 못하면 경남 일대와 전라도 방면으로 진출할 수가 없었다. 또 일본은 조선의 여러 곳을 점령하다가 유독 진주에서 참패한 것을 큰 수치로 여기고 있었다. 그리하여 일본은 언제든 진주를 다시 쳐서 복수하려고 하였다.

그러다가 계사년(1593년) 6월, 경상도 일대에 흩어져 있던 일본 군사들이 한꺼번에 진주성으로 몰려왔다. 수십만의 일본군이 진주성을 에워싸고 공격하자 진주성을 지키고 있던 김천일金千鎰, 황진, 최경회崔慶會 등 세 장수는 가진 힘과 갖은 전술을 다 써서 일본군과 여러 날을 싸우고 있었으나 일본군의 세력이 커서 방어하기가 어려웠다. 그러다 뜻밖의 장마로 큰 홍수가 나서 남강 물이 성벽 위로 넘치자 일본군은 수공水攻을 썼고 뒤이어 수십만의 일본군이 성을 넘어 쏟아져 들어오니 아무리 용맹하고 충성스러운 세 장사라도 결국 힘이 다하여 어찌하지 못하였다. 결국 남강 물에 뛰어들어 순절하였고 진주성은 일본군에게 함락되었다. 당시 우리 조선 사람으로 죽은 사람이 6만여 명에 달하여 남강의 물은 피바다가 되고 말았다.

일본군은 진주성을 점령하고 그 이튿날 촉석루 위에서 성대한 승첩연勝捷宴을 열고 풍성한 음식을 차려 취하도록 잔뜩 먹고 노래하고 춤추며 놀았다. 연회에는 물론 조선의 기녀와 광대도 있었다. 논개 역시 여러 기녀와 함께 불려 가 연회에 참여하였다. 일본 장수들은 모두 조선 기녀의 노래와 춤에 취해서 정신을 못 차렸다. 그중에 일본 장군 게야무라 로쿠스케毛谷村六助[23]라는 자는 가장 용맹한 장수로 진주성을 함락시킬 때 선봉에 선 자였다. 그 장군은 취흥이 올라 논개의 어여쁜 얼굴과 고운 노래에 정신이 팔려 일어나 춤을 추며 논개에게 같이 춤추기를 청하였다. 논개는 비록 천한 기녀의 몸이었지만 전날 성이 함락될 때 세 장사와 같이 죽지 못하고 일본군에게 잡혀 온 것을 큰 수치로 생각하고 기회만 있으면 일본 장수를 죽이려 틈을 엿보고 있었다. 그러던 차에 일본 장군이 술에 취해 같이 춤추기를 청하니 이것은 천재일우의 기회라 생각하고는 쾌연히 승낙하고 그 장군을 끌어안고 춤을 추었다. 논개의 심정을 알지 못하는 사람들은 그 두 사람이 춤추는 것을 보고 그저 좋다고 박수를 치며 흥을 돋우었다. 춤이 이처럼 무르익었을 때 논개는 죽을힘을 다해 일본 장군의 허리를 꽉 껴안고 다락에서 뛰어내려 강물로 떨어졌다. 그 장군은 몸을 위로 빼서 물 밖으로 나오려고 하였으나 이미 술에 취해 몸을 제대로 가누지 못하였으며 논개가 죽기를 결심하고 장군의 허리를 껴안았기 때문에 어찌하지 못하고 물속에서 엎치락뒤치락하였다. 그러다 결국 촉석루 동편의 바위 아래 깊은 곳

...

23 게야무라 로쿠스케(毛谷村六助): 일본 전국 시대의 무장이며 가토 기요마사(加藤清正)의 가신으로 조총병 40명을 이끌고 가토의 부장으로 임진왜란에 종군하였다. 논개와 같이 놀다 물에 빠져 죽은 왜장으로 알려진 인물이다.

에서 그만 같이 죽어 버렸다.

그 뒤 사람들은 그 바위를 이름하여 '의암義巖'이라 하고 그 바위 옆에 돌비를 세워서 논개의 절개를 기렸다. 또한 진주 기녀들은 의암사義巖祠라는 사당을 지어 놓고 해마다 6월이면 성대한 제사를 올렸다.

〈의암사적비명義巖事蹟碑銘〉

홀로 가파른 바위에 獨峭其巖
우뚝 논개가 서 있구나. 特立其女
논개는 이 바위 아니었다면 女非斯巖
어찌 죽을 곳을 얻었겠으며, 焉得死所
이 바위는 논개 아니었다면 巖非斯女
어찌 의로운 명성을 얻었겠는가. 焉得義聲
남강의 높은 바위에 一江高巖
만고의 꽃다운 정절이로다. 萬古芳貞

09

천고의 애원 춘천 기녀 계심桂心

계심桂心은 조선 정조 때의 사람으로 성은 전씨全氏였다. 계심은 미천한 가정에서 태어나 어려서부터 기적에 이름을 올렸다. 하지만 성품이 원래 고결하고 정조가 있어 다른 기녀들처럼 함부로 방탕하게 놀지 않고 몸을 단정하게 하니 고을 사람들 모두 그녀를 칭찬하였다. 계심은 17세에 기적에서 이름이 빠져 고을 아전 김씨의 집으로 들어가 몇 해 동안 살림살이를 하였다. 그러나 불행히도 계심의 부모가 남에게 속아서 계심을 다시 서울의 교방教坊에 팔아넘겼다. 그때 계심은 사랑하는 김씨와 떨어지게 됨을 안타까워하였고 다시 몸을 더럽혀야 하며 마음에 맞지 않는 화류계로 돌아가게 된 것이 몹시 분통하여 죽고자 하는 마음이 들었다. 그러나 계심은 부모가 결정한 일이라 거절하지 못하였고 또 자기 배 속에는 이미 김씨의 아이가 있었기에 차마 죽지도 못하였다. 결국 울며불며 김씨와 이별하고 행장을 수습하여 한양으로 가게 되었다.

계심은 비록 어쩔 수 없이 다시 화류계로 들어왔으나 고결하고 그윽하며 곧은 성정은 전과 다름이 없었다. 계심은 항상 몸에 칼과 약을 감추어 두고 만일의 경우 어떤 불량배에게 강제로 정조를 빼앗기게 되면 그 칼과 약으로 자결하기로 마음먹고 자기 신변을 경계하였다. 하지만 계심은 이미 몸이 화류계에 매여 있고 얼굴이 남다르게 예뻤기에 남자들을 상대하지 않을 수 없었으며 매번 그녀를 보는 남성들은 모두 그녀와 함께하고 싶어 했다. 그리하여 계심을 본 남성들은 금전으로 그녀를 꾀기도 하고 혹은 권세로 위협하며 그녀의 정조를 빼앗고자 하였다. 그러나 결심이 굳은 계심은 금전이나 권세에 조금도 굴하지 않고 남성들의 요구를 거절하였다. 이에 대다수의 남성들은 그녀의 절개에 감탄하였으나 일부 불량한 소인배들은 오히려 계심을 건방지고 괘씸하게 생각하였다.

그러던 중 어떤 나쁜 소년 무리가 계심을 흠모한 나머지 결국 어느 날 밤 그녀의 집으로 놀러 가서 폭력으로 그녀의 정조를 빼앗았다. 계심은 비록 천한 기녀의 몸이었지만 그런 강제의 굴욕을 당하였으며 또 너무 놀라 배 속의 아이까지 유산하게 되자 도저히 참고 살아갈 수가 없었다. 이에 자결하기로 결심하고 자기 남편이었던 김씨에게 유서를 써 놓고 집안사람들이 잠들었을 때 자기 손으로 그 악소년에게 잡혔던 머리와 가슴을 칼로 베어 내고 독약을 먹고 죽고 말았다.

한때 남편이었던 김씨는 계심과 이별한 후 항상 심회가 불편하여 밤에도 잠을 잘 이루지 못하였다. 그러던 중 계심이 죽은 바로 그날 밤에 꿈을 꾸었다. 꿈속에서 계심이 김씨에게 돌아왔는데 그녀의 전신에는 유혈이 낭자하였고 눈물을 비 오듯 흘리며 자기를 고향으로 데려다 달라고 하였다. 잠에서 깨어난 김씨는 이상하게 생각하여 그날 즉시 서울로 가서 계심의 집을 찾았으나 이미 계심은 죽고 난 후였다. 김씨는 관청에 그 사실을 호소하고 즉시 계심의 시체를 수습하여 그녀의 고향인 춘천으로 돌아가서 봉의산鳳儀山 기슭에 장사 지냈다.

당시 관찰사 이 모 씨는 계심의 절개를 가상히 여겨 그 집에 정문을 세워 주었으며, 군수는 그녀의 무덤 앞에 '춘천 기녀 계심이 절개를 지키다가 죽은 무덤[春妓桂心殉節之墳]'이란 여덟 글자를 새겨 돌비를 세워 주었다. 그 비명碑銘은 박종정朴宗正이 짓고 그 글씨는 류상륜柳尙綸이 썼으니, 때는 정조 20년 병진년(1796년) 5월이었다.

이 사실은 춘천에서 전해 오는 이야기인데 아래 기록한 그 비명과는 다소 차이가 있으므로 후일을 위하여 그 비명 전문을 기록한다.

〈춘천 기녀 계심이 순절한 무덤의 비명[春妓桂心殉節墳碑銘]〉

절개 있는 기녀의 성은 전全이요 이름은 계심으로	節妓全姓桂心名
어려서 어미가 천하여 교방에 적을 두었다네.	少仍母賤籍教坊
간결한 자태와 그윽하고 곧은 성품을 지녀	簡潔之姿幽貞性

몸가짐이 규방에 거처하는 것과 다르지 않았다지.	持身無異處閨房
나이 열일곱에 고을 아전에게 시집가서	十七于歸府吏家
그에게 말하길 마음 바꾸지 않겠다 했다네.	與子成說許不更
분단장한 여인들 속에서 물러나 스스로를 지키며	退來自守粉黛中
남에게 교태와 웃음 파는 일 배우지 않았지.	不學他人嬌笑呈
누군가의 부탁으로 상방尙方[24]으로 옮기게 되자	尙方移屬被誰囑
혼례복 챙겨서 한양으로 들어갔다네.	收拾嫁衣入漢京
장안에는 마음 삐뚤어진 악한 이들 많아	長安挾斜惡多少
길 가다가 강포한 자 만나리라 생각하여	料得行路遭暴强
치마엔 추련秋蓮[25] 차고 주머니엔 약을 담아	裙帶秋蓮囊儲藥
기러기 털 가벼이 날리듯 자결하리라 다짐했지.	鴻毛一擲矢自戕
이별할 때 은근히 하늘의 뜻에 맡겼으나	臨別殷勤托所天
연약한 몸으로 오히려 철석같은 마음이었네.	弱息猶關鐵肝腸
배 속의 태아를 여러 번 몸이 더럽혀졌다고 하여	腹中有物添身屢
어찌 차마 제 손으로 떼어 낼 수 있으랴.	忍能割愛手墮傷
몸에 때 묻고 얼굴 헐자 스스로 목숨 끊으니	垢身毁容便自沒
한번 죽으려는 마음 매우 굳건하였네.	會須一死心深剛

…

24 상방(尙方): 조선 시대에 임금의 의복과 궁내의 일용품, 보물 따위의 관리를 맡아보던 관아.

25 추련(秋蓮): 칼집에 연꽃이 아로새겨진 보검으로, 여기서는 장도(粧刀)의 의미로 사용되었다. 당나라 이백(李白)의 시 〈호무인(胡無人)〉에 "유성처럼 빠른 화살 허리춤에 꽂고, 번쩍이는 보검을 상자에서 꺼내도다[流星白羽腰間插, 劍花秋蓮光出匣]."라고 하였다.

달 밝고 인적 고요한 중원中元[26]의 밤	月明人靜中元夜
조용히 사탕 먹듯 독약 마시니	從容飮毒如飴糖
옆 사람이 놀라 구하려 했으나 이미 늦어 버려	傍人驚救已無急
숨넘어가는 중 겨우 몇 마디 소리 들었네.	奄奄僅辨猶聞聲
가체 팔아 관 준비해 주고 뒷일을 부탁한다고	賣髢備柩屬後事
살갗 드러나지 않게 잘 염습해 달라고	肌膚勿露收斂精
집에서 온 세 통의 편지는 허리춤에 매달아 달라고	三度家書繫腰間
이런저런 영결의 말 그 울음소리 슬프구나.	面面訣語哀其鳴
남편이 관을 끌어안고 무덤으로 찾아오니	夫婿抱櫬歸蒿里
죽은 영혼 사라지기 어려워 꿈에서도 감동하네.	一靈難掩夢感場
옥 깨지고 구슬 잠긴 일[27] 녹주綠珠[28] 같으니	玉碎珠沈等綠珠
그 절의 가을 서릿발보다 매섭단 걸 알겠네.	節義方知逾秋霜
순상巡相 이공李公께서 그 일을 듣고	巡相李公聞其事
금수錦水의 여인을 위해 깃발 날리며 와서	錦水瓊娘雙表旌
빨리 돌을 깎아 정려旌閭를 세우라 하고는	亟我伐石暨棹楔
공사 비용은 감영에서 마련해 주었네.	工備辨給出上營
새로 부임한 부사府使도 돈을 내어	新莅明府且損捧

•••

26 중원(中元): 백중날로 음력 7월 15일을 이른다.

27 옥 …… 잠긴 일: 여자의 죽음을 비유하는 말이다.

28 녹주(綠珠): 녹주는 진(晉)나라 때 부자로 이름난 석숭(石崇)의 애첩이다. 권신 손수(孫秀)가 석숭에게 녹주를 달라고 요구했는데 석숭이 거절하자 그를 모함해 죽이려고 붙잡아 가니, 녹주는 석숭과 함께 놀던 누대에서 뛰어내려 자살하였다. *『진서(晉書)』「석숭열전(石崇列傳)」 참조.

무덤 앞에 석 자 남짓한 묘표를 세워 주었네.	墳前標立三尺盈
춘천을 지나는 나그네 아무개가	春川旅客○○○
남은 뜻을 모아 이 비명을 짓노라.	掇取餘意述此銘

10

곡산 명기 매화梅花

지금으로부터 약 200년 전, 황해도 곡산谷山에 매화梅花라는 유명한 기녀가 있었다. 어떤 늙은 재상이 황해 감사가 되어 그 고을을 순찰하다가 매화를 보고서는 해주 감영으로 데려다 두고 극진히 총애하였다.

그때 한 명사名士가 있었는데 곡산 부사가 되어 황해 감사를 찾아가 보던 길에 얼핏 어여쁜 매화를 보고 난 뒤부터 마음속으로 항상 그녀를 그리워하였다. 그리하여 곡산으로 돌아오는 길로 매화의 모친을 찾아 아무런 이유도 말하지 않고 자꾸 선물을 보냈다. 그러다가 매화의 모친에게 매화를 그리워하고 있다고 이야기하니 매화의 모친은 거짓으로 자기가 거의 죽게 되었다는 편지를 써서 매화에게 보냈다.

이에 매화는 편지를 받자마자 감사에게 여가를 청하여 집으로 돌아왔다. 하지만 실제로 모친이 병든 것이 아니라 부사가 자기를 그리워하여 꾸민 일이었음을 알게 되었다. 그렇게 매화는 부사를 만나게 되었다. 부사는 젊은 데다가 인품도 훌륭하여 늙은 감사는 전혀 생각나지 않았고, 매화와 부사의 사랑은 날로 깊어 갔다.

그러나 허락받은 여가의 시일이 다 되어 매화는 다시 해주로 돌아가야만 했다. 해주로 돌아간 뒤로 매화는 늘 부사를 그리워하였다. 이에 꾀를 내어 병들어 누웠다가 어느 날 갑자기 고함을 지르고 미친 사람같이 굴어 결국 고향으로 다시 돌아가게 되었다.

그렇게 매화는 곡산으로 돌아와 부사와 즐거운 나날을 보냈다. 그러던 중 부사가 그만 옥사獄事에 연루되어 감옥에 갇혀 매를 맞아 죽게 되었고, 부사의 아내 또한 남편을 따라 죽고 말았다. 매화는 비록 기녀일지라도 부사와 같이 살던 정의를 생각하여 홀로 그 부부의 시체를 수습하여 장례를 지내 주었으며 결국에는 자신도 그 무덤 아래에서 자결하였다.

*『계서야담溪西野談』

11

가산의 의로운 기녀 연홍蓮紅

연홍蓮紅은 조선 순조 때 평안도 가산嘉山의 관기였다. 원래 이름은 운랑雲娘으로 일찍이 가산 군수 정시鄭蓍에게 사랑을 받아 항상 관아에 출입하였다. 그러던 중 순조 11년 신미년(1811년) 겨울에 홍경래洪景來의 난이 발발하여 반란군이 관아를 습격하려 계획하고 있었으나 관군 측에서는 그 사실을 전혀 알지 못하였다. 연홍은 반란군의 음모 계획을 알고 비밀스럽게 관아로 들어가서 정시에게 고하였으나 정시는 연홍에게 다음과 같이 말하였다. "나는 나라에서 부여받은 사명이 있으니 이곳에 있다가 죽는 것이 마땅하다. 그러나 너는 부질없이 죽을 필요가 없으니 속히 난리를 피하여 이곳을 떠나거라." 정시는 그렇게 연홍을 재촉하여 피신시켰다. 한편 정시는 관군을 거느리고 반란군을 막다가 결국 부친 정로鄭魯, 아우 정신鄭藎과 함께 반란군에게 패배하고 말았다.

그때 연홍의 집은 관아와 겨우 한 울타리를 겸하여 가까이 있었다. 백성들은 모두 도망하여 피난을 가거나 그렇지 않으면 반란군에게 가담하였으므로 정시 부자의 시체는 수습할 사람조차 없었다. 연홍은 홀로 집을 지키고 있다가 밤중에 반란군이 물러간 틈을 타서 관아로 달려갔다. 가 보니 정시의 아우 정신은 비록 중상을 입었으나 아직 목숨이 붙은 채로 신음하고 있었다. 연홍은 유혈이 낭자한 정신을 등에 업고 돌아와 자기 집에 눕히고는 정성껏 간호하여 목숨을 살려냈다. 또 아전 박씨와 함께 자기 집 가산을 다 털어 결사대를 모아 자기 집을 지키게 하고 정시 부자의 시체를 수습하여 가매장하였다.

얼마 뒤 관군이 와서 군수 정시의 초상을 치르고자 시신을 옮겨 서울로 돌아갔다. 이에 연홍은 상례 절차에 따라 평양 대동강까지 쫓아가서 크게 통곡하고 돌아갔다. 그 이야기가 조정에까지 들어가자, 조정에서는 연홍을 가상히 여겨 그녀를 기적에서 제명하여 양민이 되게 하고 논밭을 내려 주었다.

*『침우담초枕雨談草』[29]

---

29 『침우담초(枕雨談草)』: 조선 후기의 여항(閭巷) 문인 장지완(張之琬)이 자신의 시문을 정리하기 위하여 정사(淨寫)한 초고 자료.

12

계월향桂月香 그리고 옥개玉介와 채란彩鸞

계월향桂月香은 조선 선조 때 평양의 명기로, 또 다른 이름은 월선月仙이다. 어려서부터 인물이 빼어나고 재주가 비상하여 당시 관서 화류계에서 손가락 안에 꼽힐 만큼 명성이 자자하였다. 1592년 임진왜란이 일어나 불행히도 평양성이 함락되자 성안 백성들은 모두 일본군의 포로가 되었다. 이때 계월향 또한 포로가 되어 고니시 유키나가小西行長의 부장副將 고니시 히小西飛의 진중에 붙잡혀 있었다. 계월향이 개인의 절조만을 위하는 인물이었다면 그 자리에서 자결하여 꽃다운 죽음을 택했을 것이다. 하지만 원래 지모가 비범하고 인내심이 강한 계월향은 부질없는 죽음보다 잠시 굴욕을 당하더라도 큰일을 도모하는 것이 좋겠다고 생각하였다. 이에 계월향은 남의 눈치에도 아랑곳하지 않고 온갖 교태와 아양을 부려 가며 고니시의 환심을 샀다. 이에 고니시는 계월향을 조금도 의심하지 않고 크게 기뻐하며 그녀에게 푹 빠져 항상 가까이에 두었다.

한편 평양에는 순별초관巡別哨官이라는 낮은 직급의 군직을 가진 김경서金景瑞라는 용맹스러운 장수가 있었다. 그의 어릴 적 이름은 응서應瑞로 신라 김유신金庾信의 후손이었으며 평안도 용강龍崗에 이주하여 살고 있었다. 경서는 태어날 때부터 두 겨드랑이 밑에 새 날개 같은 이상한 뼈가 있어서 몇 길이 넘는 지붕도 훌훌 뛰어넘고, 80여 리 남짓한 용강에서 평양까지의 거리를 날마다 나막신을 신고 왕래하는데도 말 탄 사람보다 더 빠르게 다녔다. 그 모습을 본 사람들은 경서를 '비飛장군'이라고 칭찬하였고 계월향 또한 경서를 특별히 경모하였다. 비록 전란으로 평양성이 함락되었으나 경서는 조금도 사기가 꺾이지 않고 평안도 일대 용강, 강서江西, 삼화三和, 증산甑山 네 지역의 군사를 모집하여 대동강 서편에 진을 치고 날마다 서문 밖에 나가서 말을 달리며 정찰하였다.

그때 계월향은 고니시와 진중에 있으면서 경서의 소식을 듣고 고니시에게 "저는 평소에 연날리기를 좋아하니 서문 뒤에 가서 연을 날리게 해 주셔요." 하고 간청하였다. 고니시는 계월향에게 빠져 전혀 의심하지 않았던 까닭에 흔쾌히 승낙하였다. 계월향은 속으로 기뻐하며 을밀대乙密臺[30]에 가서 연을 날렸는데, 자신의 묘책을 은밀히 글로 써서 그 연에 붙여 경서가 말을 달리는 곳에 띄웠다. 그리하여 경서는 계월향의 묘책을 자세히 알게 되었다. 그 이튿날 계월향은 또 전날처럼 고니시에게 연날리기를 청하였고 이번에는 특히 고니시와 같이 가기를 원한다고 하니 고니시는 안심하고 계월향과 함께 갔다.

계월향은 고니시와 함께 정답게 손을 잡고 성 위에 가서 연을 날렸다. 그러던 중 성 밖으로 경서가 말을 타고 달리는 모습을 보고 갑자기 땅에 엎드려 울며 말하였다. "장군님, 제 사정을 좀 들어 주셔요. 저는 원래 부모도 친척도 없고 다만 오빠 한 사람만 있습니다. 이번 난리 통에 오빠가 죽었는지 살았는지 소식도 모른 채 밤낮으로 애를 태우며 걱정하고 있었는데, 지금 우연히 보니 저 문밖에서 제 오빠가 말을 달리고 있습니다. 그러니 장군님의 두터운 덕으로 남매가 서로 만나게 해 주신다면 그 은혜가 백골난망이요, 죽어도 원이 없겠습니다." 고니시는 그 말을 듣고 측은한 생각이 들어 계월향을 어루만지며 울지 말라고 위로하였다. 그러고는 즉시 서로 만나 보기를 허락하고 경서에게 사람을 보냈다. 경서와 계월향은 이전에 서로 약속한 것이 있었기 때문에 경서는 고니시의 통지를 받고 속으로 기뻐하며 고니시의 진중으로 들어갔다. 계월향과 경서가 진짜 남매처럼 손을 맞잡고 서로 울며불며 반가워하니 고니시는 조금도 의심하지 않았다. 그리고 경서를 특별히 후하게 대하였으며 그날부터 경서를 자기 진중에 마음대로 출입할 수 있게

•••

30 을밀대(乙密臺): 평양 중구역에 있는 삼국 시대 고구려의 누정. 을밀봉에 있어 을밀대라고 하지만, 사방이 탁 트이어 있다고 하여 '사허정(四虛亭)'이라고도 한다.

하였다. 경서는 그렇게 고니시의 진중에 출입하여 그 동정을 살피면서 계월향과 비밀스러운 계획을 세우고는 기회가 오기만을 기다리고 있었다.

하루는 고니시가 대동관大同館[31]에서 큰 연회를 베풀었다. 계월향은 이를 천재일우의 기회로 생각하고 고니시에게 연거푸 술을 권하였다. 아무것도 모르는 고니시는 그저 좋아하며 술에 거나하게 취하여 정신을 차리지 못하고 눈을 감고 졸았다. 계월향은 그 틈을 타서 휘장에 달린 방울의 주둥이를 솜뭉치로 틀어막고-고니시는 원래 의심이 많았던 까닭에 자신의 휘장에 방울을 달아 사람들의 출입을 알아차렸다고 한다.- 밖으로 뛰어나가 경서를 불러들이니 경서가 즉시 장검을 빼 들고 대동관으로 달려 들어갔다. 그때 고니시는 의자에 걸터앉아 코를 드르렁드르렁 골면서 잠을 자고 있었다. 그러나 자면서도 두 눈은 부릅뜬 채 얼굴에는 붉은 기운이 가득하였으며 두 손으로는 서릿빛 같은 장검을 빼어 들어 마치 사람을 찌르려고 하는 것 같았다. 하지만 경서는 용감하고 대담하게 달려들어 고니시를 칼로 쳤다. 그러자 고니시의 머리가 땅에 떨어졌으나 그 순간 고니시는 자기 손에 있던 칼을 던졌으니 한 칼은 건너편 벽을 치고 나머지 한 칼은 기둥을 쳤다.-지금도 대동관에는 그 칼자국이 남아 있다고 한다.-

경서는 고니시의 머리를 손에 들고 계월향을 업고는 성을 넘어

31 대동관(大同館): 조선 시대 평양에서 중국 사신을 접대하기 위하여 만들었던 객관(客館).

도망치기 시작하였다. 그런데 도중에 일이 잘못될까 염려하여 계월향에게 다음과 같이 말하였다. "우리 두 사람이 도망가다가 잘못되어 모두 죽는 것보다는 차라리 한 사람이라도 살아 나가는 것이 좋지 않겠는가? 둘 중에 누가 죽는 것이 낫겠소?" 경서의 물음에 계월향은 흔쾌히 자기의 머리를 내밀며 "천한 제 목숨이 먼저 죽어야지요."라고 하였다. 이에 경서는 눈물을 흘리며 자기의 칼로 계월향의 목을 베고 무사히 성을 넘어갔다. 그 뒤에 경서는 여러 번 전공을 세워 부원수副元帥 지위까지 올랐다. 시호諡號는 양의襄毅이다.

임진왜란이 끝나고 평안 감사가 계월향의 의절을 가상히 여겨 장경문長慶門 안에 영당影堂을 짓고 그의 영정을 안치하였다. 그 후 헌종 원년 을미년(1835년)에는 감사 정원용鄭元容이 관풍동觀風洞에 의열사義烈祠를 창건하여 화상을 안치하고 그 옆에 의열비를 세워 주었다.

옥개玉介는 평양 기녀로 계월향처럼 임진왜란 때 일본군에게 굴종하지 않고 성에 떨어져 죽었다. 이에 감사 민영휘閔泳徽가 그녀를 기리는 비를 만들어 세워 주었다. 또한 평안도 양덕陽德에 채란彩鸞이라는 기녀도 있었다. 채란은 진무중군鎭撫中軍 어재연魚在淵의 첩이 되었다가 신미양요辛未洋擾 때 어재연이 강화에서 순절하자 남자 복장을 하고 들어가서 어씨 형제의 시신을 수습하고 돌아와 장사 지냈으므로 당시 조정에서는 그녀를 가상히 여겨 숙부인으로 봉해 주었다. 그 뒤에 채란의 영당을 설립하고 옥개와 같이 배향하였다.

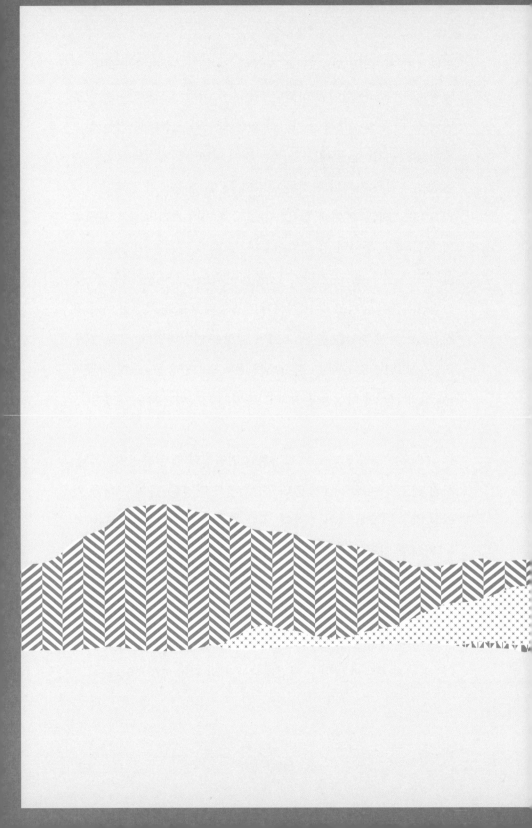

제6편

여성에 관한 전설, 민요, 괴담, 민담, 희담

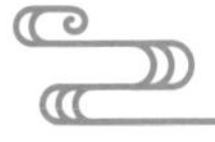

01

고구려 녹족부인鹿足夫人

고구려의 궁녀 중에 발 모양이 사슴의 발같이 이상하게 생겨서 별명이 녹족부인鹿足夫人인 여인이 있었다. 그 궁녀는 발 모양이 이상하게 생겼을 뿐만 아니라 가슴도 열두 개나 있어서 누구나 기괴하게 생각하였다. 그러던 중에 녹족부인은 한 번에 열두 형제를 낳았고 이를 큰 괴변이라 여긴 고구려 왕은 그 아이들을 기르지 않고 목함 속에다 넣어서 서해에 띄워 버렸다.

그러한 일이 있은 지 수십 년의 시간이 흘렀다. 고구려와 인접하고 있어 여러 해 동안 충돌이 잦았던 당나라가 고구려의 영토를 침범하려 하였다. 이때 당나라의 열두 장군이 각각 삼천 병사를 거느리고 풍우風雨같이 몰려와서 이르는 곳마다 고구려 군사를 치니 고구려는 매우 다급한 상황에 놓이고 말았다. 이러한 상황을 들은 고구려 왕은 급히 문무백관을 모아 어전 회의를 열고 방비책을 논의하였으나 그 누구 하나 특별한 방책이 없었고 얼굴빛이 모두 흙빛이 되어 서로 바라만 볼 뿐이었다. 그때 마침 녹족부인이 뛰어나와 왕에게 다음과 같이 아뢰었다. "첩신妾臣이 들어 보니 적군의 열두 장수는 모두 동복형제로 발이 사슴의 발같이 생겼다 합니다. 생각건대 이전에 제가 낳아서 버린 자식들이 죽지 않고 적국의 장수가 된 듯합니다. 제가 직접 가서 보고 만일 그것이 맞는다면 군사의 큰 힘을 들이지 않고 일을 무사히 해결할 수 있을 것입니다." 그 말을 들은 왕은 크게 기뻐하며 즉시 녹족부인을 적진으로 보냈다.

녹족부인은 그길로 적진에 가서 노루대櫓樓臺라는 높은 곳에 자리를 정하고 열두 장군을 그곳으로 불러 세우고 말하였다. "나는 고구려의 녹족부인이다. 전날 한 번에 열두 형제를 낳았는데 불행히도 기르지 못하고 바다에 버린 뒤로 생사를 알지 못하여 항상 궁금하기도 하고 답답하기도 하였다. 그런데 장군들의 발이 모두 사슴의 발과 같다 하니 나의 아들들이 분명하다." 그러고는 가슴을 열어 자신의 젖을 짜니 열두 젖이 한꺼번에 솟아나 열두 장군의 입으로 들어갔다. 또 부인이 지어 두었던 버선 열두 켤레를 품속에서 꺼냈는데 신통하게도 그 열두 켤레의 버선이 열두 장군의 발에 꼭 들어맞았다.

열두 장군은 매우 놀라 절하며 말하였다. "저희 여러 형제가 바다에서 정처 없이 표류하다가 다른 나라에서 성장하게 되었습니다. 그러나 부모가 있는 곳을 알지 못하여 그것을 철천의 원한으로 생각하였습니다. 그러다 뜻밖에 고구려에 와서 당신의 말씀을 들으며 또 젖을 먹고 버선을 신어 보니 우리 어머니가 분명합니다." 그러고는 눈물을 흘리며 사죄하였다. "불초한 자식들이 알지도 못하고 감히 부모의 나라를 침략하게 되어 정말로 죄송합니다." 이 말을 들은 녹족부인은 눈물을 흘리며 열두 장군의 손을 잡고 등을 어루만지며 말하였다. "너희를 낳은 것도 하늘의 뜻이고 너희를 버리게 된 것도 하늘의 뜻이다. 지금 너희를 다시 만나게 된 것 또한 하늘의 뜻이니 어찌 천의天意를 반하여 다른 뜻을 두겠는가." 이 말에 열두 장군이 모두 땅에 엎드려 절하며 말하였다. "저희를 낳은 이도 어머니요, 저희를 버린 이도 어머니입니다. 그러나 저희에게 버선을 신기시고 젖을 주신 이도 어머니인데 어찌 어머니의 마음을 조금이라도 아프게 하겠습니까!" 그러고는 그 즉시 군사를 흩어 버렸다.

이후 열두 형제는 바닷가에 집을 짓고 성도 쌓은 다음 열심히 농사를 지어 녹족부인을 봉양하였다. 마침 고구려의 난리도 잘 정리되었기에 열두 형제와 녹족부인은 하루하루 재미있고 화목하게 살았다. 행복한 그들의 모습을 본 세상 사람들은 그들이 터를 잡은 들판을 '열두 삼천 벌'이라고 하였는데, 그곳은 지금 평안남도 평원군 숙천읍에 있는 큰 들이다. 그리고 그 동네 이름을 열귀리悅歸里라고 하였는데 그것은 녹족부인과 그 아들들이 서로 만나 기쁘게 돌아갔다는 의미이다.

02

연오랑延烏郎과 세오녀細烏女

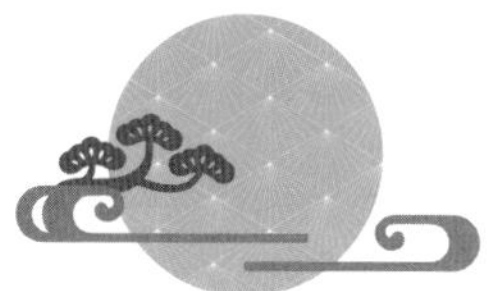

옛날 신라의 아달라이사금(재위 154~184년) 때였다. 영일군 바닷가에 연오랑延烏郎과 세오녀細烏女 부부가 살았는데 이들은 서로 매우 사랑하고 정이 깊어 일 년 열두 달을 항상 행복하게 생활하였다.

하루는 연오랑이 바다에서 작은 배를 타고 마름을 캐고 있었는데 갑자기 폭풍이 불어 험하고 사나운 물결이 연오랑이 타고 있던 작은 배를 떠밀어 버렸고 결국 연오랑은 바다 위에서 한없이 떠돌다가 일본의 한 섬에 이르게 되었다. 한편 세오녀는 남편이 풍랑에 휩쓸려 죽은 줄로만 알고 눈물을 흘리며 애통해하고 있었는데 사흘 만에 어떤 사람이 그녀에게 와서 연오랑이 다행히 죽지 않고 일본 어떤 섬에 가서 임금이 되었다는 이야기를 전해 주었다. 세오녀는 깜짝 놀라기도 하였으나 무척이나 반가워 연약한 몸을 이끌고 만 리 창해의 머나먼 길을 지척같이 여기고 작은 배를 저어 연오랑이 있다는 섬나라로 가게 되었다. 그렇게 두 사람은 반갑게 재회할 수 있었다.

그러나 그날부터 신라에서는 해와 달이 빛을 잃고 천지가 어두워져 참으로 견딜 수가 없게 되었다. 신라의 왕은 크게 걱정하여 관상감觀象監의 신하를 불러 그 이유를 물었다. 그는 한참 동안 눈을 감고 생각하다가 다시 눈을 뜨고 이렇게 말하였다. "연오랑과 세오녀 부부는 원래 해와 달의 정기로 태어난 자들입니다. 그런데 지금 그들 부부가 일본의 섬나라로 가 버렸기 때문에 해와 달의 정기가 없어져서 빛을 잃은 것입니다." 그 말에 신라 왕은 다음과 같이 말하였다. "이로 인해 무엇보다도 백성에게 막대한 피해가 돌아갈 것이다. 무슨 수를 써서라도 그 부부를 다시 데려와야 한다." 그러고는 즉시 사신을 보내서 그 부부에게 속히 귀국하라고 권유하였다.

하지만 연오랑은 신라로 돌아가지 않고 사신에게 말하였다. "왕께서 우리 부부를 그와 같이 귀하게 생각하시고 귀국하라고 명하심은 그 은혜가 태산같이 큽니다. 그러나 내가 여기에 온 것 또한 천명입니다. 그러니 다시 신라로 돌아갈 수는 없습니다. 다만 왕의 은혜와 고국의 정과 의리를 잊지 못하기에 해와 달의 빛이 예전과 같이 비치게 해 드리겠습니다." 그러고는 세오녀가 짠 비단 한 필을 주며 "이것을 가지고 신라에 가서 하늘에 제사를 지내십시오. 그러면 다시 해와 달에 빛이 있을 것입니다."라고 하였다.

사신은 할 수 없이 그 비단만 가지고 돌아와 왕께 그 상황을 아뢰니 왕은 신기하게 여겨 정말로 그 비단을 가지고 연못에 가서 하늘에 제사를 지냈다. 그랬더니 과연 그날부터 해와 달이 다시 예전과 같이 빛나게 되었다. 신라 왕은 빛을 되찾은 해와 달을 보고 크게 기뻐하며 그 연못을 일월지日月池라 이름하였다. 또한 연오랑과 세오녀가 살던 동네를 오산동이라 하였는데 그 이름이 지금까지도 전해 오고 있다.

03

도선국사의 모친 최씨崔氏와 비둘기

신라 말기의 스님인 도선道詵은 수천 년이 지난 오늘까지도 이름이 알려진 유명한 사람이다. 그렇게 이름이 높은 도승인 만큼 출생 역시 매우 기이하였다. 도선은 원래 전라도에서 산수 좋기로 유명한 영암군 태생이다. 그의 어머니 최씨崔氏가 처녀였을 때 겨울철에 자기 집 앞 개울에서 빨래를 하고 있었는데 난데없이 참외 한 개가 물 위로 동동 떠내려왔다. 최씨는 그것을 보고 하도 신기하여 참외를 건져서 맛있게 먹었다. 그러고는 그날부터 태기가 있어 열 달 만에 한 옥동자를 낳았다. 그러나 지금이나 그때나 처녀가 아이를 낳는 것은 큰 괴변이었고 이에 최씨의 부모는 남이 그 사실을 알까 염려하여 몰래 그 아이를 자기 집 근처 숲속에 내다 버렸다.

최씨의 부모는 그 아이가 죽었으리라고 생각하였다. 그런데 며칠 후에 가서 보니 놀랍게도 아이는 살아 있었고 샛별 같은 눈을 반짝반짝하며 벌써 사람을 알아보는 듯이 방긋방긋 웃는 것이 아닌가! 그리고 아이 옆에는 예쁜 비둘기 한 쌍이 있어 항상 날개로 아이를 덮어 주고 또 입으로 먹을 것을 물어다 먹이고 있었다. 최씨의 부모는 그것을 보고 깜짝 놀라 자신들의 행동을 뉘우치고 생각하였다. '이 아이는 원래 하늘이 낳은 비범한 인물인데 잘못 알고 버렸구나.' 그러고는 다시 아이를 거두어 길렀는데 그가 자라서 그 유명한 도선국사가 되었다.

그 후 사람들은 그곳을 최씨원崔氏圓이라 하고 아이를 버렸던 곳을 구림鳩林이라고 불렀다. 또 아이가 누었던 바위를 국사암國師庵이라 한 것이 지금까지 전해 내려온다.

04

평강 처녀와 푸른 옷을 입은 동자

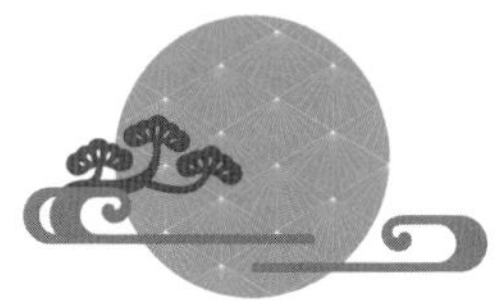

강원도 평강군에 마암소馬巖沼라는 큰 연못이 있는데 사람들은 그곳을 평강 채씨平康蔡氏가 나온 연못이라고 말한다.

지금으로부터 몇백 년 전의 일이다. 그 마을에 한 처녀가 있었는데 그 처녀는 아무 이유도 없이 아이를 배게 되었다. 그의 부모가 매우 놀라고 괴상하게 생각하여 처녀를 불러 놓고 엄하게 책망하며 이유를 따져 물었다. 그러자 처녀가 다음과 같이 대답하였다. "저 역시도 제가 아이를 가진 이유를 모르겠어요. 다만 이상한 일은 밤만 되면 푸른색 옷을 입은 어떤 동자가 와서 자고 가는 일이 있었는데 그 동자가 누구인지는 모르겠어요." 그 말을 들은 처녀의 부모는 괴이하게 생각하였고 동자가 누구인지를 밝혀내고자 딸에게 바늘과 실을 품속에 감추어 두었다가 그 동자의 옷에 몰래 꽂아 두게 하였다.

다음 날 아침 처녀의 부모는 그 실을 쫓아갔는데 실 끝이 마암소로 들어가 있었다. 부모는 더욱 이상하게 생각하고 마치 낚시를 하는 사람처럼 그 실을 슬금슬금 잡아당기니 천만뜻밖에 큰 거북이가 달려 나오는 것이 아닌가. 거북이를 본 부모는 딸이 아이를 가지게 된 것이 영물靈物 때문임을 깨닫고 거북이가 다치지 않도록 조심스럽게 다시 그 연못으로 돌려보냈다. 후에 처녀는 아들을 낳았는데 성을 채씨蔡氏라 하고 본관을 평강으로 하였으니, 이것이 평강 채씨의 시조이다. 채蔡는 원래 글자의 의미가 '큰 거북이'이기에 그렇게 지은 것이다.

여자에 관한 이야기는 아니지만 평강 이야기를 하는 끝에 기괴한 이야기를 또 하나 하려고 한다. 지금 평강면에는 용전龍田이라는 곳이 있는데 그곳의 원래 이름은 범등랑凡等郎이었다.

조선 숙종 때 이희조李喜朝[1]라는 사람이 그곳 군수로 있었다. 어느 날 어떤 사람이 읍내 서쪽의 산정리山亭里에 있는 큰 연못에서 보기에도 징그러운 큰 잉어 한 마리를 잡아서 관에 바쳤다. 그날 밤 희조가 꿈을 꾸었는데 어떤 청색 옷을 입은 동자 하나가 와서 절을 하

···

1 이희조(李喜朝): 조선 후기의 문신으로 자는 동보(同甫), 호는 지촌(芝村)이며 송시열의 문인이다. 인천 현감·해주 목사를 거쳐 조정으로 들어와 대사헌을 지냈다. 저서로 『지촌집(芝村集)』이 있다.

더니 다음과 같은 시를 읊었다. "나는 본래 푸른 산에 나귀를 탄 손님인데, 하루아침에 이희조에게 목숨이 끊어지게 되었다[我本青山騎驢客, 一朝命盡李喜朝]." 놀라서 깬 희조가 혼자 이상하게 생각하다가 하인을 불러서 주방에 살아 있는 동물이 있는지 확인해 보라고 하였다. 하인이 주방에 가서 보니 과연 큰 잉어가 산 채로 그대로 있었다.

희조는 즉시 그 잉어를 가져다가 본래 있던 연못에 놓아주었다. 그리고 얼마 지나지 않아 그 연못이 말라 버렸다. 그 대신 범등랑에 물이 쏟아져 나와 큰 연못이 새롭게 만들어졌다. 이를 본 사람들이 말하기를 그것은 잉어가 용이 되었기 때문에[2] 그런 것이라 하였다. 그리하여 범등랑이라는 명칭을 용전으로 고쳤다고 한다.

•••

2 잉어가 용이 되었기 때문에: 중국 황하 상류 협곡에 용문(龍門)이라는 문이 있는데, 물고기가 이곳을 통과하면 용이 된다는 전설이 있다.

05

강릉의 미인 연화蓮花

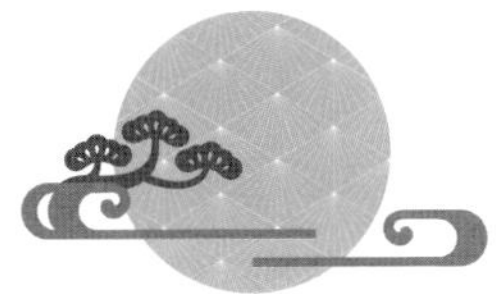

신라에 무월랑無月郎이란 이름의 운치가 넘치고 멋스러운 한 남자가 있었다. 그는 강릉 고을에 벼슬하러 갔다가 우연한 기회에 강릉의 미인 연화蓮花와 알게 되어 하루 이틀 서로 교제하였고 그동안에 사랑이 생겨 각별하게 지냈다. 그러나 호사다마라고 얼마 지나지 않아 무월랑의 임기가 끝나 신라의 서울로 다시 돌아가게 되었고, 두 사람은 결국 형언할 수 없을 정도로 안타까운 이별을 하였다. 두 사람은 차마 놓을 수 없는 손을 붙잡고 가슴이 끊어질 것 같은 이별 노래를 부르며 후일에 다시 만나 백년해로하는 부부가 되자고 굳은 약속을 하였다.

무월랑이 떠난 날부터 연화는 자기 마음을 의지할 데가 없어 날마다 집 북창 앞에 있는 연당에 가서 연꽃을 구경하고 물고기 밥 주기를 소일거리로 삼으며 고적한 세월을 보내고 있었다. 그렇게 여러 달 동안 밥을 주니 물고기들까지도 연화와 정이 들었는지 아침 저녁으로 그녀의 붉은 치마 빛이 연당에 비치기만 하면 수백 마리의 물고기 떼가 입을 내밀고 뛰어올라 밥 주기를 기다렸다. 그런데 그중에서도 유달리 예쁘고 활발한 한 물고기가 있었고 연화는 이를 특별히 사랑하여 밥도 특히 많이 주었다. 아무것도 모르는 물고기지만 다른 물고기들보다 각별함이 있는 것 같았고, 연화가 밥을 줄 때면 다른 물고기보다 먼저 뛰어올라 연화 앞에서 춤추듯이 한참을 활발하게 뛰어놀고, 밥을 먹고 갈 때도 다른 물고기처럼 그대로 가는 것이 아니라 또다시 한바탕 뛰어논 다음에 감사하다는 듯이 머리를 꾸벅꾸벅하며 돌아갔다.

그렇게 몇 해를 지내던 중 연화의 부모는 딸을 시집보내기 위해 혼처를 정하고 날짜를 잡으려 하였다. 그 사실을 알게 된 연화는 어찌할 줄을 몰랐다. 다만 자기가 사랑했던 무월랑이 있는 신라의 남쪽 하늘을 바라보며 혼자 애처롭게 눈물을 흘릴 뿐이었다. 그러던 어느 날 연화는 편지 한 장을 써서 연당으로 가 물고기 밥을 주며 말하였다. "물고기야, 물고기야. 네가 인정이 있다면 저 멀고 먼 남쪽 나라에 가서 내가 사랑하는 무월랑에게 편지나 한 장 전해 주렴. 만약 내가 잘못되어 다른 곳으로 시집가게 된다면 너희에게 주던 밥도 주지 못할 수 있단다." 그러자 그 물고기는 연화의 말을 알아들었다는 듯이 두 귀를 볼록볼록하고 또 머리를 꾸벅꾸벅하며 대답하는 모양을 보였다. 연화는 그 물고기의 행동이 전과 다른 것을 보고 이상하게 여겼다. 그래서 시험 삼아 그 물고기에게 편지를 던져 주니 물고기는 편지를 물고 어디론가 가 버렸다. 그로부터 3일이 흘렀고 그동안 연화는 그 물고기의 그림자조차 볼 수 없었다.

그동안 그 물고기는 동해를 건너 무월랑의 집 근처 어떤 물에서 놀고 있었다. 그러다 그 물가에서 낚시질하고 있던 무월랑의 낚시에 걸리게 되었고, 물고기를 잡은 무월랑은 물고기 입에 물려 있는 편지를 받게 되었다. 편지를 읽은 무월랑은 답장을 써서 다시 그 물고기 입에 물려 보냈다. 무월랑의 답장을 받은 연화는 크게 기뻐하였으며 또 자기와 약속한 것을 저버리지 않고 그와 같이 정성을 표현해 준 것을 감사하게 생각하였다. 그리고 얼마 지나지 않아 연화와 무월랑은 결혼하였고 재미있는 부부생활을 하게 되었다.

후대 사람들은 그 연못을 양어지養魚池 또는 서출지書出池라고 불렀다. 내가 몇 해 전에 그곳에 놀러 갔다가 한시漢詩 한 수를 지었는데 이는 다음과 같다.

연화봉 아래 물 가득한 연못에	蓮華峰下水盈塘
펄떡이며 노는 물고기 가는 물결을 뿜어대네.	潑剌遊魚吹細浪
때마침 미인 와서 비단옷 빨래하니	時有佳人來浣錦
옛날에 편지 전하던 그 처녀인 듯.	恰如當日寄書娘

06

목함 속 푸른 옷차림의 세 처녀

제주도의 옛 이름은 탐라국耽羅國이다. 탐라의 다른 이름은 모라毛羅 또는 탐모라耽毛羅이다. 이 섬은 육지에서 매우 멀리 떨어져 있는 외로운 섬이기에 몇천 년 전까지는 사람의 그림자조차 없는 곳이었으며, 천연으로 생장한 기화요초琪花瑤草가 우거진 속에서 다양한 날짐승과 길짐승이 모여 있어 신비한 자연만이 노래하고 있었을 뿐이었다.

그런데 어느 날 그 섬의 제일 크고 높은 한라산에서 별안간 천둥치듯이 우렁찬 소리가 나며 큰 구멍이 터지더니 그 구멍에서 신이한 세 사람이 나왔다. 맨 처음에 나온 사람의 이름은 양을나梁乙那, 두 번째는 고을나高乙那, 마지막은 부을나夫乙那였다. 그 세 사람은 부모도 조상도 모르지만 같은 산혈山穴에서 나왔기에 형제의 순서를 정하고 가족이 되기로 하였다. 그러고는 날마다 바닷가에 가서 고기를 잡고 마름을 캐며 생활하였다.

하루는 삼 형제가 섬의 동쪽 바닷가에 가서 고기를 잡고 있었는데 바다 저편에서 이상한 물건이 둥실둥실 떠왔다. 삼 형제는 그것을 보고 호기심이 생겨 고기잡이를 멈추고 두 손을 벌려 자기들 앞으로 오라고 소리쳤다. 그랬더니 과연 그 물건이 그들과 무슨 약속이나 한 듯이 다른 곳으로 가지 않고 그들 앞으로 점점 가까이 떠오는 것이 아닌가. 삼 형제는 매우 기뻐하며 자세히 살펴보았는데 그 물건은 다름 아닌 붉은 진흙으로 봉한 목함이었다. 삼 형제는 자신들 앞으로 온 목함을 열어 보았다. 목함 안에는 돌함 한 개가 있었고 그 옆에는 붉은색 띠를 두르고 자주색 옷을 입은 사람이 단정히 앉아 있었다. 삼 형제는 더욱 신기하게 생각하고 그 돌함을 열었다. 그 속에는 푸른 옷을 입은 세 명의 처녀가 있었는데 그 옆에는 오곡 씨와 망아지, 송아지 등이 함께 들어 있었다.

이를 매우 진기하게 여긴 삼 형제는 자주색 옷을 입은 사람에게 이곳에 온 이유를 물었다. 그러자 그는 다음과 같이 대답하였다.

“저는 일본 사신입니다. 우리나라 임금께서 서쪽 바다 가운데 바위 위에 하늘의 아들 세 사람이 장차 나라를 세우려 하나 배필이 없다는 소문을 들으셨습니다. 우리 임금께는 마침 세 명의 따님이 있었는데, 제게 명하신 바 세 따님을 모시고 이곳까지 오게 되었습니다. 그러니 세 분께서는 부디 저희 공주님들을 배필로 정해 대업을 이루십시오." 사신은 말을 마친 후에 홀연히 구름을 타고 사라져 버렸다.

이에 삼 형제는 세 명의 공주를 각각 배필로 삼고 물 좋고 땅 좋은 곳을 선택하여 거처를 정하였으니, 양을나가 있는 곳을 제1도, 고을나가 있는 곳을 제2도, 부을나가 있는 곳을 제3도라 하였다. 그리고 북두칠성과 꼭 닮은 대臺를 쌓았는데, 소위 칠성도七星圖라는 것이 바로 그것이다. 이후 삼 형제는 땅을 개간하여 오곡을 심고 또 소와 말을 기르니 매우 풍부하게 잘 번식하였다.

그 뒤 고을나의 15대손 고후高厚와 고청高淸이 신라에 조공하였는데, 그때 하늘에 객성客星이 보이니 신라 왕이 크게 기뻐하며 고후를 이름하여 성주星主라고 하였다. 또 나라 이름을 탐라라고 하였으니, 그것은 고씨가 처음으로 신라에 올 때 탐진耽津에 배를 대고 내렸으므로 탐진의 탐耽과 신라의 라羅를 택하여 지은 것이라 한다.

07

박색의 춘향春香

전라도 남원 부근에서는 소설 〈춘향전〉과는 정반대인 전설이 지금까지 떠돌고 있다. 전설 속 춘향春香은 조선 숙종 시절의 관기 월매의 딸로 묘사되는데 이는 소설 〈춘향전〉과 일치한다. 그러나 춘향의 외모는 소설과는 정반대로 만고의 박색薄色이었다. 코는 질병코에다 눈은 비탈에 돌아가는 돼지 눈 같으며 머리는 몽당빗자루 같고 손은 옴두꺼비의 발 같으며 목은 자라목 같고 몸집은 절구통만 한 데다가 천연두를 몹시 앓은 탓에 피부가 얽을 대로 얽어져 있어 곰보 모양으로 우박 맞은 잿더미도 같고 장마 치른 쇠똥도 같고 대추나무에 앉은 매미 등 같고 맹꽁이의 볼기짝 같아서 누구나 한번만 쳐다보면 십여 년 된 학질이 즉시 떨어질 만큼 무섭게 생긴 추녀였다. 그러다 보니 나이 이십이 넘어 삼십에 가까워져 온들 뭇 남성들이 한 번 쳐다볼 리도 없어 결혼 같은 것은 생각조차 할 수 없었다.

그러나 사람의 본능이란 어찌할 수 없는 법이다. 하루는 춘향이 광한루 앞 요천강蓼川江에서 빨래를 하고 있다가 우연히 그 마을 사또의 아들 이몽룡이 광한루에 나들이를 왔다 그 강가로 지나가는 것을 보고는 그의 잘난 풍채에 미혹되어 그만 정신을 잃고 말았다. 급기야 집에 돌아와서는 침식을 전폐하고 머리를 싸매고 드러누웠다. 정말로 임을 못 보아 생긴 병은 임 보기 전에는 못 고친다고, 몽룡에게 홀려 생긴 춘향의 병은 어떤 약으로도 고칠 도리가 없었다. 그렇게 수십 일이 지나고 약이란 약은 다 써 봤지만 도무지 차도가 없었으며 오히려 병환이 점점 깊어졌다.

자식이 잘났건 못났건 부모의 사랑이야 남과 다를 리 없는 춘향의 엄마 월매는 크게 걱정하며 춘향에게 병이 난 이유를 물었다. 그러자 춘향은 자신이 병이 난 이유를 있는 그대로 월매에게 이야기하였다. 그러나 그 이유를 안다고 한들 박색인 춘향은 평범한 사람과의 결혼도 어려울 것인데 더군다나 사또의 자제인 몽룡에게 어찌 말이나 걸어 볼 수 있겠는가. 하지만 월매는 화류계에서 백전노장으로 온갖 짓을 다 해 본 여인이기에 문득 한 가지 계책을 생각해냈다. 그것은 바로 몽룡과 제일 가까이 있는 방자에게 돈을 주고 꾀어 몽룡이 자기 집으로 놀러 오게 하는 것이었다. 먼저 몽룡을 광한루로 놀러 오게 하고 자기가 부리는 여자 종 중에 예쁘고 영리한 향단이를 말쑥하게 화장시켜 광한루 근처에서 그네를 뛰게 한 다음 향단을 월매의 딸이라 하고 몽룡을 자기 집으로 유인하게 하였다. 몽룡이 집으로 온 뒤에는 향단이로 하여금 갖은 아양과 수단을 다 부려 이 도령이 취하도록 술을 잔뜩 먹이고 향단의 방에서 자게 하였다. 그리고 깊게 잠든 밤중에 향단이는 옆방으로 가고 향단의 방에는 춘향이가 들어가게 하였다. 이미 술에 취해 버린 몽룡이 어두운 방 안에서 어찌 향단과 춘향을 구별할 수 있었겠는가. 더구나 향단에게 정신을 홀딱 빼앗긴 몽룡은 취중이라 나뭇등걸이나 이불뭉치가 있어도 그것을 향단이라고 알 터이니 자기 옆에 있는 여인이 누구인지 자세히 살필 여유도 없었다. 그리하여 춘향은 몽룡과 하룻밤의 단꿈을 꾸게 되었다.

그 이튿날 아침에 몽룡이 깨서 보니 전날 밤에 보았던 향단은 어디론가 가 버리고 천만뜻밖에 평생 한 번도 보지 못했던 천하 추녀가 옆에 누워 있는 것이었다. 몽룡은 깜짝 놀라 혼자 생각하였다. '이것이 귀신이냐 사람이냐. 내가 어찌 이 여자와 같이 자게 되었으며 어젯밤 초저녁에 같이 놀다가 자던 여인은 어디로 갔단 말이냐. 세상에 별일도 다 있다.' 그러고는 마치 도깨비에게 홀린 사람처럼 얼떨떨하게 있다가 그만 일어나서 몸을 떨치고 밖으로 나가려고 하였다.

이때 월매는 이미 몽룡이 나가려고 할 줄을 알고 문밖에서 기다리고 있다가 땅에 엎드려 외쳤다. "여보시오, 도련님. 죽을죄를 지었으니 용서하여 주십시오." 그러고는 전후 사실을 다 자백하였다.

그리고 "일이 기왕 이렇게 되었으니 춘향이를 영원히 사랑하여 주시면 백골난망으로 생각하고 죽어서도 은혜를 갚겠습니다. 그러나 만일 그렇지 않으시다면 하룻밤에도 만리장성을 쌓는다고 기념으로 무슨 정표라도 하나 주시지요. 그러면 평생 도련님을 모시고 있는 것 같이 그 기념품을 영원히 간직하며 뒷날의 기회를 기다릴까 합니다."라고 하였다. 이 말을 들은 몽룡은 처음에는 방자와 월매가 너무 괘씸하기도 하고 분하기도 하여 한참 동안을 아무 말도 하지 않고 있었다. 그러다 돌이켜 생각해 보니 춘향의 사정이 측은하기도 하고 또 아무리 천하의 추녀라도 자기 때문에 죽을병이 난 데다 또 사람의 생명을 구하려고 이 같은 수단까지 쓴 방자나 월매에게 도리어 동정심이 생겼다. 그리하여 혼자 생각에 '춘향과 영원히 살 수는 없지만 그까짓 기념품이야 남자로서 못 줄 것도 없겠어.' 하고는 자기 소매 속에 있던 비단 수건 하나를 정표로 주며 표연히 집으로 돌아갔다.

그 일이 있고 얼마 지나지 않아 사또의 임기가 끝났고 몽룡도 그의 아버지를 따라 서울로 가게 되었다. 만약 춘향이 미인이고 몽룡이 춘향에게 반하였다면 물론 소설 〈춘향전〉에 있는 것처럼 작별연 같은 한 편의 비극이 있었을 것이다. 그러나 몽룡과 춘향은 사랑하는 사이가 아니었기에 몽룡은 춘향에게 아무런 작별 인사 없이 훌훌 떠나가 버렸다. 몽룡은 그와 같이 무심하게 떠났으나 춘향은 그와는 반대였다. 외기러기 짝사랑으로 몽룡을 사모하여 죽을병이 들었다가 박쥐가 꿀맛을 보는 꿈을 꾸는 것처럼 몽룡을 잠깐 만나 보고 그에게 정표까지 얻었으니 평생의 소원을 잠시 풀었다 할지라도 그리워하는 마음은 전보다 더 간절해졌다. 그래서 언젠가 한 번이라도 꼭 다시 만나기를 고대하고 있었는데 뜻밖에 몽룡이 서울로 가게 되었다는 말을 듣고는 하늘이 무너지는 듯하여 다음과 같이 생각하였다. '만일 나의 외모가 빼어났다면 비록 잠깐 헤어져 있어도 언젠가는 도련님이 나를 찾든지 아니면 내가 도련님을 찾아갈 수도 있겠지. 그렇지만 나는 불행히 천하 박색으로 태어났으니 도련님이 다시는 나를 찾을 리 없어. 더구나 한번 그에게 몸을 가깝게 한 이상 다른 곳으로 시집갈 수도 없는 신세야. 그러니 차라리 도련님이 떠나가는 날에 깨끗이 죽는 것이 좋겠어.' 그러고는 몽룡이 떠나가던 바로 그날 밤에 광한루로 향했다. 그리고 그곳에서 몽룡이 주었던 비단 수건으로 목을 매어 애처롭게 자결하고 말았다. 이에 월매는 물론이고 동네 사람들까지 모두 춘향을 불쌍히 여겨 몽룡이 지나갔던 임실고개-임실고개는 남원에서 서울로 가는 길이다.-에서 장사를 지내니 그때부터 세상 사람들이 그 고개를 '박색고개'라고 불렀다. 그 박색고개는 즉 〈춘향전〉에 나오는 박석고개인데, 훗날 몽룡이 그 이름을 미화시켜서 박색薄色을 박석礡石으로 고친 것이었다.

춘향은 남이 죽인 것이 아니고 단지 조물주가 잘못 점지한 탓으로 다른 사람들이 누리는 행복을 누리지 못하고 그렇게 세상을 비관하여 자살한 것이다. 그러나 청춘의 원한은 동해 바닷물도 능히 메울 수 있고 육체가 화하여 망부석도 된다는 말처럼 춘향의 애달픈 원한은 마치 지리산에 쌓인 구름 덩이 모양으로 흩어지지 않았다. 그리하여 달 밝은 밤이나 비 오는 날이면 춘향의 슬픈 혼이 광한루 근처나 자신의 무덤이 있는 박색고개 부근에서 구슬프게 곡을 하니 아무리 담력이 센 남자라도 춘향의 귀곡성을 들으면 머리끝이 쭈뼛쭈뼛하고 온몸에 소름이 끼쳤다. 또한 그 고을에 새 사또가 부임하여 박색고개를 넘어올 때마다 타고 있던 말의 발굽이 땅에 붙어 움직이지 않고 그들 앞에 험악한 춘향의 원혼이 나타나니 새로 부임한 사또들은 그 자리에서 발작하며 죽고 말았다. 이렇게 여러 명의 사또가 부임하여 그곳을 지날 때마다 자꾸 죽으니 남원부는 더는 다스리기 어려운 이상한 마을이 되고 말았다. 누구나 그곳에 사또로 가기를 싫어하여 조정에서도 크게 걱정할 정도였다.

이런 소문이 차차 퍼져 몽룡의 귀에까지 들어가게 되었다. 몽룡은 자기로 인해 그런 불상사가 생기게 된 것이라 계속 불편한 마음을 가지고 있었다. 그리고 언제든 기회만 있다면 자기가 그곳에 가서 결자해지의 심정으로 죽든지 살든지 다시는 그런 일이 발생하지 않도록 하겠다고 생각하였다. 그러다가 어느 해에 몽룡은 과거시험을 보고 〈춘향전〉에 나오는 것처럼 장원 급제를 하여 어명으로 지방관에 제수되었다. 몽룡이 자청하여 남원 부사가 되기를 원하니 임금께서는 몽룡을 아껴 처음에는 만류하였으나 몽룡이 굳이 가겠다고 간청하자 그를 장하게 여기고 남원으로 보냈다. 몽룡은 벼슬보다도 그곳에 가서 춘향의 원혼을 풀어 주고자 남원으로 가려 한 것이다. 그리하여 몽룡은 자기의 유창한 문장으로 춘향의 전기傳記와-지금의 〈춘향전〉이 그것인지는 모르나 하여간 춘향을 실물과 정반대로 천하 미인이라고 찬양한 내용의 전기이다.- 제문祭文을 짓고 부임하는 도중 전주全州에 들러 당시 전라도에서 명창으로 유명한 김억석金億石을 불러다 자기가 지은 글을 노래 곡조에 맞춰서 노래를 부르도록 연습을 시키고 남원으로 향했다.

몽룡의 일행이 박색고개에 당도하니 역시 이전과 같이 말발굽이 땅에 붙어 버렸다. 몽룡은 말에서 내려 공중을 향하여 다음과 같이 크게 소리를 질렀다. "천하 미인이요, 만고의 열녀 춘향의 남편 이몽룡이 남원 부사를 하러 오는 길이니 춘향의 영혼이 있다면 나의 앞으로 오너라." 몽룡의 말이 끝나자 공중에서 별안간 〈사랑가〉 소리가 나며 말발굽이 똑 떨어졌다. 몽룡은 말에서 내린 채로 천천히 걸어서 박색고개를 넘어 춘향의 무덤 앞에 가서 미리 준비하였던 제물과 제문을 가지고 제사를 지냈다. 그러고는 함께 데리고 간 김억석에게 〈춘향가〉 한 편을 부르라고 하니 그야말로 명창이요, 소리가 하늘을 타고 올라가 지리산 까마귀 떼까지 날아와서 춤을 출 정도니 춘향의 원한인들 어찌 풀리지 않을 수 있겠는가. 몽룡은 근무지에 도착한 후에 박색고개를 고쳐 박석고개라고 하였다. 또한 몽룡은 자기가 전날에 놀러 다녔던 것을 후회하여 광한루廣寒樓는 광한루狂漢樓로, 오작교烏鵲橋는 오작교誤作橋로 고쳐 부르기도 하였다. 이 전설이 과연 사실인지는 모르나 남원 근방에서는 늙은이들 사이에 이러한 수수께끼 같은 이야기가 지금까지도 전해지고 있다.

08

<산유화가>와 박향랑朴香娘

하늘은 어찌 높고 멀며	天何高遠
땅은 어찌 넓단 말인가.	地何廣漠
하늘과 땅이 크다 해도	天地雖大
내 몸 하나 갈 곳 없네.	一身難托
차라리 이 못에 빠져 죽어	寧投此淵
고기밥이 되고 싶어라.	葬於魚腹

조선 숙종 28년 임오년(1702년)이었다. 경상도 선산군 상형곡上荊谷에 사는 박자신朴自申이란 사람에게는 향랑香娘이라는 딸 하나가 있었다. 향랑은 어릴 때부터 용모가 단정하고 정숙하여 동무들과 있을 때

도 실없는 말 한마디를 하지 않았다. 또 '남녀칠세부동석男女七歲不同席'이란 옛 습관을 잘 지켜 다른 남자와는 말도 하지 않았다. 그러나 불행히도 향랑은 어릴 때 어머니를 잃고 계모에게서 자랐는데 계모가 성질이 패악하여 향랑을 심하게 학대하고 조그만 일에도 항상 꾸짖으며 때렸다. 그러나 향랑은 조금도 반항하지 않고 그저 순종하였을 뿐이었다.

향랑은 열일곱 살이 되던 해에 그 마을에 사는 임천순林天順의 아들 임칠봉林七奉과 결혼하였다. 당시 칠봉은 겨우 열네 살의 철없는 소년이었는데 성질 또한 괴팍하여 처음부터 향랑을 원수처럼 미워하고 박대하였다. 향랑은 어릴 적부터 계모에게 무한한 학대를 받았는데 결혼하여 평생을 의탁할 남편에게도 또 그러한 학대를 받게 되었으니 그녀의 신세는 참으로 가련하였다. 보통 사람 같으면 그때 벌써 이 세상을 비관하고 자결하든지 그렇지 않으면 다른 곳으로 도망이라도 하였을 것이다. 그러나 원래 천성이 순한 향랑은 자기 남편이 아직 나이가 어려서 부부의 정을 모르는 것이라 생각하여 어떤 고통이 있더라도 다 참으며 다만 남편이 장성하기만을 기다렸다. 그러나 속담에 '개 꼬리 삼 년 묵어도 황모 되지 못한다.'[3]라고 그 남편은 자랄수록 향랑을 더 심하게 학대하고 걸핏하면 망치를 들어 함부로 때리니 연약한 여자의 몸으로 도저히 견딜 수가

•••

3 개 꼬리 …… 못한다: 본바탕이 좋지 아니한 것은 어떻게 하여도 그 본질이 좋아지지 않음을 비유적으로 이르는 말. 여기에서 '황모'는 빳빳한 세필(細筆)을 만들 때 쓰는 족제비의 꼬리털을 의미한다.

없을 지경이었다. 백옥같이 곱던 향랑의 얼굴은 풀 조각이 되고 삼단 같은 머리는 다북쑥이 되어 버렸다. 향랑은 날마다 한숨과 눈물로 괴로운 세월을 보내다가 결국에는 쫓겨나 자기 본가로 돌아가게 되었다.

향랑은 어쩔 수 없이 친정으로 돌아왔으나 어릴 때 그녀를 학대했던 계모는 향랑을 가만히 두지 않았다. 친정에 온 그날부터 말로 다 할 수 없는 학대를 하여 걸핏하면 "시집살이도 못 하고 쫓겨온 년이 무슨 낯짝으로 친정으로 왔느냐."라며 욕하고 때렸다. 비록 향랑의 부친은 딸의 신세를 불쌍하게 여겼으나 후처에게 혹하고 눈이 먼 까닭에 말릴 수가 없었고 결국 향랑을 삼촌의 집으로 보냈다. 향랑은 삼촌 집에서 몇 개월 동안은 마음 편히 지낼 수 있었다. 그런데 어느 날 뜻밖에 삼촌이 향랑을 부르더니 다음과 같이 말하였다. "향랑아. 네 남편이 너를 버렸는데 다시 찾을 리도 없고, 또한 우리 집도 형편이 썩 좋지는 않아 너를 오래도록 먹여 줄 수가 없을 것 같다. 너 역시 청춘에 아까운 세월을 헛되이 보낼 필요가 있겠느냐. 그러니 마땅한 곳으로 다시 시집을 가거라."

원래 정결하기 짝이 없는 향랑은 뜻밖에 그러한 말을 들으니 정말 분하고 가슴이 아팠다. 한참 동안을 기가 막혀 아무 말도 하지 못하고 고개를 숙인 채 묵묵하게 앉아 있다가 다시 머리를 들며 단호하게 이야기하였다. "삼촌, 제가 아무리 상놈의 집 딸이기로 한번 시집을 갔다가 어린 남편이 불량하다는 이유로 어찌 개가하겠습니까. 저는 차라리 죽을지언정 삼촌 말씀대로 하지는 못하겠습니다." 그전까지 향랑을 동정하여 불쌍히 여겼던 삼촌은 이러한 향랑의 대답을 들은 뒤로는 그녀를 냉담하게 대했고 향랑은 몸과 마음을 의지할 데가 없어 어쩔 수 없이 다시 시집으로 갈 수밖에 없었다. 그러나 남편의 학대는 전보다 더욱 심해져 향랑은 잠시도 견딜 수가 없었다. 향랑의 시아버지는 향랑을 불쌍히 여겨 다른 곳으로 개가하기를 권유하고 이혼 승낙서까지 주었다. 그러나 향랑은 시아버지에게 단칸의 초가집이라도 좋으니 근처에 집 한 칸만 마련해 주면 어떠한 고생을 하더라도 정절을 지키며 살겠다고 청하였다. 그러나 시아버지는 그 말을 들어주지 않았고 향랑에게 가문을 더럽히지 말라고까지 하였는데 그것은 향랑에게 자결하여 죽으라는 의미였다.

향랑은 아무리 생각해도 그대로 살아갈 도리가 없어 물에 빠져 죽기로 하였다. 그러고는 오태산烏泰山 밑을 향하여 갔으니 때는 바로 9월 초였다. 만산의 단풍잎은 마치 향랑의 피눈물 빛과 같았고 청천에 뜬 기러기 소리는 향랑의 슬픈 간장을 끊어 내는 듯했다. 향랑은 그곳에서 바로 빠져 죽으려다가 다시 돌이켜 생각했다. '내가 남들 모르게 죽는다면 아무리 정결하여 양심에 허물이 없더라도 시부모나 다른 사람들은 내가 어디로 개가하여 간 줄로 알 것이다. 정말 억울하구나.' 그러고는 길가에 주저앉아 땅을 치며 통곡하고 있었다. 그때 나무하러 온 이웃집 소녀가 우연히 그곳을 지나다가 향랑에게 사연을 묻자 향랑은 자신의 억울한 심정을 이야기하였다. 그리고 그 소녀와 같이 지주연砥柱淵 가에 가서 자기의 치마와 짚신 등을 묶어 소녀에게 주며 다음과 같이 말하였다. "얘, 미안하지만 이것을 우리 시부모에게 전해 주렴. 그래야 시부모님이 내가 죽은 것을 알 것이고 내 시체를 찾을 수 있을 거야. 또 내가 이렇게 죽는 것은 부모님에게는 큰 불효이니 무슨 면목으로 부모님을 뵐 수 있겠어? 나는 죽어 지하에 가서 우리 친어머니를 만나 이런 원통한 사정이나 말할 것이야." 향랑은 미친 것 같기도 하고 취한 것 같기도 한 목소리로 통곡하며 물로 뛰어들었다. 그 광경을 지켜보던 소녀는 그만 놀라 도망쳤다. 그러자 향랑이 물에서 뛰쳐나와 그 소녀를 쫓아가서 손목을 잡고 다시 못 위로 올라와 다음과 같이 말하였다. "내가 너에게 노래 한 곡조를 가르쳐 줄 테니 네가 부디 잘 기억하였다가 이다음에 이곳으로 나물을 캐러 오든, 나무를 하러 오든 나를 위하여 이 노래를 불러다오. 그러면 나의 죽은 고혼이 네가 온 줄을 알 것이고 그때 만일 물속에서 파도가 일어나거든 나의 고혼이 그 노래를 기뻐하여 노는 줄로 알아줘." 그때 향랑이 그 소녀에게 가르쳐 준 노래가 바로 〈산유화가山有花歌〉이다.

이 말을 마친 다음에 향랑은 또 물로 뛰어들려다가 다시 소녀의 손을 잡고 또 이런 말을 하였다. "얘, 인생이란 참으로 불쌍하고 더러운 것이다. 내가 암만 죽기를 결심하였지만 실상 물을 들여다보니 너무나 무서워 차마 들어갈 수가 없구나. 나는 참 가련한 운명이다. 더러운 목숨을 그렇게 아끼는구나." 향랑은 이 말을 마치자마자 자기의 적삼을 벗어서 눈을 가리고 물로 뛰어들었다. 향랑은 방년 20세의 일기로 비참한 최후를 맞아 그만 어복고혼魚腹孤魂[4]이 되고 말았다. 그 얼마나 불쌍하고 가련한가.

소녀는 그 광경을 보고 급히 마을로 돌아가서 향랑의 부친에게 자신이 겪은 일을 말하였다. 향랑의 부친은 향랑의 시체를 찾으려고 강가로 돌아다니며 열나흘 동안 애를 썼으나 끝내 시체를 발견하지 못하고 할 수 없이 집으로 돌아갔다. 부친이 돌아간 뒤에야 비로소 향랑의 시체가 물 위로 떠올랐는데 그때까지 적삼이 향랑의 얼굴을 가린 채 그대로 있었다. 그것은 향랑이 죽기 전에 소녀에게 했던 말처럼 죽은 고혼이라도 자기 아버지를 보지 않기 위해서일 것이다.

그때 고을의 사또였던 조귀상趙龜詳은 그 사실을 듣고 조정에 보고하였다. 조정에서는 향랑의 무덤에 비석을 세워 주고 향랑전香娘傳을 짓고 의열도義烈圖를 만들어서 그녀의 정렬을 표창하였고, 향랑이 죽은 곳에는 향랑연香娘淵이란 이름을 붙여 그녀를 기리게 하였다. 향랑이 지은 노래 〈산유화가〉는 몇백 년이 지난 지금까지도 전하여 불린다.

위에 기록한 바와 같이 경상도 지방에서는 이 〈산유화가〉의 출처를 대개 향랑의 이야기에서 나온 것으로 믿지만 충청도 지방에서는 백제가 망한 뒤로 그 유민들이 그것을 슬퍼하여 지은 것이라고

•••

4 어복고혼(魚腹孤魂): 물고기의 배에 장사 지낸 외로운 넋이라는 뜻으로, 물에 빠져 죽은 외로운 넋을 이르는 말.

전하는데 그곳에서 유행하는 〈산유화가〉는 이렇다.

저 꽃 피어 농사일 시작하여
저 꽃 질 때까지 필역하세
얼얼널널 상사 뒤
어여뒤여 상사 뒤

저 꽃 피어 변화함을 자랑 마라
봄철 구십 일 동안 잠깐 사이에 진다
얼얼널널 상사 뒤
어여뒤여 상사 뒤

충영봉에 해 뜨고
사자강에 달 진다
저 해 떠서 들에 나가
저 달 져서 집에 돌아간다
얼얼널널 상사 뒤
어여뒤여 상사 뒤

농사짓는 일이 바쁘건만
부모처자 구제하기
누구 손을 기다릴꼬

얼얼널널 상사 뒤
어여뒤여 상사 뒤

부소산이 높아 있고
구룡포가 깊어 있다
부소산도 평지 되고
구룡포도 평원 되니
세상일 누가 알꼬
얼얼널널 상사 뒤
어여뒤여 상사 뒤

09

<쌍금노래>와 홍도紅桃 남매

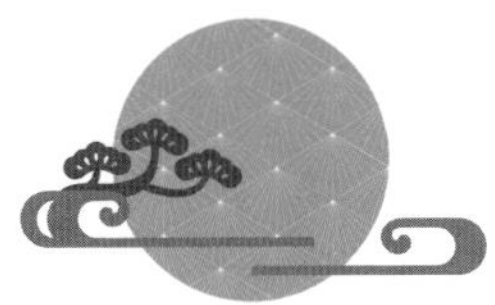

쌍금 쌍금 쌍가락지 호작질로 닦아 내어
먼 데서 보니 달이더니 곁에서 보니 처자더라
그 처자가 자는 방에 숨소리가 둘이더라
홍도 홍도 오라버니 거짓 말씀 하지 마오
동남풍이 불어 드니 풍지 떠는 소리더라

이 노래는 소위 〈쌍금노래〉로, 참으로 눈물겨운 슬픈 이야기가 담겨 있다. 시대는 정확히 알 수 없으나 옛날 대구에 홍도紅桃라는 어여쁜 소녀가 있었다. 홍도는 일찍이 부모를 잃고 오빠와 단둘이 비둘기 모양으로 된 집에서 생활하며 성장하였다. 홍도가 자라 나이가 방년이 되자 미모가 빼어났으며 재주 또한 뛰어나 바느질 솜씨와 옷감 짜는 솜씨는 물론이고 시문과 서화에도 능하였으니 마을 사람들이 모두 홍도를 칭송하였고 아들 가진 사람이면 누구나 홍도를 며느리로 삼고 싶어 할 정도였다.

하지만 홍도는 부모가 계시지 않고 남매가 서로 의지하고 살았기에 자기 오빠가 장가들기 전까지는 먼저 결혼할 수 없는 처지였다. 그래서 아무리 좋은 혼처가 있어도 결혼하지 않았고 그렇게 나이를 먹어 갔다. 두 남매는 다른 남매보다 사이가 매우 좋았지만 남매간에도 예절을 엄격하게 지켜서 오빠는 안방에서, 홍도는 건넌방에서 거처하였다. 남매간에도 그처럼 예의를 지킬 정도이니 홍도는 다른 남성과는 말도 해 본 적이 없을 정도로 정숙하였다. 그러나 홍도는 과년한 처녀이자 이름난 미인인 데다 의지할 데가 전혀 없는 외로운 가정인 까닭에 홍도의 오빠는 항상 홍도의 신변에 혹여 무슨 일이 생기지는 않을까 염려하였다. 그리하여 밤이면 몇 번씩 홍도가 자는 방을 들여다보고 낮에도 밖에서 무슨 일을 보다가도 항상 홍도를 염려하여 일찍 돌아오곤 했다. 홍도 또한 오빠를 친아버지같이 신뢰하여 오빠가 어디를 가면 속히 오기를 기다리고 밤에도 오빠가 있어야 안심하고 잠에 들 정도였다.

그렇게 지내던 어느 해 이른 봄철 밤이었다. 눈이 함박꽃같이 쏟아지고 동남풍이 살살 불기 시작하더니 새벽에 이르러서는 눈이 그치고 달이 대낮같이 밝아 그야말로 '월백설백천지백月白雪白天地白'이었다. 홍도의 오빠는 안방에서 잠을 자다가 눈과 달이 너무나도 밝은 바람에 잠에서 깼는데 문득 홍도가 자는 방에서 천만뜻밖에 전에는 한 번도 들어 보지 못했던 남자의 코 고는 소리가 들리는 것이었다. 홍도의 오빠는 깜짝 놀라 홍도가 자고 있는 방문을 열었다. 그런데 갑자기 웬 그림자가 휙 하고 담을 넘어가는 것이 아닌가!

홍도의 오빠는 그것을 보고 깜짝 놀라기도 하고 한편으로는 분하기도 하여 홍도를 깨워 울면서 말하였다. "애, 인제는 우리 집안이 망했구나. 우리 남매가 부모도 없이 어려서부터 서로 고생하며 자라 이제는 잘 살기를 바랐더니 천만뜻밖에 네가 갑자기 이 모양을 하면 어쩌란 말이냐." 이 말에 홍도는 잠에서 깨어 놀라 "오빠, 아닌 밤중에 울기는 왜 울어? 자다가 꿈에서 어머니를 만나기라도 한 거야? 글쎄, 울기는 왜 울어. 오빠가 울면 나도 울 거야."라고 하였다. 홍도의 오빠는 울다가 버럭 소리를 지르며 "이년아, 집안을 망하게 하면 그저 망하게 하지 그것이 무슨 꼴이란 말이냐. 인제는 너도 죽고 나도 죽고 다 죽어서 땅속에 가서 부모님께 사죄나 할 수밖에 없다." 하고는 또 땅바닥을 치며 울었다.

자다가 청천벽력을 만난 홍도는 그것이 무슨 영문인지도 모르고 자기 오빠를 끌어안고 마주 울며 이렇게 말하였다. "오빠, 그것이 무슨 말이야. 내게 무슨 잘못이 있으면 자세히 말해 주고 나를 죽이든지 살리든지 해야지." 그러자 홍도의 오빠는 최후에 이런 말을 하였다. "네 이년, 시집이 가고 싶으면 정당하게 갈 것이지. 그래도 소위 행세를 한다는 집 자식으로 길게 머리를 땋은 규중처녀가 외간놈과 동침하는 것이 웬 말이냐? 아까 내가 자다가 깨어 들으니 네

방에서 남자의 코 고는 소리가 날 뿐 아니라 내가 마루로 뛰어나가 보니 웬 그림자가 휙 하고 담을 넘어가더라. 내가 아무리 잠을 곤하게 잔들 그런 것도 짐작 못 할 것 같아? 네 이년. 아무 잔말도 하지 마라. 네가 양심이 있고 부모님께 욕을 보이지 않으려거든 당장에 칼을 물고 죽어라. 너와 내가 아무리 남매라도 의리는 벌써 끊어졌으니 내 눈에 보이지 마라." 그 말을 들은 홍도는 하도 어이가 없어 아무 변명도 하지 못하고 혼자 울며 골방으로 들어가 비상을 먹고 자결하려 하였다. 그러나 죽지 않아 결국 명주 전대纏帶로 스스로 목을 매고 애처롭게 죽었다.

그러면 대체 홍도 방에서 코를 골며 자다가 담을 넘어간 사람은 누구였을까? 혹시 홍도는 원통하게 죽은 것이 아니었을까? 내막은 그 이튿날 밤에 아주 명백하게 밝혀졌다. 홍도의 오빠는 분한 마음에 홍도를 책망하고 죽게까지 하였지만 아무리 생각해 봐도 이상했다. 평소에 홍도는 그렇게 품행이 부정한 여자가 아닐뿐더러 남녀가 마음을 놓고 한 방에서 잠을 자며 코까지 골게 되었다면 그 두 남녀의 교제가 결코 일조일석의 일도 아니었을 것인데 이렇게까지 자기가 몰랐을 리가 없다는 생각이 들었다. 이때까지 홍도는 남성과의 교제가 전혀 없었을 뿐 아니라 사람됨이 원래 단정하고 정숙한 동생이 아니었던가. 그러한 생각 끝에 그것은 아마 귀신이거나 무슨 다른 것이라는 생각이 들었다. 그래서 그 이튿날 밤에 홍도의 오빠는 홍도의 방에 가서 잠을 자는 듯이 누워 동정을 살폈다. 그런데 아무 인적도 없고 단지 문틈으로 불어 드는 바람이 문풍지를 들들 울려서 마치 사람이 코 고는 소리와 같은데 전날 홍도가 잘 때 들었던 소리와 같은 소리였다. 또 조금 있다가 창밖으로 무슨 그림자가 휙 지나가길래 뛰어나가 보니 안마당에 있는 버드나무 가지가 바람에 흔들려 창을 스치고 다시 담을 스쳐 가는데 전날 밤에 자기가 사람으로 생각했던 그것과 조금도 다름이 없었다. 홍도의 오빠는 그것을 보고 깜짝 놀라며 그제야 깨닫고 자기가 경솔하게 홍도를 의심한 것과 또 자기의 잘못으로 홍도가 원통하게 죽은 사실을 반성하였다. 그리고 모든 일을 후회한다는 유서를 그 곁에 써 놓고 자기도 칼로 목을 찔러 죽고 말았다.

이 사실을 알게 된 동네 사람들이 홍도 남매를 불쌍히 여겨 그 남매를 같이 장사 지내 주고 이 〈쌍금노래〉를 지었는데 그 노래가 지금까지 전해지고 있다.

10

<송랑요送郎謠>와 최경最卿

임진왜란 때 경상도 고령의 어떤 촌에 이경필李敬弼이라는 소년이 있었다. 경필은 집안도 넉넉하고 부모 형제가 다 함께 생활하여 남부러울 것이 없는 소년이었다. 그리고 그의 매부인 옥동필玉東弼도 같은 동네에 살며 마치 형제처럼 날마다 의좋게 지냈다. 경필은 나이 스무 살에 최경最卿과 결혼하였고 둘은 어린 원앙의 무리처럼 정답게 하루 이틀 신혼 생활을 즐기고 있었다.

이렇게 아무 문제 없이 백년해로하게 되었다면 얼마나 행복했을까. 그러나 결혼한 지 사흘째 되던 날 밤, 조화옹造化翁의 방해인지 그 두 사람의 머리 위에는 청천벽력보다도 더 무서운 벼락불이 떨어졌다. 그때 임진왜란이라는 무시무시한 큰 전쟁이 발발하여 전국에서 18세 이상의 장정을 모조리 뽑아 전쟁터로 가게 된 것이었다. 나라의 명이라 감히 거역할 수 없이 이경필과 옥동필 두 사람도 병사로 뽑혀 가게 되었다. 그의 부모를 포함한 온 집안사람들은 밤을 새워 가며 의복을 짓고 가다가 먹을 음식도 준비하였으며 땅을 팔아 말을 장만해 주기도 하였다. 그때까지 부모의 슬하에서 아무 걱정 없이 편히 살았고 게다가 결혼한 지 얼마 되지 않은 신혼의 따뜻한 사랑의 꿈을 꾸다가 별안간 죽을 땅으로 가는 경필의 심정을 어떻게 짐작할 수 있겠는가.

더구나 남편에게만 의지하여 낯선 마을로 시집을 왔는데 단 사흗날 밤에 남편을 죽을 땅으로 보내게 된 신부의 심정을 어떻게 형언할 수 있을까. 그래도 만약 그들이 전쟁터에 가서 적군과 잘 싸워 승전고를 울리고 개선가를 부르며 집에 잘 돌아왔더라면 그것은 정말 영광스러운 일이었겠지만 불행히도 경필은 밤중에 말을 타고 여러 사람과 같이 낙동강을 건너다가 말이 실족하여 가엾게도 물에 빠져 죽었다. 최경은 그 소문을 듣고 자기 남편의 시체를 찾으려고 낙동강까지 걸어와서 며칠 동안 애를 썼으나 도무지 시체를 찾을 수가 없었다. 그리하여 최경은 결국 죽기를 결심하고 그 남편이 죽은 물로 뛰어들어 빠져 죽고 말았다. 고을 사람들이 이경필과 최경의 안타까운 사연을 듣고 이 노래를 지었다고 한다.

천지를 돌아보니 이 지났든 별이 났네
그 말이 진듯 말듯 나라묵이 잡혔다네 -나라묵은 징병령-

우루마씨 지은 쾌자 열에 닷죽

우하바씨 지은 신도 열에 닷죽

우리 노비 지은 줌치 열에 닷죽 -줌치는 주머니-

우리 최경 지은 버선 열에 닷죽 -최경은 아내 이름-

집안해라 내달라서 개똥 전지 배판하야 -배판은 내다 파는 것-

피마 사고 봉매 사고 -피마는 수말-

피마 등에 온짐 싣고 봉매 등에 반짐 싣고

책절입을 숙여 쓰고 무직일랑 작지 짚고

아바님께 하직이요 천금 같은 내 아들아

넘대두룩 가는 길에 길이나 곱게 다녀오게

어머님께 하직이요 만금 같은 내 아들아

넘대두룩 가는 길에 길이나 곱게 다녀오게

누님께 하직이요 천금 같은 내 동생아

넘대두룩 가는 길에 길이나 곱게 다녀오게

우리 최경 하직하니 기아 질아 가거들랑 이름이나 짓고 가셔

자네 이름 옥동필이 이네 이름 이경필이

앞에 가는 처남손아 뒤에 가는 매부손아

내 집까지 가거들랑 편지 한 장 전코 가소

울 아버지 들었으면 뒷동산이 무너질라

울 어머니 들었으면 앞동산이 무너질라

우리 누이 들었으면 옥끝은 괴멋해라 눈물이 솟아났다

우리 최경 들었으면 행주치마 떨쳐입고

기칸청에 썩나서며 삼칸청에 색나서며

삼산 밑에 남도령아 산삼 나무를 다 베나마 조죽대랑 베지 마라

올 키우고 내년 키워 이경필이 낚을라네

못 낚으면 상사 되고 낚으면은 농사 되고

농사 상사 고로 매자 풀어지도록 살아보세

11

어두운 밤의 소복 미인

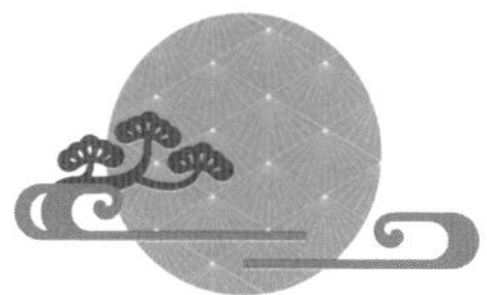

지금으로부터 수백 년 전 강원도 횡성 땅에 백인옥白仁玉이라는 한 청년이 있었다. 그는 이름처럼 얼굴도 마음도 백옥같이 고결한 청년이었다. 어렸을 때부터 재주가 비상하여 무슨 글을 읽든지 한 번 보면 다 기억할 정도여서 불과 20세에 문장재사文章才士라는 칭찬을 듣곤 하였다. 그러나 집안 형편이 좋지 못하였고 결국 서울로 와 김 판서라는 어떤 재상집의 글 선생이 되었다. 김 판서 역시 백인옥의 용모와 재주를 기특히 여기고 매우 사랑하였다.

그럭저럭 몇 년이 지났는데, 다행이라고 할지 불행이라고 할지 김 판서의 집 이웃에 황 별감이라는 사람이 새로 이사를 왔다. 황 별감에게는 나이 열여섯의 아름다운 미모를 가진 딸이 하나 있었는데 그 딸이 있는 방은 바로 김 판서의 집 사랑과 마주하고 있었다. 그 처녀는 심심하면 담 구멍으로 김 판서의 집을 엿보곤 하였는데, 어느 날 우연히 인옥의 얼굴이 그녀의 눈에 들어왔다. 그녀는 인옥을 보고 나서부터 흠모하는 마음이 생겨 날마다 밥 먹고 잠자는 때만 빼놓고는 담벼락에 붙어 인옥의 얼굴을 보려고 하였다. 그러나 정말 외기러기 짝사랑으로 인옥이 어찌 그러한 사정을 알 수 있겠는가. 다만 그 처녀 혼자서만 청춘의 떠오르는 사랑의 불길을 태울 따름이었다.

그러나 원래 짝사랑이 극도에 달하면 병이 나는 법이다. 그 처녀는 하루 이틀 갈수록 입맛을 잃었고 잠만 들면 인옥의 용모와 풍채가 꿈속에서 왔다 갔다 하였다. 그리하여 몸이 점점 파리해지고 병이 들고 말았다. 처녀의 부모는 그런 사정은 알지 못하고 다만 일반적인 병으로 생각하고 여러 가지 약을 썼으나 '임 그리워 생긴 병은 임 보기 전에는 못 낫는다.'라는 말처럼 처녀의 병은 약만 가지고는 도저히 치료하기가 어려워 날이 갈수록 병은 심해졌고 회생할 가능성이 없는 듯 보였다. 처녀의 부모는 크게 걱정하다가 딸의 병세가 심상치 않은 것을 보고 이상하게 여겨 결국 딸에게 무슨 일이 있었는지 물었다. 처녀는 처음에는 부끄러운 생각이 들어 아무 말도 못 하였지만 부모가 계속 묻자 솔직하게 사정을 이야기하였다. 황 별감은 무엇보다도 사랑하는 딸의 생명을 위하여 체면을 차릴 것도 없이 김 판서의 집을 찾아가 인옥을 만나 딸의 사정을 이야기하였다.

하지만 원래 성품이 고결한 인옥은 그의 말을 듣지 않았을 뿐만 아니라 오히려 꾸짖고 책망하되, "처녀가 어찌 외간 남자를 엿보고 병까지 나는 그런 일이 있습니까! 그런 비열한 여자는 여자라고 말하기도 어렵습니다."라며 그대로 황 별감을 쫓아 버렸다. 황 별감은 낙심하여 어찌할 바를 모르다가 다시 김 판서의 집 문객에게 전후 사정을 말하고 인옥에게 권유하게 하였다. 그러나 인옥은 계속 거절하였다. 병상에 누워 죽을 고비에 처한 처녀는 비록 죽을 때 죽더라도 인옥을 한 번만이라도 제대로 보고 싶다고 생각하여 아버지와 인옥이 같이 오기만을 고대하고 있었다. 그러나 아버지가 혼자 돌아와 전하는 말을 듣고는 아주 낙망하여 긴 한숨을 한참이나 쉬더니 만고의 원한을 품고 가련히도 그대로 죽어 버렸다. 황 별감은 너무나도 애통하여 인옥이 무정한 것을 원망하였다.

그 일이 있고 얼마 후 처녀의 이야기가 김 판서의 귀에까지 들어갔다. 김 판서는 평소에 인옥을 아꼈으나 그 말을 듣고 나서는 매우 좋지 않게 생각하고 인옥을 불러 사실을 자세히 물어본 뒤에 다음과 같이 크게 책망하였다. "남자가 돼 가지고 한 번만 몸을 허락하면 남의 생명을 구할 것을 무슨 지조가 그다지도 장해서 앞길이 구만리 같은 청춘 처녀를 죽게 하였단 말인가! 자네와 같은 사람은 인정이 없고 장래가 좋지 못한 사람이니 내 집에 있지 말고 다른 곳으로 가라!"

인옥은 원래 아무 잘못도 없고 마음이 고결한 터라 비록 김 판서에게 큰 책망을 듣고 축출을 당하였으나 조금도 양심에 부끄러움이 없었다. 그리하여 그날로 표연히 그 집을 떠났다. 원래 빈한한 인옥은 노잣돈 한 푼 없이 이 집 저 집으로 떠돌면서 과객 노릇을 하였다. 그러나 괴상한 일은 그가 밥을 먹든지 잠을 자든지 할 때 공중에서 무슨 우는 소리가 들려서 밥도 잘 먹을 수가 없고 잠도 잘 수가 없었다. 물론 그 우는 소리는 죽은 황씨 처녀의 원혼 소리였다. 인옥도 이미 그것을 짐작한 까닭에 그 소리를 들을 때마다 온몸에 소름이 끼쳐 정신이 불쾌하였으며 자연스럽게 몸도 파리해지고 병까지 날 지경에 이르렀다.

인옥은 이런저런 생각을 하다가 결국 다음과 같이 결심하였다. "강원도의 금강산은 천하 명산으로 어떠한 귀신도 감히 침입하지 못한다고 하니 그곳으로 가서 죽든지 살든지 해야겠다." 그러고는 죽장망혜竹杖芒鞋와 단표자單瓢子[5]로 천 리의 길을 멀게 생각하지 않고 금강산을 찾아가서 유점사楡岾寺라는 유명한 절에서 머물게 되었다. 그곳은 산수 경치가 천하 절승이었으며 승려들도 많아 외로운 생각이 전혀 들지 않았고 매일없이 들렸던 처녀 귀신의 울음소리도 들리지 않았다. 인옥은 크게 기뻐하여 밥도 잘 먹고 잠도 잘 자고 날마다 글을 읽으며 세월을 보냈다.

시간이 흘러 화창한 바람이 불고 산에 두견화가 만발한 어느 봄이었다. 이 산 저 산에서 접동새가 구슬피 울자 인옥은 홀연히 울적

5 죽장망혜(竹杖芒鞋)와 단표자(單瓢子): 대지팡이와 짚신, 표주박 한 개란 뜻으로, 먼 길을 떠날 때의 아주 간편한 차림새를 이르는 말.

한 회포가 일어나 어찌할 줄을 모르다가 어떤 젊은 승려와 함께 꽃 구경을 나갔다. 이럭저럭 비로봉 꼭대기까지 발길이 이르자 두 사람은 바위 위에 앉아 꽃도 보고 새소리도 들으며 각자 자신의 신세타령을 하기 시작하였다. 인옥은 자기가 금강산까지 오게 된 경위를 말하고 또 그 승려에게 중이 된 내력을 물어보았다. 그러자 승려는 다음과 같이 대답하였다. "저는 본래 서울 어느 양반집에서 밥상을 나르는 하인이었습니다. 하루는 그 집 주인의 딸이 후원에서 꽃구경하는 것을 보고 하도 어여쁘길래 겁탈하려고 하니 그 처녀가 몸부림치며 반항하였습니다. 그래서 그것이 발각될까 두려워 그 처녀를 앵두나무에다가 목을 매여 죽이고는 도망쳤고 결국 이곳까지 와서 중이 되었습니다."

인옥은 그 말을 듣고 한순간에 분한 마음이 일어나 "이놈아, 너 같은 놈은 의리도 염치도 없는 죽일 놈이다."라며 그 승려를 발로 차 천 장丈이나 되는 구렁으로 밀어 죽여 버렸다. 그런데 잠시 후 공중에서 난데없이 처녀의 머리 하나가 떨어지더니 곡성이 진동하며 낭랑한 여자의 목소리로 "저는 서울 사는 어떤 양반의 집 처녀로 불행히도 악마 같은 상놈의 손에 죽은 뒤로 그 원수를 갚으려고 이곳까지 왔으나 어찌할 도리가 없었습니다. 그런데 당신이 오늘 제 원수를 갚아 주시니 정말로 감사합니다. 당신은 천하에 의리가 크고 지조가 장한 양반임에도 불구하고 예쁜 황가 처녀가 당신을 연모하다가 자기가 비열하게 죽고는 오히려 당신을 원망하여 당신을 괴롭게 하고 있습니다. 제가 당신의 은혜를 갚기 위해 그 처녀의 목을 베어 버렸으니 오늘부터는 아무 걱정도 말고 안심하시기 바랍니다."라고 하였다. 그리고 이어서 "조만간 서울에서 과거 시험이 있을 것입니다. 그러니 이곳에 있지 말고 속히 서울로 가는 것이 좋겠습니다."라고 말하며 또 경계하기를, "가는 도중에 소복 입은 여자를 만나면 각별히 조심하십시오."라고 하였다. 인옥은 한편으로 놀라기도 하고 또 한편으로는 이상하게 생각하여 그길로 절에서 나와 행장을 꾸려 서울을 향해 길을 떠났다.

그럭저럭 며칠이 흘러 어떤 곳에 당도하니 해는 벌써 저물어 서산에 뉘엿뉘엿 넘어가고 까마귀 떼는 제집을 찾아서 한 마리씩 두 마리씩 까옥까옥하고 날아들었다. 해가 넘어가는데 아직 잘 곳을 정하지 못한 인옥은 길가에서 머뭇거리고 있었는데 건너편 산마루에 조그마한 초가집 굴뚝에서 모락모락 나는 연기가 보였다. 인옥은 그 집을 향해 걸어갔다. 그 집에는 소복을 입은 미인이 저녁밥을 짓고 있었다.

인옥이 여인에게 하룻밤만 자고 가기를 청하였더니 그녀는 조금도 주저하는 기색이 없이 흔쾌히 승낙하였다. 그러나 그 집에 방이라고는 다만 안방 한 칸뿐이었다. 여인은 인옥을 안방으로 안내한 뒤 저녁 밥상을 들여왔다. 두 사람은 한 방에서 같이 밥을 먹었다. 비록 처음 보는 손님이었지만 여인은 매우 친절히 대해 주었다. 아무리 철석같이 굳은 정조를 가진 인옥이라도 거기에는 감동을 받지 않을 수 없었고 또한 마음이 동하지 않을 수가 없었다. 여인은 저녁을 먹은 후에 반딧불 같은 등잔 앞에 앉아 바느질하고 있었다.

여인의 자태는 참으로 어여뻤다. 가을 물에 핀 연꽃 같기도 하였고 봄바람에 웃는 모란과도 같았다. 여태 먼 길을 걸어온 피곤함이 싹 가실 정도로 인옥은 여인의 아름다움에 흠뻑 빠졌다.

인옥은 여인을 바라볼수록 가슴속에서 사랑의 불길이 타올랐고 이전의 백옥 같은 그 고결한 마음도 그만 다 사라져 버리고 말았다. 인옥은 여인이 어린 과부인 것을 알고는 있었다. 그래서 아무리 마음을 억제하려고 해도 그러지 못했고 사마상여가 탁문군을 거문고 곡조로 달래듯이[6] 여러 가지 감언이설로 하룻밤의 아름다운 인연을 맺기를 청하였다. 그러나 그 여인은 거절하였다. 그러다가 결국 그 여인은 종이와 붓을 가지고 와 '若結緣於今夜(약결연어금야)-만일 오늘 밤에 인연을 맺으면-'라는 여섯 글자를 써 놓고 "당신이 이 글에 짝을 채우면 백년해로하겠습니다."라고 하였다. 인옥은 원래 문장을 잘 쓰는 까닭에 매우 쉬운 일이라 생각하고 즉시 짝을 채워 주었다. 그러나 몇 번째 짝을 채워도 여인은 모두 다 맞지 않는다고 말하였다. 그러고는 "당신이 만일 더 채울 수 없으면 제가 채울 터이니 다시는 제게 무슨 말을 하지 마십시오."라고 하며 '故郎哭於黃泉(고랑곡어황천)-죽은 낭군이 황천에서 곡을 하리라.-'이라고 썼다. 인옥은 그 글을 보고 크게 놀라 아무 말도 하지 못하였다. 그렇게 그날 밤

---

6 사마상여가 …… 달래듯이: 한나라의 사마상여가 일찍이 임공(臨邛)의 부호인 탁왕손(卓王孫)의 집에 초청을 받고 가서 주연에 참석했다가 술이 거나해지자 거문고 한 곡조를 타서 탁왕손의 딸 탁문군의 마음을 동하게 하여, 마침내 둘이 서로 눈이 맞아 그날 밤에 바로 탁문군을 데리고 몰래 야반도주했다는 고사가 전한다.

을 지새우고 이튿날 아침에 길을 떠났다. 인옥은 길을 걸으면서도 여인의 자태를 생각하였고 그 여인의 굳은 정조에 탄복하였다.

시간이 흘러 인옥은 서울에 도착하였다. 기왕 서울에 왔으니 자신이 기거했었던 김 판서의 집에 가 보고 싶은 생각이 들어 그곳으로 향했다. 가 보니 불과 몇 년이 지나지 않았으나 이전과는 아주 달라져 있었다. 그 즐비하던 가옥은 모두 낡아 버리고 득실득실했던 사람은 자취도 없이 조용하며 다만 새소리만 들릴 뿐이었다. 인옥은 의아한 생각이 들어 사랑으로 들어갔는데 이전에 자기가 있던 방의 문도 닫혀 있었다. 그는 늙은 하인에게 집 소식을 물었고 하인은 울면서 다음과 같이 말하였다. "김 판서 댁은 수년 전에 역병이 유행했을 때 전 가족이 함몰하다시피 다 죽었습니다. 다만 늙은 김 판서와 과부 며느리만 남아 있으며 재산 역시 탕진하였습니다." 그 말에 인옥은 비창함을 이기지 못하여 눈물을 흘리며 사랑으로 들어가서 김 판서를 만났다. 김 판서는 혼자 적적히 지내던 중에 이전에 자기 아들처럼 사랑했던 인옥을 만나니 반갑기도 하였으나 한편으로는 죽은 아들 생각이 나서 눈물을 흘렸다. 하인도 울고 주인도 울고 인옥도 울어 온 집 안이 울음소리로 가득했다.

그날 밤 인옥은 예전에 자신이 글을 읽던 방에 머물렀다. 몇 년 사이에 그 방은 먼지가 켜켜이 쌓이고 서적들은 어지럽게 놓여 있었다. 인옥은 그 방에 홀로 앉아 이제까지 있었던 일들을 생각해 보았다. 예전에 주인집에서 쫓겨났던 일, 황씨 처녀가 죽었던 일, 금강산에 머물렀던 일, 비로봉에서 귀신이 곡하던 소리를 듣게 된 일,

소복을 입은 여인의 집에서 하룻밤을 지새웠던 일들을 차례로 떠올렸다. 그러다 다시 책을 읽었다.

밤이 깊어지자 갑자기 방문이 스르륵 열리더니 어떤 소복을 입은 미인이 방으로 들어왔다. 그녀는 김 판서의 과부 며느리였다. 며느리는 여러 해 동안 적적한 공방에서 가련한 생활을 하다가 자기 남편의 친구였던 인옥이 왔다는 말을 듣고 사라졌던 설움이 새로 솟아나서 전전긍긍하고 있다가 결국 인옥이 있는 방으로 들어온 것이었다. 여인은 인옥을 보고 눈물을 흘리면서 자기의 서러운 사정을 말하며 자기와 백년가약을 맺어 달라고 애걸하였다. 인옥은 원체 고결한 사람인 데다가 금강산에서 귀신이 젊은 여자를 조심하라고 했던 일과 또 오는 길에 소복을 입은 미인을 만나서 글을 지었던 일이 문득 생각났다. 그리하여 인옥은 본인이 오는 길에 소복 입은 여자가 자기에게 했던 그대로 그 과부에게 다음과 같이 말하였다. "당신이 만일 내가 지은 글에 짝을 채운다면 그대와 같이 살겠소." 그러고는 '若結緣於今夜(약결연어금야)-만일 오늘 밤에 인연을 맺으면-'라는 글귀를 썼고, 그 과부는 여러 대답을 하였으나 답이 맞지 않았다. 인옥은 결국 '故郎哭於黃泉(고랑곡어황천)-죽은 낭군이 황천에서 곡을 하리라.-'이라고 짝을 채웠다. 과부는 그 글귀를 보고 그만 긴 한숨을 내쉬며 땅에 엎드리고 말았다.

때는 마침 삼월 중순경이었다. 달빛이 창에 가득히 비치었는데 김 판서는 인옥을 만나 본 뒤로 더욱 마음이 불편하여 잠도 자지 못하고 마당에서 산책하다가 인옥의 방에서 자기 과부 며느리의 목소리가 나는 것을 듣고는 깜짝 놀라 다음과 같이 혼잣말을 하였다. "이제 집안이 완전히 망했구나. 이놈이 내 자식의 친구인데 나의 며느리를 꾀어내는구나. 만일에 여차하게 되면 두 연놈을 한칼에 쳐 죽이리라." 하고는 칼을 가지고 창밖에서 엿보고 있었다. 그러나 인옥의 태도를 보고는 크게 감복하여 또 혼잣말로, "이러한 사람은 세상에 다시없다." 하고 방문을 열고 들어가 인옥을 끌어안고 통곡하며 말하였다. "내가 그대처럼 고결한 사람을 알아보지 못하고 예전에 내 집에서 쫓아내 아마도 우리 집이 이처럼 망한 것 같다. 나는 늙어서 일점혈육도 없고 다만 과부 며느리뿐인데, 그대가 나의 수양아들이 되고 또 과부 며느리와 결혼해서 행복하게 살았으면 좋겠네." 그러고는 자기 재산을 모두 인옥에게 상속해 주었다. 비록 인옥은 마음은 고결하나 김 판서의 부탁을 저버리지 못하고 과부와 결혼하였다. 그리고 그 뒤에 장원 급제를 하여 벼슬도 잘하고 행복하게 살았다.

12

묘향산의 괴상한 여인

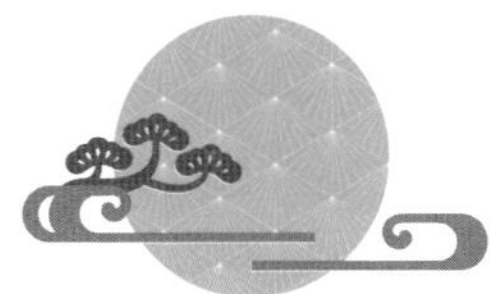

고려가 망하고 조선이 새로 한양에 도읍하기 30년 전쯤이었다. 황해도 백천군에 사는 한 젊은 사냥꾼이 평안도 묘향산妙香山으로 사냥을 나갔다. 사냥꾼은 사냥하는 재미에 해가 지는 줄도 모르고 계속해서 깊은 산속으로 들어가다가 결국 길을 잃고 말았다. 해가 서산에 떨어지고 천지는 칠흑같이 어두워졌다. 지척을 분별하기에도 어려운 적막한 산중에 사람의 흔적이라고는 전혀 없었다. 다만 스산한 바람 소리와 물소리만 들릴 뿐이었고 가끔 산을 울릴 정도로 큰 소리로 우는 호랑이와 곰 같은 맹수의 소리가 한 번씩 들려왔다. 평소에는 무서울 것이 하나도 없는 용맹스러운 사냥꾼이었지만 이 순간만큼은 머리끝이 쭈뼛쭈뼛 설 정도로 겁에 질려 있었다. 사냥꾼은 어떠한 곳이든 은신할 곳만 있으면 하룻밤을 자고 가려고 피곤한 다리를 이끌고 이곳저곳을 찾아다녔다.

그러던 중 한 산골짜기에 이르렀는데 뜻밖에도 그곳에 오막살이 초가집 하나가 있었다. 그리고 그 안에서는 반딧불 같은 조그마한 빛이 새어 나왔다. 사냥꾼은 너무나도 반가워서 그 집을 찾아 들어갔다. 집 안에는 천하절색의 미인 한 명이 앉아 있었다. 사냥꾼은 그 여인이 귀신인지 선녀인지 구분할 정신도 없이 한참을 쳐다보다가 겨우 입을 열어 해가 저물어 난처한 상황에 놓인 자신의 사연을 말하며 하룻밤 지내고 갈 수 있게 해 달라고 간청하였다. 여인은 흔쾌히 승낙하고 방 안으로 사냥꾼을 맞아들였다. 사냥꾼은 배도 고프고 몸도 피곤하였으나 이를 다 잊어버릴 만큼 여인의 모습은 아름다웠다. 그리고 여인은 아주 친절하였으며 사냥꾼에게 나물과 고기를 모두 갖춘 저녁밥까지 극진하게 대접하였다. 사냥꾼은 여인이 어떤 사람의 딸인지, 또 무슨 연유로 이러한 심산궁곡深山窮谷에 있게 되었는지 매우 궁금하였다. 두어 차례 말을 걸어 그녀의 집안과 신분을 물었으나 여인은 자세한 대답을 하지 않고 다만 차차 알게 될 것이라고 대답할 뿐이었다.

그렇게 밤이 깊어져 자정이 되었다. 그런데 갑자기 문밖에서 인기척이 나더니 어떤 사람이 큰 목소리로 "아이야, 잘 있었니? 오늘은 사냥을 잘해서 한 짐이나 지고 왔단다."라고 하였다. 사냥꾼은 문밖의 사람이 여인의 아버지이며 또 자신과 같은 사냥꾼일 것이라고만 짐작하였다. 그러나 두 눈으로 확인한 결과 그 사람은 깜짝 놀랄 정도로 키가 매우 컸으며 마치 이 세상 사람이 아닌 거인 같았다. 몸집은 마치 큰 깍짓동[7] 같아서 허리가 집 처마에 닿고 머리는 지붕에 닿아서 목소리가 공중에서 들리는 것 같았다. 그는 방으로 바로 들어오지 못하고 가로로 억지로 들어와서 방의 모서리에 다리를 맞춰야지만 앉을 수 있을 정도였다. 한편 그의 지게에는 호랑이, 사슴, 산돼지 등 짐승 수십 마리가 산더미처럼 쌓여 있었다.

그는 여인에게 "손님의 저녁을 잘 대접하였느냐?"라고 묻고는 자기 저녁밥을 차리라고 하였다. 그런데 그 여인이 들여온 저녁상을 보니 보통의 밥상과는 달리 생돼지 한 마리를 통으로 소반에 담아 놓은 것이 아닌가! 사냥꾼은 그 아버지의 몸집이 큰 것도 정말 놀라웠는데 그가 먹는 음식을 보고 또 한 번 놀랐다. 그러고는 혼자 생각했다. '아마도 오늘 밤에 저놈에게 잡아먹힐 수도 있겠구나.' 그러고는 아무 말도 하지 못한 채 방 한구석에 구부리고 앉아 그 사내의 동정을 살필 따름이었다. 여인의 아버지는 여인에게 "저 손님을 잘 대접하고 친절하게 모셔라."라고 하였으나 사냥꾼은 하도 무서워서 그 여인이 아무리 절세미인이라 하더라도 감히 말 한마디도 붙이지 못하고 두 눈을 말똥말똥 뜬 채 밤을 지새울 수밖에 없었다. 그러나 다행히도 이튿날 아침까지 아무 일도 생기지 않았다.

여인의 아버지는 여인에게 말하였다. "손님에게는 익은 음식을

---

7 깍짓동: 본래 마른 콩깍지가 붙은 콩나무 줄기를 많이 모아 크게 묶은 단을 말한다. 그 생김새가 비슷하다 하여 몹시 뚱뚱한 몸집을 이것에 비유하기도 한다.

드리고 나에게는 날것을 가지고 오너라." 사냥꾼은 아침밥이 무엇이든 식욕이 생기지 않았으며 다만 잡아먹힐까 봐 겁이 나서 벌벌 떨고 있었다. 그리고 틈이 생기면 도망치려고 기회만 엿보고 있었다. 그러나 도무지 기회가 생기지 않아 어쩔 수 없이 자기 운명을 하늘에 맡긴 채 여전히 한쪽 구석에 쭈그리고 있을 뿐이었다. 여인의 아버지는 아침에도 역시 생돼지 한 마리를 통으로 다 먹고는 그 큰 몸을 억지로 구겨 밖으로 나갔다.

날씨는 완연한 봄이었다. 집 뜰에는 벽도화가 만개하여 주인집 여인과 미모를 다투는 듯하였고 푸릇푸릇한 풀은 자연의 자리를 이루었다. 여인의 아버지는 풀 위에 두 다리를 쫙 펴고 앉아 눈을 감고 무엇을 생각하더니 다시 눈을 뜨고 사냥꾼을 불렀다. 사냥꾼은 잔뜩 겁을 먹고 있던 터라 '옳지, 이제 진짜 죽었구나!' 하고는 할 수 없이 머리를 숙이고 단두대에 가는 사형수처럼 무거운 발걸음을 끌며 어기적어기적 걸어갔다. 그러나 예상 밖으로 여인의 아버지는 공손한 태도와 나직한 목소리로 다음과 같이 말하였다. "여보시오, 손님. 그리 놀라지 마시고 이리 좀 가까이 와 보십시오. 손님은 참으로 행복한 사람입니다. 사실 당신이 이곳에 오시게 된 것은 나의 술법 때문입니다. 내 딸이 비록 부족하나 당신이 내 딸과 혼인해 준다면 내가 이제까지 모아 둔 호피며 웅담 등을 모두 당신께 드리겠습니다." 그러고는 즉시 집 너머의 바위 굴 안으로 들어가서 산더미같이 쌓인 귀중한 짐승 가죽들을 꺼내 와서는 이렇게 말하였다. "이것들은 매우 무거워서 당신이 도저히 가지고 가기가 어려울 것입니다. 그러니 내가 이 동굴 입구에 있는 뱃머리까지 가지고 갈 테니 당신은 나의 딸과 손을 잡고 뱃머리로 가시지요." 사냥꾼은 이것이 꿈인지 생시인지 알지 못하고 다만 그의 말대로 여인과 동행하였고 여인의 아버지는 자신이 가지고 있는 여러 짐승의 가죽을 가지고 뱃머리까지 갔다.

여인의 아버지는 사냥꾼 부부를 친절하고 사랑스럽게 배 안으로 안내하였다. 이어서 자기가 가져온 짐승 가죽도 일일이 잘 실어 주고는 자기는 일이 있어 다른 데로 가야 한다며 작별 인사를 하였다. 그러고는 사냥꾼의 손을 잡고 마지막 부탁을 하였다. "제가 드린 가죽들을 팔면 적어도 몇천 금 되는 큰돈을 벌 수 있을 것입니다. 그렇게 되면 닷새 내로 제게 소 두 마리와 소금 백 석만 보내 주십시오. 정해진 날 이곳에서 뵙기로 하지요."

산에서 내려온 사냥꾼 부부는 정식으로 혼인하고 또 짐승 가죽을 시장에 팔아 한 번에 수천 금을 벌었다. 그리고 여인의 아버지와 약속한 대로 소 두 마리와 소금 백 석을 사서 배에 싣고 약속한 장소로 향했다. 과연 그곳에는 여인의 아버지가 기다리고 있었다. 여인의 아버지는 사냥꾼이 주는 물품을 받고 또 자기가 지고 온 많은 짐승 가죽을 주며 다음과 같이 말하였다. "저는 산에만 있어서 이렇게 많은 가죽은 필요가 없으니 모두 당신에게 드리겠습니다. 대신 또 닷새 내로 소금 백 석만 더 가져다주시지요."

사냥꾼은 한순간에 부자가 되었기에 사냥을 그만두고 이제는 장사에 힘쓰기 시작하였다. 그리고 사냥꾼은 닷새 후에 소금 백 석을 준비하고 아울러 소 두 마리까지 더 사서 예전과 같은 곳으로 향하였다. 역시나 여인의 아버지는 먼저 와서 기다리고 있었다. 사냥꾼이 그에게 소금과 소를 건네려 하자 여인의 아버지는 깜짝 놀라며 말하였다. "내가 소금만 가져오라고 부탁하였는데 어찌하여 소까지 가지고 오셨습니까?" 그러고는 뜻밖에 실망한 기색을 보였다. 사냥꾼이 말하였다. "맨 처음에 당신이 소를 가져오라고 하셨잖습니까? 나는 당신 덕에 미인을 첩으로 얻고 또 부자까지 되었으니 그까짓 소 두 마리쯤은 더 가지고 와도 괜찮습니다. 그러니 마음 편히 받으십시오."

그러자 여인의 아버지는 갑자기 어두운 안색을 띠며 말하였다. "그런 말은 할 필요가 없습니다. 나에게는 소를 피해야 하는 일이 있습니다. 인간에게 정해진 운명이란 어쩔 수 없는 것인가 봅니다. 아, 이번 일로 당신과 나는 영원히 이별하게 되었으니 부디 평안히 잘 지내십시오." 그러고는 뒤도 돌아보지 않고 떠나려 하였다. 사냥꾼은 어찌 된 영문인지 전혀 알지 못하여 여인의 아버지를 붙잡고 소리쳤다. "지금 하신 말씀의 뜻을 잘 이해하지 못하겠습니다. 또 당신이 누구인지 아무리 생각해 봐도 알 수가 없습니다. 집에서 처에게 물어도 역시 함구하여 아무 말도 하지 않으니 어찌 된 일입니까? 혹시 묘향산의 산신山神이 아니십니까?" 여인의 아버지는 다음과 같이 대답하였다. "지금 제가 답을 할 수는 없지만 내년 5월 단옷날에 임진강 변에 가면 반드시 초립을 쓰고 푸른 도포를 입은 한 귀공자가 지나갈 것입니다. 그때 그에게 우리의 이야기를 물으면 제 신분을 알 수 있을 것입니다." 그러고는 표연히 떠나 버렸다. 사냥꾼은 그 뒤에 더욱 재산을 모아 큰 상인이 되었다.

이듬해 5월 단옷날이 되었다. 사냥꾼은 임진강에서 배를 예쁘게 꾸민 후 성대한 연회를 베풀었다. 그런데 정말 초립을 쓰고 푸른 도포를 입은 한 귀공자가 나귀를 타고 지나가는 게 아닌가. 사냥꾼은 그를 쫓아가 공손히 예를 다해 인사를 하고 전후 사정을 자세히 설명하였다. 그랬더니 그 공자는 처연한 안색으로 한참 있다가 긴 한숨을 내쉬며 다음과 같이 말하였다. "몸집이 큰 그 사내는 천지의 정기가 변하여 만들어진 영괴靈塊로 '우禹'라고 불립니다. 만약 그 영괴가 그대로 존재하면 국가가 태평하나, 영괴가 자멸하면 그 정기가 변화하여 영웅호걸이 되어 국가에 액운을 초래하게 됩니다. 영괴가 영웅호걸 같은 사람의 모습이 되려면 소금을 먹어 자멸한 뒤에 변화하여 인간 세상에 출현합니다. 이 때문에 소금이 없으면 자멸할 수 없으므로 당신에게 소금을 구한 것입니다. 그러나 소금을 먹고도 중간에 생고기를 먹으면 수명이 5일 연장된다고 하는데 최후에는 영괴가 자멸을 각오하고 생고기를 끊으려 했던 것입니다. 이제 당신이 말한 일이 있었다면 영괴가 자멸하여 인간 세상에 새로운 영웅호걸로 태어날 것인즉, 고려 왕조에 액운이 끼어 그 운명은 장구하지 못할 것이며 30년 내로 국권을 빼앗는 자가 있을 것입니다." 말을 마친 귀공자는 길게 한숨을 내쉬고 떠나려 하였다. 사냥꾼이 마지막으로 그에게 이름을 물으니, 그는 '정몽주鄭夢周'라고 대답하였다.

표제 인명 색인

한국고전여성열전, 해동염사

초판 1쇄 인쇄 · 2024. 2. 13.
초판 1쇄 발행 · 2024. 2. 23.

—

지은이 차상찬
옮긴이 조지형 · 박가희
발행인 이상용 · 이성훈
발행처 청아출판사
출판등록 1979. 11. 13. 제9-84호
주소 경기도 파주시 회동길 363-15
대표전화 031-955-6031 팩스 031-955-6036
전자우편 chungabook@naver.com

—

ISBN 978-89-368-1233-1 03900

—

* 값은 뒤표지에 있습니다.
* 잘못된 책은 구입한 서점에서 바꾸어 드립니다.
* 본 도서에 대한 문의사항은 이메일을 통해 주십시오.